日本大败局 Ⅲ

瓜岛浴血

关河五十州 著

中国出版集团 · 现代出版社

图书在版编目（CIP）数据

日本大败局 . Ⅲ，瓜岛浴血 / 关河五十州著 . -- 北
京：现代出版社，2022.4
ISBN 978-7-5143-9767-3

Ⅰ . ①日… Ⅱ . ①关… Ⅲ . ①第二次世界大战－史料
－日本　Ⅳ . ① K313.46

中国版本图书馆 CIP 数据核字 (2022) 第 037413 号

日本大败局Ⅲ：瓜岛浴血

作　　者：关河五十州
责任编辑：张　霆　袁子茵
出版发行：现代出版社
通信地址：北京市安定门外安华里 504 号
邮政编码：100011
电　　话：010-64267325　64245264（传真）
网　　址：www.1980xd.com
印　　刷：固安兰星球彩色印刷有限公司

开　　本：710mm×1000mm　1/16
印　　张：19.25　　　　　　　字　　数：308 千
版　　次：2022 年 4 月第 1 版　　印　　次：2023 年 5 月第 2 次印刷
书　　号：ISBN 978-7-5143-9767-3
定　　价：49.80 元

目录

自从太平洋战争爆发以来，由于日军的推进过于轻松和迅速，盟国方面都存在一种恐日情绪。一些盟军老兵曾在东南亚和日军打过仗，死里逃生后尚心有余悸，提起日军，就会异口同声地说："日军不可击破，特别是日本陆军，差不多每一个士兵都是超人！"范德格里夫特很担心，瓜岛之战会不会成为自己的滑铁卢呢？

在一木身上，具备许多日本陆军军官所特有的那种莽撞和无知。中途岛战役时，他就对手下说过，如果登陆时遇到美军阻止，除非士兵难以射击或者靠得太近无法射击，否则不应请求海军进行火力支援，而这么做的理由，仅仅是为了维护"陆军的好名声"。

和辻政信喜怒都爱形之于色不同，山本五十六是宰相肚里能撑船，好也放心里，歹也放心里。当着辻政信的面，他能这么痛快就应承下来，并不是思想境界有多么高远超脱——要真这样，当初川口支队还用得着像老鼠一样偷偷摸摸，慢慢腾腾地登陆瓜岛吗？

山本自有小算盘。他一直有意识地引诱太平洋舰队主力出来决战，企图一举消灭这个危险的对手。

"蛮牛"哈尔西来指挥南太平洋战场一传开，足以令陆战队官兵欢欣鼓舞，许多忍受着疟疾折磨的伤病员，连爬出战壕的力气都没有，但听到哈尔西走马上任的消息，都高兴得像羚羊一样跑着跳着，这甚至成为他们人生中永远无法忘记的一幕情景。

陆战队员们感到奇怪，不明白日军何以对这种愚蠢的冲锋会乐此不疲，且表现得那么兴奋。有人猜测，日军可能是事先注射了兴奋剂，可是在打扫战场时，他们从没在日本兵身上找到针头或毒品。

后来普勒审问一名日军俘虏时，那名日本兵用一种看待外行的神态扫了一眼普勒，然后义正词严地说："这次进攻经过了百武将军的周密计划，我们绝对不能背离，也没有哪一个单位会想到不按计划行事。"

更令山本感到不安的，莫过于"华盛顿"用于击沉"雾岛"的MK-3型火控雷达，战争实践表明，使用这种性能先进，精确度极高的雷达确定方位，即使是在夜间也能做到首发命中。

原来美国的军事技术已经发展到了这种程度，山本再也不敢轻易拿自己曾经引以为傲的战列舰去送死了，战列舰全都被他调出了所罗门海域。

太平洋战争爆发前，因为经费限制等原因，日本海军训练飞行员一直执行少而精主义，即宁精勿滥，宁少勿多。每年一千五百人报名应试，仅几百人能过关，然后航校还要按照"剔除莠草"的原则，进行严格到苛刻的层层筛选与淘汰，毕业时留下的只有一百人。

也就是说，即便有十年累积，日本海军航空队能攒下的飞行员也不会超过千人。南太平洋上的海空大战，往往一战就能损失近百名飞行员，这样的损失速度，远远超过了航空队的人员囤积量。

面对记者，麦克阿瑟洋洋洒洒地数落起来，他说华盛顿一直藏着一个和他做对的"海军阴谋小集团"，这个"小集团"曾剥夺了他在菲律宾的增援部队，又使他失去了担任太平洋战区最高统帅的机会，真正可恶。

骂完了"小集团"，麦克阿瑟还不过瘾，又对主持这次战区划分的几个要人一并进行了攻击，从美国总统罗斯福、陆军参谋长马歇尔到英国驻华盛顿的军事首脑迪尔爵士，都没能逃过他的唾沫星子。

一种新的攻击战术由此应运而生。B-25 不再高空扔炸弹了，它先超低空高速接近敌舰，在达到一定距离后，便向水面投炸弹。随着炸弹在水面上弹起，可以直接击中舰船的侧面或者吃水线附近。这种攻击方式有点类似于打水漂，飞机炸弹就像擦着水面不断落下和弹起的小石子，因此被称为"跳弹攻击"。

第一章

到油锅里捞钱花

飞机出事之前，美国太平洋舰队司令尼米兹还在和人玩着纸牌游戏，全然想不到一场祸事会从天而降。

尼米兹的副官倚窗而坐，首先意识到情况不妙，机舱里的人都听到他发出了"哦，哦"的喊叫，几乎就在同时，这架水陆两用机撞到了电线杆上，机头腾起，机身撞裂。

发生事故时，尼米兹和副官正好背朝机首，因此两人都只受了点轻伤。当他们陆续从机翼下部爬出，副官急忙询问尼米兹要不要紧，尼米兹看了看副官怀里紧紧抱着的那只公文包，回答道："我没什么，上帝保佑公文包没有丢掉。"

公文包里装着的，是关于中途岛战役的报告，半个多月前，尼米兹亲自指挥这场战役并取得了决定性胜利。

突发事故仿佛是另一场战役的前奏。几天之后，尼米兹的顶头上司、美国舰队总司令兼任海军作战部长欧内斯特·金从华盛顿出发，飞抵尼米兹所在的旧金山。他此行的目的，是要与尼米兹开会商讨"瞭望塔行动"的细节，而"瞭望塔行动"计划的制定者便是尼米兹本人。

中途岛战役结束后，尼米兹并没有一味陶醉在胜利的喜悦之中，他清醒地意识到，随着战略态势的转变，美军应不失时机地转守为攻。新的军事行动之所以起名为"瞭望塔行动"，就有展望未来，将日军一步步击垮的意味。

1942年7月4日傍晚，就在会议即将结束时，尼米兹突然收到来自珍珠港的急电，上面透露的信息让屋里的空气立刻变得紧张起来。

金丝鸟的故事

夏威夷情报站刚刚破译了日军的一份电报，得知日本海军特遣队已在瓜达尔卡纳尔岛（以下简称瓜岛）登陆。根据日本海军特遣队配有轻工兵部队这一事实，太平洋舰队的情报部门推断，日军可能正在岛上修建飞机场。

"瞭望塔行动"初定的第一阶段目标，是攻占圣克鲁斯群岛，但是在读完电报之后，欧内斯特·金和尼米兹深感事态严重，必须对计划进行修改。

瓜岛是所罗门群岛的第二大岛，该岛扼澳大利亚之门户，地理位置极为重要。岛上的机场一旦完工，日军不仅能重新夺取对珊瑚海的制空权，还能封锁澳大利亚东部的海上通道，对美澳补给线构成严重威胁。

"瞭望塔行动"是要转守为攻，仅就攻这一方面来说，瓜岛也举足轻重。按照日本人的说法，如果把所罗门群岛比作一座通向日本的梯子，那么瓜岛就是梯子的第一级。美军只要控制住这座小岛，就有望一路登梯而上，直至日本本土。

欧内斯特·金和尼米兹当即决定放弃攻占圣克鲁斯群岛，抢先一步夺取瓜岛。

随后从瓜岛传来了更为确凿的消息。在瓜岛等被日军侵占的南太平洋岛屿上，常年有一些情报人员潜伏在深山丛林中，他们独来独往，观察着日军行动，然后通过无线电向盟军进行报告，这些隐秘战线的英雄被称为"海岸监视者"，也有人称呼他们为"穷人雷达"。

瓜岛的"海岸监视者"名叫克里门斯，是一名英军上尉，他带着两个澳洲人，还受到一小群当地土著人的拥护，所以情报渠道很广。克里门斯证实，日军确实在瓜岛修建机场，而且工程进度很快。

要说起来，日本人关注瓜岛也是无奈之举。中途岛战役之后，尽管日本海军在兵力上仍暂时维持着优势，但这只野鸭子已被套上笼头，再无能力继续两线作战了。在此情况下，山本五十六只得同意将"东进"改为"南进"，正好这时陆军也正打算在南线发动新攻势，双方难得地达成共识。

后排正中为"海岸监视者"克里门斯，其余都是拥护他的土著侦察兵。

日军最初属意的航空基地，

是瓜岛北面的图拉吉岛，那是早在珊瑚海海战时就被日军占领的岛屿，但是在考察周围地形后，他们却意外地发现，瓜岛比图拉吉岛还要大得多，而且其北岸更适合修建飞机场。

在尼米兹收到急电之前，日军一支两百五十人的海军守备队已经先行登陆瓜岛。7月6日，也就是尼米兹决心夺取瓜岛的第二天，日军又派两千五百人的工兵队登陆，其中有许多是从朝鲜和中国抓来的劳工，这支工兵队向岛上运去了建设器材，正式开始在瓜岛修建飞机场。

时不我待，1942年7月10日，尼米兹正式下达命令，决定以两栖突击的方式抢占瓜岛。

长期以来，两栖突击一直被定义为一种极其危险的军事行动，先前的战例也是败多胜少，导致各国普遍缺乏对这一战术应有的重视。直到太平洋战争前，美国陆军部才应急式地请求海军陆战队，对陆军的两个师实施了两栖作战训练。

军事技战术的创新和突破可谓一日千里。美国人起跑晚了，就被日本人抢了先。从菲律宾到马来半岛，再到爪哇岛，日军依靠两栖突击，在太平洋上翻江倒海，其动作之犀利，让盟国方面看得瞠目结舌。

美军亡羊补牢，从1942年起，又加紧训练了两个步兵师。不过这些步兵师都需要防卫澳大利亚，尼米兹使用的是海军陆战队。

海军陆战队是世界上最小军种。就美国海军而言，它平时的规模不超过海军全部兵力的五分之一，据说在20世纪30年代初期，海军陆战队拥有的兵员数量还没纽约城的警察多。

直到1941年初，"旅"仍是陆战队的最高层战斗单位，后来经过战时扩编，才终于有了师编制。美国海军陆战队共拥有两个陆战师，此次尼米兹抽调的是第一陆战师（又称陆战一师）。

在不参加特定战役的情况下，陆战队的基本职责是防守国外的海军基地，诸如关岛、威克岛、中途岛等基地的驻军，原先都以海军陆战队为主体。这些客观原因，造成了陆战师其实并不足额，兵员也不集中在一起，尼米兹只能拆东墙补西墙，从太平洋各个岛屿的驻军中临时拼凑。

没修改前，"瞭望塔行动"就面临着时间仓促、兵力不足等现实困难，让计划制定人员和参战人员都觉得很棘手，他们给行动重新起了个绰号，叫作"鞋带行动"（鞋带在美国口语中就有本钱少的意思），或者是"小规模出击"。

修改之后，作战规模扩大了，准备时间却无法保证充裕。为了能在日军建成机场并投入使用之前占领瓜岛，尼米兹确定8月7日为瓜

为瓜岛登陆准备的坦克和两栖装甲车

岛登陆日，比原定的登陆日期只多出一周。

尼米兹任命弗莱彻为航母编队的战术指挥。弗莱彻曾在珊瑚海和中途岛战役中两次担任总指挥，但也正因为经历过这两次浴血大海战，有过痛彻心扉的心理体验，一贯谨慎有余、魄力不足的弗莱彻在行事上变得更加犹豫，一说到打仗，他眼前就会不由自主地闪现出"列克星敦"和"约克城"被击沉的惨状。

此次弗莱彻奉命指挥"萨拉托加""企业""大黄蜂"进入瓜岛以南，为登陆的陆战一师提供空中掩护。陆战一师光下船登上瓜岛就得花上五天时间，在这五天里，三艘航母都将不可避免地暴露在日军轰炸机的航程之内。

受美国政府"先欧后亚"战略的限制，太平洋舰队至少在半年内都无法得到新的航母补充，目前的三艘航母就是美军在太平洋上仅有的机动力量，可想而知，一旦有所差池，后果会有多么严重。弗莱彻为此不寒而栗，他对尼米兹说："日本海军虽然在中途岛遭到失败，但实力犹存，我们不应过于轻敌。"

尼米兹看出弗莱彻顾虑重重，有想打退堂鼓的意思，于是微微一笑："你是否听说过一个关于金丝鸟的故事呢？"

尼米兹讲故事、编笑话的能力和嗜好全海军有名，弗莱彻只有在旁边洗耳恭听的份。

尼米兹的故事是这样的：有人买了只金丝鸟，买的时候，老板夸口说，鸟的寿命可达十年，不料买到家的第二天凌晨，鸟就死了。那人气得眼冒金星，一盆火似的赶到店铺，要跟老板算账。

一见牛皮吹豁了边，老板也很心虚，但嘴上仍能胡拉混扯："这一点都不奇怪，到今天为止，这只金丝鸟正好满十岁！"

尼米兹讲这个段子，并不只是为了博人一笑，他告诉弗莱彻，日本的情况就跟段子里的金丝鸟类似，貌似强悍，其实寿数已尽，这个时候就应该抓紧时间催命，而不能给其喘息的余地。

尼米兹还宽慰弗莱彻："瓜岛只是方寸之地，我们以突袭方式登陆，不会有太大问题。"

打气归打气，实际上，对提前发起"瞭望塔行动"所可能遇到的困难，尼米兹自己也是心知肚明，但这位具备极强洞察力和前瞻意识的将领，更知道夺取瓜岛机场在战略上的重要性，他说："必须在日本修成飞机场前予以占领，谁最先用于作战，谁就有可能取得胜利。"

尼米兹对瓜岛志在必得，他任命陆战一师师长范德格里夫特少将为登陆作战指挥官，并要求对方限期拿下瓜岛和图拉吉岛。

瘟疫行动

范德格里夫特匆匆从美国国内赶到新西兰。这位少将自从大学毕业后，就一直在陆战队服役，拥有三十三年从军履历，但他接到命令时也感到有些不知所措，因为作为瓜岛战事的指挥官，他还从未听说过有这么一座岛。

陆战一师主要军官合影，前排左四为范德格里夫特。

不仅是范德格里夫特，其他人对瓜岛也大多不甚了了。以为澳大利亚人会知道，澳大利亚治下的地域嘛，孰料同样一问三不知，澳大利亚海军部就连一张瓜岛地图都拿不出来。

范德格里夫特的幕僚们急得火星直冒，在一堆又一堆的地理杂志和航海图中乱翻，希望有不一样的发现。皇天不负有心人，终于找到一张第一次世界大战时期的德国航海图，这是他们当时所能搜寻到的最大面幅航海图。

即便在如此大尺寸的航海图上，要确定瓜岛的位置也不易，在标志所罗门群岛的蓝色海域，岛屿多得就跟星星芝麻一般，很难分清谁是谁。

众人瞪大眼睛，最后总算把瓜岛给拣了出来。除了这张略显陈旧的航海图，能或多或少帮上点忙的，还有一叠传教士拍摄的老照片以及美国作家杰克·伦敦写的小说。

杰克·伦敦既是作家，也是探险家，曾经光顾过包括瓜岛在内的所罗门群岛。在长篇小说《冒险》中，他以洋洋洒洒的笔触，描写了所罗门群岛上的一个椰子种植园，另外，他还写过一部短篇小说，名字叫《纯洁无邪，充满原始风味的处女地——瓜达尔卡纳尔》。

通过老照片和小说，范德格里夫特及其幕僚明白了瓜岛是一个什么样的地方，简单点说，那就是一个人烟稀少的野岛，并无任何罗曼蒂克可言。

印象之一，岛上酷热难耐，当然时不时也会下雨——冷到刺骨的倾盆大雨，可谓一边是火焰一边是冰水。

印象之二，岛上有性喜食肉的白蚁，有群聚如山的虐蚊，还有鳄鱼、大蜥蜴、蝎子、蚂蟥、毒蜘蛛，反正热带地区你能想到的那些魑魅魍魉，这里应有尽有。

瓜岛不是无人居住，山谷内有些分散的黑皮肤土著人。不过杰克·伦敦在《冒险》中讲得很明白："假如我是国王，惩罚敌人最厉害的办法，就是把他们放逐到这个鬼地方。"

确实是够"纯洁无邪"，够有"原始风味"的，在匆匆忙忙地读完小说之后，范德格里夫特留下了读后感："国王没把我们放逐到所罗门群岛，倒是日本佬把我逼到那儿去了。"

范德格里夫特派情报官们在澳大利亚全国走访，询问熟悉所罗门群岛的传教士、船长和椰子树种植者，这些亲历者的讲述验证了《冒险》的体裁虽是小说，但起码在背景上没有任何虚构成分。

自从初步了解瓜岛的真面目后，范德格里夫特就给登陆行动起了个名字，叫作

"瘟疫行动"。

当范德格里夫特在新西兰恶补地理知识的时候,他的陆战一师还分散于各地,连个基本形状都没捏出来。直到1942年7月初,在尼米兹的亲自协调下,陆战师的基本部队才到达战区。出发之前,这些陆战队员都以为只是去参加一次例行演习,或者是到某个热带乐园里去逛上一圈,谁也没有想到自己即将进入的是真正的战场,而且还担负着"瘟疫行动"这样无比艰险的任务。

以师为编制的大规模登陆作战,对海军陆战队来说还是第一次,因此碰到的问题和困难也就层出不穷。最先是军需部门不知道近期就要开战,因而缺乏一些重要的登陆物资,陆战一师出发时也没来得及补充。接着,在新西兰的港口装载物资时,码头工人又不知道为什么搞起了罢工,没人干活,陆战队员们只好卷起袖子自己干。

登陆物资的装载非常有讲究,它采用的是一种特殊的"战斗装载"标准,即按照滩头作战时的需求程度,逐一进行装载,急需的先装,不太急的后装。陆战队员因为没干过这个,往往容易混淆,导致许多重要装备和供应品反而被挤掉空间,无法装到船上去。除此之外,7月在新西兰属于多雨冬季,瓢泼大雨胀破了食品纸盒,弄得码头上遍地都是浸湿了的玉米片和香烟,摞起来足有脚脖子那么厚。

已经够狼狈了,还得抢时间。满打满算,上级只给了他们四个星期进行准备,陆战队员只得分成三班,二十四小时连续不断地工作,官兵们因此全都精疲力竭、怨声载道。

搬运补给和装备

范德格里夫特虽然不用亲自到码头扛大包,但登陆指挥部才刚刚组建,一方面参谋幕僚人员严重不足,另一方面任务又异常紧张,一时间累得他也差点就要白瞪着双眼,瘫倒在地了。

装载物资是为了要作战,所以最令范德格里夫特头疼的还是兵员太少。陆战一师只有两个团到达战区，另一个团在萨摩亚，暂时没法调过来。

陆战队靠的就是兵，若没有足够兵员，打仗时也就是个没药性的炮仗，装幌子罢了。在范德格里夫特的强烈要求下，海军高层下狠心，从驻美国东海岸的第二陆战师中抽出一个团，加上其他部队的三个营，一齐编入陆战一师的建制。

经过多方努力，好歹凑成了一个加强师，总兵力约一万八千人，已经超出了范德格里夫特的期望值，他又高兴起来。

范德格里夫特没有料到的是，就在这个节骨眼上，还会有人给自己泼冷水，而且这个人还不是一般的人——指挥航母编队的弗莱彻！

最低限度

尼米兹的"金丝鸟故事"并没有能够真正说服弗莱彻。

1942 年 7 月 26 日，战区指挥官们开会，与会的范德格里夫特发现弗莱彻始终坐卧不宁，对即将展开的登陆行动也显得心不在焉。

当讲到核心话题时，弗莱彻皱着眉头说："由于时刻有遭到陆基敌机轰炸的巨大危险，在开始登陆时，我不能让航母在该地区停留四十八小时以上。"

范德格里夫特听了大为不满。四十八小时就是两天，说好要掩护五天，怎么变成两天了？你航母怕有危险，一撤了之，那陆战师的处境岂不是会变得更危险？

弗莱彻是中将，范德格里夫特只是少将，无论军衔还是职位都不及弗莱彻。范德格里夫特只得耐住性子解释："陆战师有一万八千人，不是个小数字，所以两天之内登陆不太现实，我们至少需要五天的空中掩护，这已是最低限度的天数了。"

弗莱彻的"两天"给了范德格里夫特很大的心理压力。他当然也想用两天甚至是更少的时间实现登陆，那样行动成功的希望也会更大不是，问题是陆战师先前并不是一个完整的战斗单位，也从来没有在一起进行过严格系统的登陆战训练，要一下子达到很高的水平根本不可能。

提高水平需要时间和耐心，然而范德格里夫特已经没有时间了。根据情报，日军对瓜岛机场的建造一刻没有放松过，为此还专门派了一个少佐前去监督施工。到 7 月中旬，一条简易飞机跑道已经大体完成，预计 8 月中旬，该机场就可以交付使用。

美军在瓜岛使用的登陆艇

7月底，部队一定要出发，不管训练质量如何，有没有把握。范德格里夫特费尽心力，在最后一次参谋会议上，他甚至用拳头擂着桌子，发誓要在最后的四十八小时内完成进攻的组织准备。

1942年7月28日，范德格里夫特终于得以抽出空当，为陆战一师举行了一次临战登陆演习。布幕一拉开，他就傻了眼，那个乱，简直无法形容。

几乎所有程序和步骤都不得要领，登陆艇在海水里团团打转，找不到起点在哪里。军官们声嘶力竭，手舞足蹈地传达命令，可是踩一头儿撬一头儿，对指挥登陆毫无帮助，而事实上，他们也不十分清楚自己具体应该做些什么。

好不容易，第一攻击波算是组织成功了。当船队向海岸冲去时，又有不少船只在距陆地几百米处搁浅，其余船只也仅是勉强挣扎着才到达岸边，从始至终，没有一个士兵是按照正常渠道顺顺当当登岸的。

演习彻底失败。忙了近一个月，就落这么一结果，范德格里夫特的心里就像打翻了五味瓶——说不出啥滋味。

士兵们也知道演砸了，他们给未来的登陆战取了一个绰号，叫作"小本经营"战役，意思是本小利薄，不能再指望有大收成了。

丑媳妇终究也得见公婆。1942年7月31日，在航母编队的护佑下，由二十三艘运输船组成的盟军登陆编队，载运着陆战一师出航了。

因为演习的失败，尼米兹等人对这次行动并不是十分放心，范德格里夫特心里也是七上八下，连续几个晚上都没法合眼。

躺在黑暗之中，听着外面的涛声阵阵，这位陆战师长一个人不停地念叨着："这下可完了。"

沮丧和颓废不能解决任何问题，该面对还是得面对。范德格里夫特突然想起了一句古老格言："糟糕的排练意味着第一晚演出成功。"

这句格言让他重新振作起来，是呀，预演不好，结果却非常成功的事例多的是，谁能说下面的运气就不会好起来呢？

似乎是上帝听到了他的祈求。自此之后，陆战一师的境遇就转变过来。航海最怕遇到狂风或气候突变，但那些天海上一直风平浪静，空气中弥漫着铅灰色的雨雾，到了最后两天，海上更是阴云密布，而且云层压得很低，把船队层层笼罩起来，使得他们再不用顾虑会被敌机发现。

1942 年 8 月 7 日，凌晨 3 点 10 分，登陆编队接近瓜岛西北方。机械师开始检查登陆艇引擎，水手长则检查辘绳上的吊杆，抢滩时，就靠船舷两侧的这些吊杆，将体形较大的登陆艇放下水面。

船队下达"灯火管制"命令。陆战队员们集中在舱内，有的打牌，有的看书，有的写家信。最热闹的是饭厅，尽管空气闷热潮湿，动一动就汗流浃背，但天性活泼的美国人还是耐不住寂寞，他们和着留声机的音乐，狂舞乱跳。有一名上校与兵同乐，清清嗓子即兴唱起了歌曲："我要娶一个像嫁给我老爹那样的闺女……"

此时的范德格里夫特却没有如此好的兴致，他一脸严肃地站在旗舰上，手扶栏杆，在微微细雨的夜色中眺望着远方。

航程的一帆风顺，多少是个吉兆，可是这并不表明登陆战真的就能"演出成功"，毕竟那只是一个良好愿望而已。通过演习，自己队伍的情况已经一目了然，反正是战术水平和战斗力都不强，现在重要的是，日军那边怎样？

自从太平洋战争爆发以来，由于日军的推进过于轻松和迅速，盟国方面都存在一种恐日情绪。一些盟军老兵曾在东南亚和日军打过仗，死里逃生后尚心有余悸，提起日军，就会异口同声地说："日军不可击破，特别是日本陆军，差不多每一个士兵都是超人！"

日军成了一个神话，中途岛一战说到底是海战，它并不能完全打破这一神话。范德格里夫特很担心，他率领着这支准备不足的登陆部队，能否打赢面前的"神话超人"，瓜岛之战会不会成为自己的滑铁卢呢？

范德格里夫特越想越纠结，他离开栏杆，摸黑回到闷热的小舱，怀着忐忑不安的心情写起了家信。在信中，他说："不管发生什么情况，我已尽了最大努力，但愿这个最大的努力已经足够了。"

一个葫芦一个瓢

两个小时之后，船上的哨兵瞥见远处有个塔状黑影，范德格里夫特也看到了，那是一座小小的火山岛，名叫萨沃岛。

萨沃岛位于瓜岛和图拉吉岛之间，岛上有日军的瞭望站，这使船上的气氛顿时变得紧张起来。登陆编队急忙向右急转弯，朝着瓜岛一侧海域驶去，随着船首扎进波浪，浪花飞溅到了炮塔之上，这使得水

从美舰上望去，可以清楚地看到远处的萨沃岛，它是瓜岛战役的重要见证者之一。

兵们产生出一种奇怪感觉，好像萨沃岛的日军正把眼睛瞪得跟个活猴儿似的，一眨不眨地盯着他看。

会不会一绕过萨沃岛，半支日本海军舰队就出现在面前，甚至那些已经装填校对完毕的巨炮也正对着船队……

所幸这种可怕的景象并没有出现。清晨5点过后，编队绕过萨沃岛，驶入瓜岛附近的海湾。

同时绕过的还有漫漫长夜，此时天边出现了鱼肚白，细雨停歇，薄雾消散。当清晨的第一缕阳光照在瓜岛的海岸上时，阵阵微风吹向船队。

随风而来的，是一种酷似死尸臭味的气息——那是丛林和沼泽特有的恶臭，大家终于可以近距离感受一下《冒险》中所说的"原始风味"了。至于置身其中，究竟有多难受，打个比方，就是把嫩嫩绿绿的兰花送进猪窝，你想有多么不堪，就有多么不堪。

范德格里夫特的心理素质和胃口真是不错，在这种情况下，他居然还能吃得进早餐。用完早饭，他回到甲板上，放眼一望，海湾里空空如也，视野内没有看到任何一艘日军船只。

范德格里夫特是个有三十多年军龄的老兵，他知道战前的平静往往并非好事。

很有可能，眼前的一切都是假象，日军正在黑暗的角落里酝酿阴谋诡计，就好像陆地上那种令人作呕的气味一样。

不做狠心人，难得自了汉，既然已经到了近前，也就没什么好犹豫了。陆战一师随即一分为二，分别朝预定登陆地点进发，其中大的一支代号为"X 射线部队"，目标地点是瓜岛北岸的"红滩"；小的一支代号为"Y 射线部队"，目标地点是图拉吉岛上的"蓝滩"。

范德格里夫特过于高估对手了。岛上日军对登陆编队的逼近毫无察觉，他们一直像傻子似的没个提防，直到舰艇在黎明中现出轮廓，图拉吉岛上的瞭望哨才感到有些不对劲，电报员向位于拉包尔的日军第八舰队司令部发出了一封含意模糊的电报："有一大群数目和型号不详的船只进入了海峡，它们是什么呢？"

这个问题很快就有了答案。1942 年 8 月 7 日，清晨 5 点 50 分，两架"野猫"式战斗机从航母上呼啸升空，直奔图拉吉岛而来。美军在太平洋战争中的第一次大规模进攻开始了。

图拉吉岛有一座日军的水上飞机场，也是此次美军要捣毁的目标之一。"野猫"迅速接近停泊水上飞机的潟湖上空，在距离第一架水上飞机四百多米时，领头的"野猫"战斗机随即猛烈开火，后面的同伴也紧紧跟上，两架战机一个葫芦一个瓢，逐一往返点名，很快，毫无防备的八架水上飞机全部中弹起火。

图拉吉岛的日军这才反应过来，大兵已然压境，但已经错过了组织防御的最佳时机，6 点过后，登陆编队指挥官特纳少将下达命令："准备行动。"

登陆编队拥有八艘巡洋舰和一个驱逐舰警戒群，里面除美舰外，还有澳大利亚和新西兰的军舰。收到命令后，各舰炮塔就像货车一样进行移动，并自动对准目标，而炮手则将尖锐的黑色弹头送进大炮的嘴巴。

6 点 40 分，三艘巡洋舰和四艘驱逐舰同时发力，炮吼如

在图拉吉岛实施登陆行动的澳大利亚军舰

雷，深红色的火舌像铅笔划过的弧线，越过蓝色海面，朝预计的瓜岛敌军阵地飞去。在这个几乎与世隔绝的地方，生灵们还从来没有听到过如此巨大的声响，许多海鸟都被吓坏了，拍着翅膀一个劲地胡飞乱撞。

两分钟后，护航军舰的炮弹又撒向了图拉吉岛。图拉吉岛的日军指挥官发出电报："敌人力量占压倒优势，但我们将誓死坚守岗位。"

电报刚发完，发报站就被炸了个稀烂。

整个早上，护航舰的射击炮火就没有停下来过，光着膀子的炮手们一直处在战斗位置，没有人坐下来歇口气。炮火像梳子一样，从海岸边开始，朝着内陆不断地梳，每次梳理的距离大概在六百米范围之内，足以将该区域可能存在的日军炸到尸骨无存。

趁此机会，美军运输船在半小时之内全部进入阵地，被士兵称为"牛角筒"的扩音器传出命令："登陆部队上岸！"

寒毛一炸

在登陆艇被放到水面后，陆战队员们排着队，像蚂蚁一样抓着粗糙的麻绳网往下爬。这种攀爬并不好玩，往往是你踩我的手指，我踩你的手指，几乎每个人的手指都被踩淤青了。

麻绳网的末端距登陆艇甲板尚有近一米的距离，那登陆艇也不是说一动不动地停在海面上，而是随着海浪左摇右晃，不停颠簸，一会儿靠近舰身，一会儿又被甩开很远。

要到登陆艇上去，必须凌空飞跳，在负重二十公斤的前提下！

一名随军记者写道："每个人似乎都做好了枪声一响就往下跳的准备，但是并没有激昂的情绪。"当然了，难度系数这么高，确保自己不掉海里才是首要目标，谁还顾得上做表情？

让范德格里夫特欣慰无比的是，航行途中他用来给自己打气的古老格言竟然真的应验了——尽管演习的时候杂乱无章，但实际登陆却井井有条，在早晨8点之前，进入登陆艇的步骤基本结束。

　　一艘艘满载士兵的登陆艇离开母舰，加入扇形进攻队列，它们盘旋而过的样子，有如大龙虾在水中嬉戏。

　　军官喊道："所有人都俯下身子！"士兵们应声蹲伏，竭力不让自己的脑袋露出舰舷之外。

　　进攻开始了。陆战队员莱基感到脚下的舰艇在轻轻地转动方向，当艇头急速冲向海岸的瞬间，由于马达的驱动，甲板振动得特别厉害。他开始默默祈祷，并且断定自己将战死沙场。

　　登陆艇猛地撞上了海岸。身体早已绷紧的莱基以最快的速度站起来，然后纵身跳下船，在蹚过温暖的海水之后，向沙滩扑去。

　　莱基准备投入的是血腥搏杀，但是当他趴在沙滩上的时候，周围却看不到一个日本兵，倒是头顶湛蓝清灵的天空以及轻轻晃动的棕榈叶格外引人注目。

　　事情就是这么奇怪，整个登岸过程中，陆战队员所遇到的伤害，并不是来自日军，而是容易划破皮肤的珊瑚。

　　上午 8 点 15 分，"Y 射线部队"在图拉吉岛的蓝滩登岸，指挥官发出信号："登陆成功，没有遇到反击。"

　　一个小时后，"X 射线部队"向瓜岛的红滩发起冲击，同样未听到枪响，就好像这是一座无人居住的岛屿一样。

　　范德格里夫特一直在旗舰上观察着战况，登陆过程的顺利，大大出乎他的意料，他长长地松了口气，对身边的幕僚说："我们成功了。上帝保佑我们，陆战一师一定是遇到了好运气。"

　　伴随着这句话的传播，"陆战一师好运"的说法不胫而走，如果不是在打仗，大家都恨不得让这个陆战师来帮着自己摸彩票才好。

　　陆战一师的好运，与日军反应迟钝密切相关，而迟钝的原因，还是自我感觉过

登陆瓜岛

于良好了。中途岛的惨败，的确曾给日本海军泼了盆冷水，但并没有让他们对前景失去信心，就当时的整体实力而言，联合舰队仍几乎相当于美国太平洋舰队的两倍，许多人都因此抱着一种乐观心态：这个世上，谁没个病儿灾儿，八病九痛的？只要重整旗鼓，再来一次决战，肯定还能翻本！

所谓一朝身安泰，忘却当年流落时，包括永野修身、山本五十六在内的高级将领们都自信地认为，美国太平洋舰队在中途岛也受了不小损伤，预计至少在1943年以前，不会再有大规模军事行动。

倒是日军情报部门有了改进。因为在中途岛战役中表现得又聋又哑，情报部门很自然要挨批，挨了批之后，一众情报人员变得格外警醒起来，整天像乌眼鸡似的瞪着太平洋战场的各个角落，唯恐再漏掉其中任何一点风吹草动。

就在瓜岛登陆之前，日军情报部门截获了盟军自南太平洋发出的信号，而且这种信号越来越多，他们由此判断，盟军即将在所罗门群岛发动进攻，于是立即向驻拉包尔的第八舰队司令部发出警报。

中途岛战役结束后，联合舰队进行了重大改编，为加强南线作战，专门编成第八舰队，并由三川军一出任舰队司令。收到警报后，三川的态度和永野、山本等人如出一辙：这帮搞情报的就这臭德性，以前是什么都不说，现在是什么都胡说，盟军怎么可能现在就发动进攻呢？

直到图拉吉岛的日军报务员发出警示电报，告知"有一大群数目和型号不详的船只进入了海峡"，三川仍然只以普通袭击战来对待——老美在家里闲着没事做，跑出来虚张声势而已，大家用不着都唬得像个小鬼儿似的。

虽然没当回事，但三川还是派出了两架远程搜索机前去侦察。就在搜索机飞出不久，三川接到了另一封发自瓜岛的告急电报："瓜岛遭到美军登陆部队攻击，我军现正撤入丛林！"

三川如梦初醒，这才有了寒毛一乍的惊悚感觉，他急忙上报东京。

日军大本营淡定不下去了。占领瓜岛原本就是日本海军单方面的行动，山本事先并没跟陆军打过招呼，陆军参谋本部的好些人连瓜岛在哪个位置都弄不清楚，这使首相兼陆相东条英机大为光火。

在紧急召开的海陆军联席会议上，东条英机情绪激动，又摔脸子，又说狠话，

而且当场对海军发飙："你们只顾
着抢功，尽干些瞻前不能顾后的
蠢事。我问你们，为什么占领瓜
岛时不跟陆军说一声，要是由陆
军向岛上派驻部队，还会给美军
钻空子吗？"

美军向瓜岛抢运补给和装备

东条英机这通脾气是有来由
的，话里面清的清，白的白，并
没有冤枉海军之处。与会的永野修身无言以对，只得赶紧低头认错。

尽管大本营已经另眼相看，但大多数人的想法还是没有脱离既定框架，即将美
军登陆仅仅视为对方发起的小规模袭击。依此推演，未来充其量也不过是打一场岛
屿争夺战，只要日本海陆军联手出击，夺回两岛应该是轻而易举的。

东条英机为此作了个小结："中途岛一仗，已经使皇军遭受了一次打击，这次
绝不能使瓜岛成为皇军走下坡路的开始，一定要阻止住敌人的进攻。"

就在此时，有人告诉东条英机，此事已惊动了天皇，天皇正打算启驾回宫。

黑眼睛

裕仁天皇不在东京，他在日光离宫休息。乍听到美军登陆瓜岛的消息时，大家
都不知道究竟这意味着什么，别人惊慌，裕仁也跟着惊慌，并对随从说要马上返回
东京，向相关人员追责。

天皇说东道西，随从就得跟着无端受罪，他们于是暗地里又通知了大本营。

天皇要追责，追谁的责？座上之人，谁能脱得了干系？众人汗如雨下，经过商
议，立即决定由永野驱车前往日光拜见天皇。

拜见时，永野把大本营的判断向裕仁进行了汇报，告诉他后果没有想象中那么
严重，而且加减乘除，大本营那里也已经有了一本贴，您老只管坐家里瞧好就行。

裕仁心里没底，所以怕得不得了，现在一听没啥事，也就安稳了。

裕仁安稳，永野不能。在陆军面前逞了一辈子的强，临到头不仅落在人后头，

还得来来回回装孙子，这口气如何忍得？他当即给山本打了个电话，指示联合舰队将夺回瓜岛作为第一目标，其他行动可暂不考虑。

中途岛损兵折将，瓜岛又被从手中抢走，山本也是气急败坏，再度与美军决一死战的念头油然而生。他铺开南太平洋的作战地图，攥起拳头狠狠地砸向瓜岛："三川，给我出击！"

1942年8月7日下午，三川一声令下，第二十五航空队的五十一架陆基轰炸机从拉包尔紧急起飞，直扑瓜岛和图拉吉岛。带队指挥官很有头脑，他让所有飞机贴水面低空飞行，以躲避雷达。

到达瓜岛上空后，日军飞行员坂井三郎发现前面不远处有一群美机，从外观上辨别，这群美机应该是"野猫"战斗机，总共八架，当时它们正在收缩编队，看样子并没有发现日机。

包括坂井在内，周围共有四架"零"式战斗机，数量只及美机的一半，但是美机不是没防备嘛，于是坂井等人便采取了从背后突袭的方式，未等编好队形，便呼啦啦地冲了过去。

坂井是一名王牌飞行员，论技战术水平和战绩，在日本海军航空队中能排到前几名，一向眼高于顶，因此在冲锋中一马当先。按照他的判断，只要美机一直照原样飞，他一次开火就至少能击落其中的两架。

正在挂装鱼雷的TBF"复仇者"式鱼雷机。作为取代TBD的新一代鱼雷机，TBF的各项性能均有大幅提升，机上除搭载一条航空鱼雷外，还可装载多枚炸弹，并配有适于空战的机枪炮，其攻击能力相当强悍。

随着距离越来越近，坂井猛然意识到自己上当了。这些美机不是"野猫"战斗机，而是在中途岛开始崭露头角的TBF"复仇者"式鱼雷机，坂井没有参加过中途岛战役，所以误会成了"野猫"。中途岛之战时，只有六架"复仇者"登场，也未建立重大战功，但其性能却得到了充分肯定，之后美国海军便淘汰了性能相对落后的TBD"破坏者"，开始大量装备"复仇者"。

日机以为自己神不知鬼不觉，但盟军的海岸瞭望员其实早就发现了其踪迹。"复仇者"们均来自位于瓜岛以南的航母编队，它们收到警报，立即赶来进行截杀，刚才之所以作懵懂状，为的只是诱敌上钩，缩紧队形当然也不是要赶路，而是准备拿着筷子往碗里夹肉吃菜了。

八架"复仇者"，每架后座都有两挺机枪，一共十六挺机枪对着坂井。一见这副情形，纵使坂井再艺高胆大，此时两只脚也像踩着棉花一般，早已软了。

即刻下降，或者拐回去，时间上都不允许，如果拐弯或者翻筋斗，机腹就会暴露在枪口下，八挺机枪扫过来，铁定也是个蜂窝煤的下场。反正都是往死里挑拣，坂井只好加大油门，硬着头皮继续往上冲。

在坂井射击的同时，美机也全部开火，枪声压倒了其他一切声响。一时间，仿佛整个世界都在爆炸，坂井驾驶的"零"式战斗机震得直抖，他的脑袋也负了重伤，一只眼睛失明。

到底是王牌，在几次出现精神恍惚的情况下，坂井竟然仍挣扎着飞回拉包尔，创造了空战中的奇迹。当飞机降落时，油表几乎到了零位。

这次攻击对日机来说相当失败，它们遭到舰载机和护航军舰的集中攻击，共有十九架飞机被击落击毁，美军船员们不断看到有日机中弹起火，然后带着一身橙色火焰扎入大海。

日机损兵折将，且颗粒无收，尴尬的战果直接把山本推上了火焰山，那个着急和难受。他从驻岛锚地向三川发出命令，要三川不要再派你派他了，亲自上！

1942年8月7日黄昏，三川决定亲率第八舰队出战。由于山本在对联合舰队进行重新改编时，就考虑到南太平洋今后很可能成为美日争战的主要舞台，因此给第八舰队配备的人员较强，三川身边的幕僚皆为日本海军系统的第一流人才。出发前，三川在旗舰上利用吃饭时间，召集这些智囊开会。幕僚们一边进餐，一边议论纷纷："看来美国的机械力量确实强大，据说他们用推土机建造机场，其速度比日本快十倍。"

幕僚们话出有因。太平洋战争前，日本人还不知道推土机为何物。攻占威克岛后，日军为修复机场，曾指令被俘的美军军官找三百名士兵俘虏参加劳动。

军官搞清楚是要修复机场后，便回答："不用三百，三个就足够了。"日本人起初还不信，但见那三个人驾驶着一台安装在大型汽车上的机器，仅用短短的一天时间，就把机场给修整完毕了。

这就是推土机，与铁锹、铁镐相比，其工程效率提高绝不止十倍，而是百余倍。围观的日军无不为之惊讶万分。

推土机就一台，也就是威克岛上的那一台，后来被运到瓜岛修机场了。日本人素以仿造能力强著称，可是他们那时候仗打得太顺，已经忘乎所以，根本没人想到要把推土机送回国，搞一批仿品出来。

想到的时候已经晚了——随着美军陆战队占领瓜岛，这台推土机也物归原主，而正是依赖于它，陆战队才得以创造了修复机场的神奇速度。

美国强大的当然不光推土机，还包括其他军械，这一点从中途岛战役起，就已经给日本海军留下了深刻印象。和这样的强敌交手，必须讲究策略，众人讨论下来意见一致，那就是要以己之长，击敌之短。

第八舰队擅长的是夜间舰对舰的炮战和鱼雷战，其战前训练常常利用恶劣天气和夜暗条件进行，为了夜战需要，舰队还配备了日产的高质量望远镜、可靠性较大的照明弹和破坏力极强的青色杀手——"长矛"鱼雷。三川及其幕僚们正是从中看到了取胜的希望所在："我们只有从视力方面大做文章。'蓝眼睛'在黑夜里是无能为力的，而'黑眼睛'在夜晚却看得一清二楚，因而，除实行夜战之外别无他法。"

"蓝眼睛"是指美国人，"黑眼睛"是指他们自己。"黑眼睛"们连夜研讨作战计划，决定用夜战的方式来摧毁美舰，时间确定为8月8日午夜。

瓜岛海滩的美军舰船

1942年8月8日凌晨，三川派出五架水上飞机进行空中侦察。到了中午，其中的两架返航，报告除运输船外，尚有为数不少的美军巡洋舰和驱逐舰在瓜岛海湾里扎堆。

美舰多，说明猎物多，三川为之兴奋不已，他毫不犹豫地下令舰队南下，前去捕捉"蓝眼睛"。

从拉包尔到瓜岛，需要通过布干维尔海峡。夜袭行动的最大风险也正在此处：光天化日之下，一支舰队要想在宽阔的海面上不被发现，是件很难做到的事。

的确很难，从日舰集结开始，到经过海峡，美军至少有三次机会发现第八舰队的动向，但都没能引起充分重视，第三次尤其令人扼腕——飞行员出于无线电沉默的考虑，竟然未及时向指挥层进行报告。

第八舰队穿过布干维尔海峡，距离瓜岛越来越近。

别无他途

8月8日这一天，夺岛行动仍在继续。虽然是要求两岛一起拿下，但陆战一师的重点毫无疑问还是瓜岛。范德格里夫特在瓜岛所选择的红滩，其位置就在即将完工的飞机场以东四公里处，那是此次作战的主要目标。

莱基属于"X射线部队"的一员，他们兵不血刃地抢占红滩后，接着便通过丛林，向机场进发。

瓜岛上的热带原始雨林犹如一座大陷阱，外表繁盛翠绿，用莱基的话来说，那是他有生以来从没见到过的精美雅致画面，可一到里面就遭罪了：丛林里的空气根本不流通，地上铺满腐败的植物，有的大树看似很坚实，一靠上去，马上折断。至于小说《冒险》中的那些沼泽、白蚁、虐蚊、鳄鱼，随时会向闯入者发起凶恶攻击。

最令人感到困惑的还是路径问题。陆战队员或用砍刀开路，或沿着羊肠小道前进，但每前进一步，他们都如坠云雾之中，不知自己究竟身在何处。

不是有地图吗，看地图哇，军官们急忙把翻印的"一战"老地图拿出来。一看，太可恶了，地图上红滩的位置倒是对的，可也就这一个是对的，其他都是错的！

陆战队员迷路了，这真是活活地现了眼。士兵询问军官该怎么走，军官只好胡乱回答："直往前走，就在日本兵出现的地方。"

人们一边走一边骂，路上有人不知不觉地消失了，还有人因紧张而忘记口令，结果遭到更紧张的己方哨兵误杀。

强烈的疲惫和挫败感，令登岸时的那一丝轻松转瞬化为乌有，部队的纪律开始松散。当丛林中的一条河流展现在面前时，口干舌燥的陆战队员们大呼小叫地跑了过去，似乎再没有人记得这是在前线最危险的地方。

其实路上的随意鸣枪早就暴露了陆战队的位置，假使日军于此时突然出现，完全可以不费吹灰之力地将他们屠戮殆尽，甚至于不直接动手，只需事先往河流里投毒就行。

还好，所有这些不幸事件一件都没发生。瓜岛守军大部分是工兵或非战斗人员，战斗兵不多，而且武器少得可怜，重火力方面只有小口径旧式山炮两门，机枪三挺，一开始也不过是为了在岛上的土著人面前装装门面，摆摆威风罢了，并无很强的战斗力。

美军舰艇飞机出其不意的猛烈攻击，已经把日军给炸得七荤八素，残部不是撤到深山老林，就是逃往别的岛屿，哪里还有人顾得上丛林里的美国大兵。

1942年8月8日下午，"X射线部队"终于穿过丛林，接管了空无一人的瓜岛飞机场。

美军开始对瓜岛进行轰炸时，日本人大概正在做早饭，闯入机场食堂的陆战队员发现，熄灭的柴草上面挂着大锅，桌上也遗留着尚未吃完的饭团，一摸，还是热的。

日军显然曾做好长居瓜岛的准备。机场附近除建有两座大型发电厂外，还有一座冷冻厂，里面堆着有如小山般的食品，其中包括几百箱日本啤酒和米酒。

陆战队员们乐了，没想到在经过丛林的百般折磨之后，大家还能有国王王妃的命——炎炎烈日之下，有什么比喝着冰镇的啤酒更爽更惬意？

冷冻厂马上被陆战队贴上新标语，谓之"东条冷冻厂今天换了新厂主"。

尼米兹火速攻占瓜岛的决策是对的。这时的机场跑道已经完工了四分之三，截至8月5日，也就是美军发起登陆战的前两天，修建工程基本完毕，就准备迎接"零"式战斗机到来了。陆战一师的抢滩登陆，打了他们一个措手不及，因逃跑过于仓促，设施和路道都未遭到破坏，发电厂仍在发电，建筑设备、建筑材料全都完好无损。

小经营也能做大买卖，原来信心不足的美军成功地登上瓜岛，并控制了机场。该机场自此被命名为"亨德森机场"，以纪念中途岛战役中战死的空军英雄亨德森。在众人看来，正是因为有亨德森这样的勇士前仆后继，美军才能拥有攻占瓜岛、发起反击的机会。

与瓜岛的波澜不惊不同，图拉吉岛却没这么好打发。图拉吉岛上虽然也只有约两百名日本海军陆战队士兵，但他们坚决执行了指挥官"誓死坚守岗位"的命令，始终守着一座小山不放。

美军的一辆陆战坦克率先向小山冲去。当爬到半山腰时，一个埋伏在路旁的日本兵伸出一根铁棍，将坦克履带给卡住了。坦克车车长打开车盖，刚刚伸出脑袋，就被一枪给打死了。

周围的日军一拥而上，向坦克内投掷装满汽油的燃烧瓶，坦克因此着火，黑色的浓烟直冲天空。

坦克里只有一人从舱门里逃出来，但是随即就被枪托击倒在地，日本兵就像一群豺狼般扑上来，有抓着坦克兵的头往装甲上撞的，有用刺刀向他身上猛戳的，因为对这种群殴活动过于投入，他们没有注意到别的美军陆战队员已悄悄地逼近。

美军端起机枪一扫，将野兽们全给扫成了窟窿。让人惊异的是，那位遍体鳞伤的大兵居然还活了下来。

护航舰奉命对陆战队进行近程火力支援，船员从潜望镜里看到了岛上的战况。确认推进不易后，炮长立即下达了开火命令。

九门主炮同时齐射，军舰亦为之一震。再通过潜望镜观察时，半山腰上原来若隐若现的日本兵已不见踪影，炮击过的地面留下了一个个大洞。

舰炮的支援并不能完全解决"Y射线部队"所遇到的困难。地面反击不成，日军就躲到地下洞穴里继续进行抵抗。

洞穴里漆黑一团，没有吃的，没有喝的，看上去也没有任何获救的希望，可洞里的人就是不肯投降，而往往这样一座洞穴，就可以使得美军在几个小时内无法向前推进一步。

初次跟日本兵打交道，对方忍受艰难困苦的能力令陆战队员们吃惊不已，要知道，在同样恶劣的环境下，盟军士兵可能早就丧失了作战能力。

第一次，美军陆战队领教了什么叫武士道，一句话，不是你杀了他，就是他杀了你，除此之外，别无他途。

为了清除洞穴中的敌人，陆战队员只能在正面火力牵制的情况下，从侧面接近，然后通过往洞穴里丢炸药包的办法，将其彻底摧毁。

经过两天激战，继攻克瓜岛之后，"Y 射线部队"终于得以占领图拉吉岛。范德格里夫特和他的陆战一师创造了一个纪录，自 1898 年美西战争以来，美国海军在太平洋上首次成功实施了两栖登陆战。

从 1942 年 8 月 7 日早上开始，尼米兹的幕僚们就守在办公室里苦等。起初他们什么消息也没能等到，直到几个小时后，太平洋舰队情报站才从东京电台截取到了情报。

在那个时间段，东京电台正像发了疯一样，反复转播图拉吉岛守军要求增援的电文。尼米兹一听就知道有戏，他立即将这一情报转发给华盛顿的欧内斯特·金上将，并附言："我们的战斗终于打响了。"

带进了沟里

登陆行动的成功并不能够"一俊遮百丑"。由于缺乏经验和练习，卸货的滩头显得杂乱无序，物资拥挤在海滩上，根本来不及向岸上转移，而当大炮、坦克等重型装备上岸时，则更加剧了这种混乱局面。

继 1942 年 8 月 7 日对船队发动空袭后，第二十五航空队又出动四十一架飞机奔袭瓜岛，在盟军舰炮和舰载机的强力阻击下，日军只勉强击沉一艘运输船和炸伤一艘驱逐舰。

也许是登陆舰船的诱惑太大了，日军飞行员们忽略了滩头堆积如山的装备和物资，假设他们把对付登陆编队的弹药全都投到滩头，范德格里夫特一定会哭起来。因为陆战队能不能在岛上坚守，说到底还是依赖物资供应，如果滩头物资毁掉一半，"瞭望塔行动"也就可以宣告寿终正寝了。

堆积于滩头的物资

不过第二次空袭还是给范德格里夫特带来了困扰。为了躲避日机的轰炸，运输船不得不一次次散开，本已混乱不堪的卸运过程几乎陷入停滞状态。

下午，发现第八舰队的那名侦察机飞行员回来了，当然返回的是澳军基地。这哥们儿的心倒也挺宽，他先去吃饭，填饱肚子后再向上级报告，等到澳军司令部将情况反馈给登陆编队，足足耽误了六个小时，已经来不及再派飞机进行侦察核实了。

从 1942 年 8 月 1 日起，日本海军就更换了密码，罗彻福特领导的密码破译小组虽然可以破译新密码，但至少需要耗费两个星期，这使太平洋舰队无法向登陆编队提供日军的动向和部署。另外，三川又在航行中实施了严格的无线电静默，因此何去何从，必须由登陆编队指挥官特纳进行独立判断。

特纳只能看报告，要命的是，澳大利亚飞行员提供的还是一份错误报告，他把日军第八舰队的两艘舰艇当成了水上飞机供给船，这一下就把特纳给带进了沟里。

图拉吉岛水上航空基地不是给陆战队端了吗，特纳一分析，对了，这支日军船队一定是来寻找第二个图拉吉岛，以便重建水上基地的。类似于图拉吉岛的港湾，所罗门群岛多的是，也不知道是哪一处，总之，海战的可能性可以排除。

1942 年 8 月 8 日，下午 4 点，三川派出五架舰载侦察机，对瓜岛进行全面侦察。之后他决定沿着瓜岛和图拉吉岛中间的萨沃岛南端，偷偷地进入瓜岛海湾。

三川的旗舰"鸟海"号重型巡洋舰用闪光灯发出命令，舰队依令而行。走着走着，"鸟海"号上的观察哨突然喊道："右舷前方发现桅杆！"

正是躲过风暴又遭雨，水兵们争相进入战斗位置，舰炮炮口被迅速转向右舷。

再一看，不是美舰，是日舰，一艘日军海上飞机补给舰正开往前方海面，由于无线电静默的缘故，第八舰队事先没有得到消息。

擦擦额头流下的冷汗吧，既然要袭击人家，就得时刻做好到油锅里捞钱花的精神准备。

傍晚 6 点，第八舰队所属各舰将甲板上所有易燃物都扔进海里，并对弹药进行了最后的检查。三川引用英国海军名将纳尔逊的话来激励将士："人人尽力！"

日军那边全力以赴，美军这边却闹起了意见。

6 点 7 分，执行轰炸巡逻任务的舰载机全部返航，弗莱彻一检点，在连续击退日军航空队的两次进攻后，航母舰载机已损失五分之一，数量由九十九架减至七十八架。

"鸟海"号重型巡洋舰，三川的旗舰。

日军在南太平洋集结着大批鱼雷机和轰炸机，可以预料的是，日军航母队还可能发起一轮赛过一轮的猛攻，而舰载机力量的削弱，无疑也就意味着航母自卫能力的减弱。

狐狸打不成，倒惹一屁股臊，这在实战中是常见的。想到自己手中的这几艘航母将面临莫测风险，弗莱彻的心就像被热油熬了一样，还没等先前所承诺的"四十八小时"来到，他就以燃料供应不足，需要加油为由提出了撤退申请。

当时美国海军专门成立了南太平洋舰队，舰队司令戈姆利中将是弗莱彻的直接上司，但弗莱彻未等申请得到批复，就擅自率队向东南撤退，到晚上8点，航母编队已远离瓜岛。

弗莱彻这么一怯场，把特纳的阵脚给打乱了。事情明摆着，一旦离开航母的空中保护，登陆编队就等于失去了头盔，百分百要等着被人家爆头了。

特纳急忙打电话给范德格里夫特，要求立即到他的旗舰上来开会，以共同商讨解决办法。

就在特纳忙于召集会议的当口，晚上11点13分，三川从巡洋舰上派出两架水上侦察机，其中一架被正在巡逻的盟军驱逐舰逮个正着，该舰立刻发出警报，可是鬼使神差，特纳居然没有收到警报，其他收到警报的美舰也未当一回事，有个舰长看到飞机上亮着航行灯，还以为是自家飞机。

水上侦察机向三川传回了至关重要的情报："在瓜岛和图拉吉岛附近停泊着运输船，在登陆场西面有美军战舰。"

三川亢奋不已："在攻击运输船之前，先把战舰干掉。"他将第八舰队的舰艇编成一字长蛇阵，一阵风般地冲入萨沃岛以南海面。

浮萍尚有相逢日，人岂全无见面时，两个月前，山本和南云在中途岛尽失锐气，今天两国海军再度交锋，三川要努力把这些失去的东西再找回来。

碰见鬼了

1942 年 8 月 9 日 0 点，三川发出通知："萨沃岛南面有美军重型巡洋舰三艘，准备发射鱼雷。"

凌晨 1 点以后，接到开会通知的范德格里夫特终于找到了特纳的旗舰。如此难找的原因，是因为登陆编队实行了灯火管制，范德格里夫特只能盲人摸象般地在黑暗中穿行，其间足足花了两个小时。

会议在一种极其沉闷的气氛中召开。当范德格里夫特得知航母撤走后也是又气又急，从开始登陆起计算，弗莱彻一共在瓜岛只待了 36 小时，比原来扬言要撤走的时间还提前 12 小时。他恨恨地给弗莱彻的这一举动下了评语："简直是临阵脱逃！"

特纳叫范德格里夫特来，不是要声讨弗莱彻，毕竟事实已无法改变。当着范德格里夫特的面，他宣布："由于航空母舰撤走，登陆编队将处于日机直接空袭之下，因此必须把一切舰只都撤走。"

特纳的想法是，当天晚上把补给品全都卸到岸上，然后明天一早运输船就离开。

直到举行紧急会议前，一些运输船还只卸了不到四分之一的物资，按照这一进度，连特纳自己也认为，如果要对岛上的陆战队进行充分补给，登陆编队至少还要在瓜岛停留两天。范德格里夫特自然不能同意特纳说走就走，他激动地咆哮起来："瓜岛作战补给物资远远不够，现在又要把未卸完货物的运输舰全部撤走，这简直是发疯了！"

双方面红耳赤地争吵了一通之后，特纳还是固执己见。这使范德格里夫特几乎有了一种天下乌鸦一般黑的感觉，他异常恼火地说："我们像地地道道的傻瓜一样被别人出卖了！"

会议不欢而散。就在范德格里夫特启程返回时，突然下起倾盆大雨，几米之外如被泼了墨一般，漆黑一片。

同一时间，三川率领第八舰队劈波斩浪，在茫茫雨夜中直奔瓜岛。突然，一艘担任警戒任务的美军驱逐舰朝第八舰队直驶而来，日舰瞭望哨已经看到了驱逐舰那模糊不清的舰体。排成一条直线的日舰赶紧悄悄转身，将炮口对准驱逐舰，准备轰击。

由于天太黑，心怀鬼胎的日舰注意到了美舰，美舰却没留意日舰，结果这艘美军驱逐舰又掉转航向，慢吞吞地开走了。三川自己都觉得侥幸，说："这次真他妈是碰见鬼了。"

根据白天截获的无线电通信，三川察觉瓜岛附近有美军航母在活动，所以他格外担心路上遇到航母。不过直到进入瓜岛海湾，美军舰母始终未出现，这让三川禁不住又一次猛拍胸口"碰见鬼了"。

如果三川知道航母编队早已撤走，他会感谢弗莱彻吗？

1点33分，三川下达总攻击令，一串串"长矛"鱼雷从很远的距离飞出，旋转着奔向"堪培拉"号和"芝加哥"号。

"堪培拉"是一艘澳大利亚的重型巡洋舰。当"堪培拉"的瞭望哨惊叫着发出警报时，两条鱼雷已经穿进了"堪培拉"的舰首。日军水上飞机随后又投下降落伞，挂在降落伞上的照明弹在盟军军舰后方爆炸，那一瞬间，耀眼的光芒照亮了整个海面，美舰舰体的侧影露了出来。

三艘日舰立即射击。这是一次完美的海空配合，无数炮弹呼啸而至，雨点般地落在船舷上。"堪培拉"燃起大火，火从舰首一直烧到舰尾，整艘舰船被火光照得如同圣诞树一样。不到五分钟，"堪培拉"便失去了战斗力，七个小时后，该舰沉入大海。

美军重型巡洋舰"芝加哥"的悲惨命运只是延迟了一会儿而已。发呆的鱼雷操纵手连引爆管都没装上，日本人的鱼雷就把舰首炸掉了一大块。事后有人在船体上数了一下，共数出一百一十九个小口径弹孔，二十三个大口径弹孔，就跟一只马蜂窝差不多了。

"芝加哥"比"堪培拉"好的是没有沉没，但也被打昏了头，被迫退出战斗后，它居然不分敌我，朝北面一艘盟军自己的驱逐舰狂追起来。

登陆编队的护航军舰分为南区和北区部队。仅仅六分钟时间，南区部队就已溃不成军，无法再作为一个战斗单位存在，海面上漂浮起一艘艘废铁一样的盟军军舰。

美国重型巡洋舰"阿斯托利亚"号

1 点 50 分，在夜幕掩护下，毫发无伤的第八舰队分成两路纵队，全速杀向北区。

南区部队在晕头转向的情况下，未能及时将敌情通报北区，而电闪雷鸣则将南区的炮声和火光掩盖得天衣无缝，以至于北区根本不知道战斗已经打响，更不知道自己也将大祸临头。

到达北区后，日军旗舰"鸟海"号首先打开探照灯，用灯光罩住美军重型巡洋舰"阿斯托利亚"号，随之，第一次齐射的炮弹纷纷落在"阿斯托利亚"周围。

"阿斯托利亚"急忙开炮还击。舰长当时正在睡觉，惊醒后还到处问："是谁下的战斗命令？是谁下令射击的？"

糊里糊涂的舰长以为是晚上看不见，友军之间发生了误击。这么多舰船挤在一块，谁也不能保证没个碟大碗小磕着碰着的，他一边走一边嚷嚷："我们不要过于激动而草率行事，马上停止射击。"

当意识到对方并非"草率行事"时，舰长才急了起来："射击！不管是不是我们的船，必须压制住他们。"

"鸟海"提前占据了一个极佳的作战位置，探照灯和中弹后燃起的火焰又使"阿斯托利亚"成了醒目的活靶子，舰上设备遭到严重毁坏，战斗人员也伤亡殆尽，该舰最终步了"堪培拉"的后尘。

不过第一个在瓜岛海湾沉没的并不是"堪培拉"，而是美军的另一艘重型巡洋舰"昆西"号。

铁底湾

"昆西"号一开始很惊艳，它有两颗炮弹都命中了"鸟海"号，其中一颗还炸掉了舰桥中央的作战室，差一点伤到三川本人。可是随后"昆西"却又犯了和其他友舰一样的错误，舰长傻乎乎地下令停止射击，以便核对对方的身份。

于是"鸟海"及其他日舰毫不留情地展开了报复。"昆西"被两条鱼雷击中，舰身发生剧烈震动，一名幸存者回忆，当时整艘军舰就和人一样，完全是一副受了伤之后要飞跃着逃出海面的样子。

一会儿工夫，这艘庞大的巡洋舰就搁浅了。雨点似的炮弹再次袭来，舰上船员几乎全部死光，尸体像布娃娃似的被抛到空中，然后落进海里。一时间，炮弹的爆炸声，玻璃的破碎声，钢铁的撞击声，全部汇集在一起，似乎在为"昆西"高唱着挽歌。

体无完肤的"昆西"号在十一分钟内就翻进了海底，只有少数船员得以幸存。

2点15分，三艘日舰向美军驱逐舰"拉尔夫"号开火。"拉尔夫"号就是担任外围巡逻，却因天黑没发现日舰，让三川大呼"碰见鬼"的那艘军舰。

"拉尔夫"双拳难抵四手，很快就被击中，舰体发生二十度倾斜，眼看着就要完蛋了。舰长情急之下打开识别灯，开始用无线电高呼自己的代号，紧急请求支援。

"拉尔夫"舰长真是走投无路了，此时航母编队早已远离，谁还能救得了谁？

也许连他自己都不敢相信，就是这么一喊，不仅救了他的命，还救了整个运输船队的命。

海战前五天拍摄的"昆西"号。"昆西"属新奥尔良级巡洋舰，在美国所有"条约型"巡洋舰中性能最为优异。为防止水下鱼雷的攻击，"昆西"的弹药库被设计在了吃水线以上，不过这也正是它的命门，因为弹药库很容易遭到大型水面舰艇的攻击，从而给整艘军舰带来了灭顶之灾。

就在"拉尔夫"号发出呼救信号后，三艘日舰突然停止射击，并迅速离开，"拉尔夫"趁此机会逃往图拉吉岛附近。

2点20分，三川发出命令："全体撤离。""鸟海"号加速前行，率领日军两路纵队撤出了战场。

这是一个令人惊讶的时刻。第八舰队已将盟军登陆编队击溃，距离下一步攻击并全歼运输船队只是一步之遥，因此三川的收兵举动显得既仓促又突兀，无怪乎战斗结束后，山本会急得直跳脚，连连指责三川为什么没有继续发起攻击。

为什么没有？三川的理由和那三艘日舰差不多，都认为"拉尔夫"的呼救会把航母编队召来。

"鸟海"已经被击伤，第八舰队各舰也都在攻击中分散开来，重新组织战斗队形至少需要一个小时。等到一个小时后，再把运输船击沉，那时天已放亮，美军的航母舰载机也就来了。

从瓜岛到拉包尔，航程长达五百海里，无战机掩护，又是白昼航行，美军舰载机要么不攻，一攻就极可能出现另外一个中途岛。

人还是现实点好，守着多大的碗吃多大的饭，况且，第八舰队所携带的"长矛"鱼雷也快消耗完了，三川于是采纳幕僚们的建议，来了个见好就收。

中途岛战役时，指挥美军舰队的斯普鲁恩斯也曾及时停步，看起来两人似乎有异曲同工之妙，可是斯普鲁恩斯令对手感到失望，三川却让对手直呼侥幸，其中的差别就在于，三川有些谨慎过头，他不知道美军的航母编队其实早已离开瓜岛，并正朝着与第八舰队完全相反的方向航行，天亮后即便日舰仍留在原地，也不会受到空袭。

日本史学家为之扼腕不已："如果三川能在瓜岛消灭盟军的运输舰队，即使牺牲了他的整个舰队也是值得的。"

是的，如果三川肯舍出性命，全力攻击运输补给船队，失去补给的陆战队将陷入极大困境，美军的"瞭望塔行动"也就真成了"瘟疫行动"。

三川失去了一个改变太平洋战争历史的机会，但还是成功地战胜了美国海军。这一战被称为"第一次所罗门海战"，有人形容它是美国海军作战史上最坏的一笔，"几乎和珍珠港事件一样悲惨"——日军仅用半个小时，就击沉盟军四艘重型巡洋

"昆西"被击中后开始下沉的情景

舰，重创一艘巡洋舰、两艘驱逐船，盟军方面战死官兵达到一千两百七十人。

美军在第一次所罗门海战中的损失将近珍珠港事件时的一半，尤其四艘重型巡洋舰理应拥有强大的反击能力，却在如此短的时间内便被打成废铁，也算创了纪录，尖酸者甚至直接称这次海战是"四只笨鸭子之战"。尼米兹为此专门成立了调查组，对事件进行调查。弗莱彻的撤退申请后来得到了戈姆利的批准，他以此豁免，但这一事件仍然成为其海军生涯中最大的污点。其他遭到严责的，主要是缺乏任何应急预案且处置失当的现场指挥官，其中南区指挥官在战斗结束后自杀身亡，北区指挥官则在被免职后患了精神病。

1942 年 8 月 9 日晨，天亮后的海湾一片惨状，海面漂浮着厚厚的一层油，海底则到处都是军舰残骸，在以后的几个月里，又有更多"烧煳了的卷子"在此沉没，该水域从此便被命名为"铁底湾"。

由于误报敌情，登陆编队错发空袭警报，大难不死的运输船被迫两次开进"铁底湾"进行躲避。特纳不顾危险，一有空隙就争分夺秒地组织卸货。

随着大规模空袭的危险越迫越近，特纳才下决心陆续撤走幸存战舰，到天黑时，登陆编队终于全部驶离"铁底湾"。和他们一起离开的，还有陆战一师未登岸的一千人后备队，大多数重炮、重型装备以及半数的食品。

第二章 / 所有魔鬼都出动了

美军陆战队员莱基半夜醒来，看到火光冲天。

他后来才被告知那是日舰打开的探照灯，日本海军利用这些探照灯横扫盟军舰艇。那段时间，不断传来惊天动地的爆炸声，莱基感到脚下的大地正在震颤。

陆战一师看到了火光，听到了炮声，但万万想不到登陆编队会败得那么惨。

当莱基和队友们穿过丛林，到达海滩时，天色已晚。"铁底湾"漂浮着冒烟的军舰残骸，除此之外，战舰和补给运输船踪影皆无，仿佛变戏法一样全都消失了。

莱基还太年轻，尚不知道这一切意味着什么。作为陆战队的大头领，范德格里夫特心里清清楚楚，他被眼前的景象惊呆了，好半天说不出一句话。

陆战一师被孤零零地丢在了岛上。所有部队，瓜岛"X射线部队"有一万人，图拉吉"Y射线部队"有六千人，这一万六千人的可用军粮尚不够一月之需，此外，他们缺乏重武器和防御用的地雷，身边只有少数挖壕工具以及几捆带刺铁丝。

这种情况将会持续多久，没人知道，陆战队官兵所能知道的是，日军增援部队必然会源源不断开来，接着随心所欲地发起海陆空立体攻击。

当晚，范德格里夫特在日记中写道："现在一切只有靠我们自己了。"

掘它个金娃娃

三川在第一次所罗门海战中取得的胜利，让日本掀起了一股欢庆狂潮。东京各大报纸连吹三天："瓜岛攻防战大捷，美澳海军一触即溃，全线败退。"裕仁特地召集文臣武将，举行了隆重的御前酒会。会上，首相东条英机像希特勒那样挥舞着拳头，大喊大叫，声称自中途岛出师不利后，日本海军终于在萨沃岛"一举荡平敌舰队"，"大东亚圣战的全面胜利"指日可待。

唯有山本觉得留下了遗憾，特别是想到美国海军陆战队仍占据着他最早看中的瓜岛，进而对整个所罗门群岛形成了威胁，心里就十二分的别扭和不爽。

1942 年 8 月 9 日至 12 日，在山本的命令下，三川晚上派军舰直下"铁底湾"，对美军的岛上阵地进行炮击，炮击结束后又以夜色为掩护返航。范德格里夫特对此早有防备。知道日军一定会后悔没炸物资，他已提前把海滩上的补给物资运入岛内，并全都隐藏起来，确保日军飞机和舰炮都炸不着。

自从美军登陆后，日军曾派飞机在瓜岛和图拉吉岛上空投放"报告球"。所谓"报告球"就是装有命令或通知内容的球包，日军

轰炸滩头上的物资本是一步好棋，但可惜迟了一步。

通过这种方式，告诉岛上的残余日军：援兵必到，一定会夺回失去的阵地。

得知援兵将至，又听到海上炮声隆隆，岛上的日本兵随即乘机组织反击。虽然说凭现有的人力物力，范德格里夫特已腾不出手来在岛上进行扫荡，可要打退这群日本兵的进攻还不费什么事，一顿猛击，终于让渣渣们哪儿来的又滚回了哪儿。

军舰再横也就只能在海上横，无法上岸，光靠岛上的那些漏网之鱼又成不了事。海军军令部总长永野派部下到参谋本部，通过私人关系，向参谋本部的参谋打听，问陆军是否愿意把瓜岛的美军消灭干净。

参谋问，这个行动需要多少陆军。永野的部下也不清楚美军有多少，又不能说自己不知道，就睁着眼睛信口雌黄，说至多不会超过两千人，而且在一年内，美国人不可能沿着所罗门群岛北上发动大规模反攻，也就是说两千人定死了，有少无多。

参谋本部一听，还有这么白捞的好事，马上答应向东条英机推荐进兵计划。

海军请求出兵，陆军愿意出兵，东条英机有什么理由不同意。他当即下令陆军参战，协同海军夺回瓜岛。

接到参战命令的是日本陆军第十七军，司令部驻于拉包尔，军司令官为百武晴吉。

太平洋战争爆发之前，日本的间谍网布置得非常周密，培养出了吉川猛夫那样

的超级间谍。可是与之形成鲜明反差的是，当太平洋战争爆发后，战场上的日本军官却大多像个糊涂虫，对于美军的实力和意图，常常是一无所知，实际上，他们也懒得去收集相关情报。

百武就是如此。他照海军给的法子抓药：两千个美国兵，我用三倍人马，六千个日本兵，还干不灭你们？

第十七军担负着整个所罗门群岛的作战任务，当时其他方面也正缺兵少将，百武一下子还拿不出六千，他决定先派一支不足千人的先遣队去探探路。

先遣队当然得挑精兵强将。百武任命的指挥官一木清直是挑起"七七事变"的马前卒，那股好战嗜杀的劲头自不待言。由一木率领的部队以其名字命名，称为一木支队，基干为关东军第七师团第二十八联队，那是一支在诺门罕战役中跟苏军交过手的部队。

早在中途岛战役时，一木支队就曾被选中担任登陆部队，若不是海军折戟，此时也就有可能是中途岛守军了，所以一木对此次出征可谓踌躇满志：上次全是海军坏了事，这次海军已经赢了，陆军还有什么道理不跟着赢？

1942年8月16日，由一木支队第一梯队组成先遣队，分乘六艘驱逐舰出发南下。

在日本陆军士兵的训练手册上，关于对手的描述充满着轻蔑之词："西方人夜郎自大，毫无丈夫气，胆怯懦弱，最不喜欢雨天、大雾或夜间战斗。他们认为在夜间不应战斗，只适合于跳舞。他们这些弱点是我们巨大的有利条件。"

东南亚战场的经历显然强化了这一印象。船上的日本老兵回忆："我们的炮火打过后，连一片草叶子都没有了！"

那是东南亚，瓜岛该怎么打，众人异口同声地吹起老牛，说跟美国人打仗丝毫不用害怕，"蓝眼睛"们不是晚上窝在家里吗，那就夜间进攻好了，一打，准趴！

几乎所有人都情绪激昂，跃跃欲试。在日本兵看来，胜利就好像是他家瓮里养的鳖，插上翅膀都飞不出去了。

经过三天的海上航行，1942年8月18日夜，日军先遣队进入瓜岛的"铁底湾"，就像当初的美军登陆一样，日军在登陆时也没有遇到一枪一弹的抵抗。

一木向坐镇拉包尔的百武发电："我们登陆成功。"

在派出先遣队的同时，百武还紧急抽调其他部队组成了川口支队，作为进攻瓜岛的后续部队，为此，他复电要求一木支队集结待命，待川口支队抵达后，再一同去夺回机场。

一木捏着电报从鼻子里笑了一声——你百武是没亲自来看一看美国兵的熊样，这还用得着什么川口支队吗？

不等了，看我一锹就掘它个金娃娃。一木留下一百二十五人守卫

瓜岛上的美军巡逻队

滩头，率领余下的九百多人直接向机场扑去。

一木不知道，范德格里夫特不守海滩，既不是"无丈夫气"，也不是"胆怯懦弱"，他那叫明智。

要想守住瓜岛和图拉吉岛，关键靠什么？靠亨德森机场，只有守住机场，才能等来美军战斗机的援助。

范德格里夫特非常清楚这个道理，他在机场四周建立起防御圈，一面加紧修理跑道，一面以机场为中心集结兵力，原来守卫滩头的部队都已撤到了机场外围。

一木吹灭了灯又闭上眼，横竖什么都看不见，就这么傻乎乎地带着人马朝黑林子里插了过去。

无限纳闷

1942 年 8 月 19 日午后，一木支队的一支侦察小分队遭到伏击。伏击他们的也是侦察兵，美军侦察兵。

陆战一师刚登陆时曾被热带雨林弄到要抓狂，经过这么多天，早已经是老马识途，尤其是侦察兵，对地形非常熟悉，反而日军自高自大，毫无警惕，在陌生环境下骤遭打击，都不知道往哪里还击才好。日军侦察分队由三十四人组成，当场被打死三十一人，仅三人逃脱。

美军先前不知道对方的来路，还以为是岛上残敌。打扫战场后才发现不对，因

为岛上残敌大多胡子拉碴，而这些死鬼子胡子都刮得很干净，服装也比较新。

再搜捡物品，从日军随身衣袋和文件包里找到了地图、密码和日记。

除了不懂得收集战地情报外，日军野外作战的另一个重大弊病，是对内对外都不注意保密。地图也就罢了，密码和日记竟然也随身携带，似乎从没想到过它们会被敌方缴获及利用。类似的奇葩事件后来还层出不穷，美军在日军指挥所里缴获到的文件，甚至可以用吨来作为计量单位，连美军自己都感到不可思议。

从日军侦察兵身上搜出的资料，完整地透露出一木支队的人数以及即将发动进攻的意图。

相关情况被立即报告给范德格里夫特。范德格里夫特还没有跟岛外的"神话超人"干过仗，他只觉得无限纳闷：你一木支队才一千人不到，我手上有一万多人，你凭什么觉得我十个还打不过你一个呢？

真是胆大包天的一群怪胎，范德格里夫特将拳头用力一挥："尽快行动吧，让日本人尝尝我们子弹的味道！"

从日军地图上分析，一木支队重点进攻的目标是东线阵地。士兵莱基所在的陆战第1团连夜进入东线阵地，并于8月20日午夜完成了防御部署。

与此同时，一木也到达了东线的伊鲁河。敢情他还不知道侦察兵遭伏击的事，而且此前两天没有碰到过一个美国兵，于是再次致电百武："根本没有敌人，就好像在无人区行军。"

在一木身上，具备许多日本陆军军官所特有的那种莽撞和无知。中途岛战役时，他就对手下说过，如果登陆时遇到美军阻止，除非士兵难以射击或者靠得太近无法射击，否则不应请求海军进行火力支援，而这么做的理由，仅仅是为了维护"陆军的好名声"。

往机场进发时，一木既没有要求海军实行掩护射击，也没有把炮兵带上，以为凭他那两把刷子，就可以一夜之间把美军给铲干净了。

美日两军一河之隔，穿过伊鲁河，只消两公里路程，便可以到达机场。伊鲁河虽被称为河，但其实并不是河，而是一条通向大海的溪流。在它即将进入"铁底湾"的地方，被一座四十米长的狭窄沙洲给隔断了，只有在伊鲁河上涨时，水才会漫过沙洲进入大海。

借着月光，可以看到沙洲对岸拉着一道长长的铁丝网，不过并无人员走动。这正是一木所期望的，如果美军连哨兵都没有，沙洲将成为日军顺利到达对岸，并发动奇袭的天然桥梁。

奇袭的前提是对方蒙在鼓里，然而被蒙在鼓里的，恰恰是一木自己。东线巡逻兵早就发现了这些穿着崭新军装的日本兵，守军已收到警报并提前做好了准备，另外，日军的行动也并不如他们所期望的那么隐秘——除了青蛙叫声外，美军瞭望哨还能听到河对岸有人行动的声音。

1942年8月21日，凌晨1点30分，随着一颗白色信号弹划破夜空，一木支队发动了"万岁突击"。一群光着膀子的军官挥舞军刀冲在前面，无数头缠白布条的日本兵端着刺刀随后，他们一边高喊"万岁，万岁"，一边疯狂地冲向沙洲。

对于这种隔墙扔过无头尸式的恐怖类把戏，日本人从来是乐此不疲，为的就是要把你给活活吓死，但是陆战一团团长波罗克中校始终保持着镇定，他传令下去："靠近些再打，没有命令不许开枪。"

三百名日军敢死队员率先冲上沙洲，而且转瞬之间便把沙洲给塞满了，那种横冲直撞的样子，好像神仙来了都挡不住。

以为我们这边是好吃的果子？波罗克一枪撂倒一个军官，然后大声命令："开火！"

美军阵地枪声大作，轻重机枪突突突扫过，当先的几十名日军敢死队员即刻被击倒在地。

奇袭不成了，一木只得收起拿糖作醋的心情，也让机枪进行火力掩护。战场上，每一个人都在射击，每一种武器都在吼叫，喧嚣的机关枪声夹杂着刺耳的步枪声，令夜空中到处飞蹿着子弹，身在第一线的莱基惊叹："所有魔鬼都出动了。"

美军虽然补给有限，但

勃朗宁M1917A1重机枪。美国海军陆战队在太平洋战场上以步兵战斗为主，与日军坦克部队交手的机会很少，所以他们不像陆军那样装备有反坦克炮，最大的撒手锏就是重机枪。勃朗宁重机枪属水冷式重机枪，水冷套筒下方装有蒸汽软管，以免发热产生的水汽暴露机枪阵地位置。这种重机枪的持续射击能力很强，容弹量两百五十发，陆战队每个营都装备有十二挺勃朗宁重机枪，可有效实施交替射击。

弹药充足，在重机枪阵地，两百五十发的子弹夹一圈一圈地滑出弹药箱，然后又一圈圈地被送进机枪，可是纵然火力如此猛烈，仍不能阻止日军的舍命冲锋。

一木是把瓜岛当旅顺口来打的。当年日俄战争时，日军原计划在一两天内就攻下旅顺口，新闻记者们彻夜守在陆军省的大院内，等着播报诸如"旅顺口陷落"之类的特大号外。

可是事与愿违，一两天最后被拖成了四个月，到第三次总攻，指挥此役的乃木希典眼睛都红了，扬言："若进攻失利，我将亲自持刀站在敢死队的前列！"

就为这么一句话，日军付出了尸山血海般的代价，包括乃木的儿子在内，日军伤亡接近六万人。

仅仅一场攻城战而已，耗这么长时间，还死这么多人，这乃木足可被称为一代愚将，然而在舆论机器的鼓动下，他却得以与海军的东乡齐名，成了"日本军神"。

一木采用的正是乃木式战法。日军踏着伤员和队友的尸体往上拥，他们仿佛发了疯，甚至冲锋时都不开枪了。

从万岁突击一下子上升到僵尸大行动，这一变化着实有些让人消受不了。如莱基这样的士兵，大多没有经历过实战，何况是如此疯狂的场面，有人惊恐地喊叫起来："日本佬怎么打不倒呢？"

眼看日军已经越过沙洲，距离美军阵地只有十几米，幸好铁丝网挡住了他们。

登陆物资里有铁丝网，可是没来得及卸货，现在的这些铁丝网是从岛上一个旧有农场临时拆卸下来的，上面都带着刺，人很难过得去。

隔着铁丝网，波罗克喊道："投手雷！"

在手雷接连不断地落入人堆后，潮水一般涌上来的日军被炸得人仰马翻。受伤未死或残余的士兵开始陷入痛苦、愤怒和失望之中，他们发出的悲鸣甚至盖过了枪炮声。

第一波进攻一结束，一木就又发动了第二波进攻。

为对付这波进攻，美军使用了炮火拦击。范德格里夫特早已将坦克和三七毫米机动火炮集中在防御圈中央，二者都可以发射炮弹，对防御圈外围的既定目标实施粉碎性轰击。

炮弹既下，前面的日本兵上不去，后面的日本兵又赶上来，就跳蚤那么大一块地方，变得人挤人，大家都不知道该往哪里冲好了。

往哪里去？往这里来！波罗克集中机枪火力，对这群不知所措的日军进行猛扫。沙洲很快变成了一个可怕的屠场，机枪手用不着瞄准，闭着眼睛就能射倒一大片。

见第二波进攻也面临着崩塌的危险，一木命令神源中队迂回到伊鲁河上游，从那里徒涉过河。

担任侧翼防守的正是莱基所在的直属连队，他们进行了严密的火力封锁，神源中队的许多士兵还没来得及开枪，就在岸上被打死了。初战的莱基表现得非常聪明，作为副射手，他和主射手密切配合，不断变换射击位置，在每个新位置，他们都打上十五分钟，然后换一个地方再打，这样不仅使得日军无法找到他们，而且还增加了己方的"虚拟火力点"。

神源中队的侧翼迂回没能得逞，第二波正面进攻却似乎有了反转的可能——少数日本兵奇迹般地从死尸堆中挤出，并绕过铁丝网，钻进了美军阵地的散兵坑。

在这些日本兵的掩护下，日军后续兵力发起冲锋，一些人已冲过沙洲和被炸毁的铁丝网，攻占了美军的部分战壕，之后，他们向一木打出"已攻占敌人的前沿阵地"的信号。

一个也不要留

好不容易，羊群里也跑出了骆驼，一木喜出望外，他把预先准备的烈性酒拿出来，就等"前沿阵地"变成"全部阵地"，好开瓶子庆功。

一木永远不会有这个机会了。

美军火炮再次发威，从中间将沙洲上的人流切开，并使日军再无法向前迈动一步，否则就只能沦为炮灰。

趁着这个时候，前沿阵地上的美军展开反击，与日军进行肉搏战。白刃对拼也许美军不是日军的对手，但要说搏杀的勇气，他们丝毫不弱于对方。一名黑人士兵在寡不敌众的情况下，引爆了整整一箱手榴弹，与敌人同归于尽。

波罗克手里还有预备队，他把预备队调上来，实施反冲锋。至 8 月 21 日拂晓，陆战一师终于收复和巩固住了前沿阵地。

SBD "无畏"式俯冲轰炸机。与"破坏者"鱼雷机、"野猫"战斗机并称为太平洋战争初期美国的三大主力舰载机型。与"破坏者"不同,"无畏"的良好性能受到飞行员的极高评价,但是它的装甲较为薄弱,最怕碰到日军的"零"式战斗机。

天一亮,范德格里夫特的另一个武器也有了施展空间。

一木支队登陆之前,陆战队一直在加紧修筑机场跑道。早在8月17日,他就发出了简易机场已经完工的信号。8月20日,也就是一木发动夜袭的那个白天,十二架"无畏"式俯冲轰炸机飞临机场。范德格里夫特称这一情景是"我一生中见到的最美好的场景"。

现在轰炸机就派上了用场,它们一架架升空,到达日军集结的区域后,立即实施轰炸。

日军出现了大溃退,来不及逃生的士兵纷纷跳下伊鲁河,想游出去,结果正好成为美军的靶子,河面上漂满尸体,以致河水都变成了红色。

后来莱基游过河去捡战利品,他看到一具鼓胀起来的日军尸体。仔细一看,原来这名鬼子的制服上衣里装满了炒米,裤腿里也有,一直到膝盖。为了防止炒米掉出来,他在膝盖上用皮筋绑住了裤子,这样才把自己搞得像个皮划艇一样。

莱基给死鬼子起名为"炒米迷"。进攻的失败和"炒米迷"们的大量死亡,让一木和他的那些军官都惊呆了,其中一人形容他们的攻势:"好像一只家蝇在攻击一只乌龟,家蝇完全处于劣势。"

一木收拾残兵败将,退缩到伊鲁河东岸,战场出现了暂时的安静。

美军医疗人员出于人道主义原则,对遗留在战场上的日军伤兵进行救护,不料日军伤兵不但不领情,还拉响手雷炸死了医疗人员。

有一种表情叫作"雷霆电怒",它生动地浮现在了范德格里夫特的脸上,这位老大嘶哑着喉咙下令:"给我斩尽杀绝,凡是日本兵,一个也不要留!"

对日本兵身上所表现出的那种宗教式狂热,美国人很不适应,他们尤其难以理解,为什么在受伤失去反击能力的情况下,还要做出损人不利己,伤害救护者这样的蠢事——你们不多死两回，就浑身不舒服是吧?

让美军更为大惑不解的事还在后面。照理，日军在战败后，应该赶快撤到安全的地方躲起来才是，可他们不，居然还沿着河口挖掘工事，跟美军隔河对峙，且互相射击。

黑漆漆的晚上你都败到惨不忍睹，现在光天化日的，飞机大炮都可以任着性子显本事了，难道还能让你再翻盘不成? 范德格里夫特真是被对面的一木给弄糊涂了。有的军官分析，一木支队可能担负着佯攻的任务，在其侧面或背后另有一支更强大的部队。

不管飞机怎么搜索，都没有在岛上找到别的大股日军，说明这种分析并不靠谱，唯一的解释是，一木要自取灭亡。既然如此，那就实在爱莫能助了，范德格里夫特决定奉陪到底。

1942 年 8 月 21 日下午，美军向伊鲁河东岸发起全面反攻。12 架"无畏"式轰炸机盘旋俯冲，贴着树梢往下扔炸弹，坦克炮和机动火炮也猛烈开火，炮弹雨点般地落在日军阵地上。

莱基隔着河就能看到日本兵抱头鼠窜的狼狈样子，在炮弹的尾追下，不幸的敌人放弃了一个又一个掩体。

看着日本兵像蚂蚱一样地跳来跳去，莱基等人心痒难耐，开始用机步枪进行射击，但就在这时，一名美军士兵喊道:"停止射击! "

范德格里夫特抽出了一个营的师预备队，从莱基所在位置的前方涉水过河。这个预备队的使命，和神源中队所做过的相仿，就是要迂回至敌人身后，堵住其退路，他们的不同之处仅仅在于，神源中队整个赔了进去，而预备队在过河之后，却成功地把日军赶向了一条死胡同。

日军只能以河岸为掩护，来躲避背后预备队的追杀，但是这么一来，又成了西岸陆战队员的活靶子。莱基等人全都加入了这场狩猎，连莱基本人也端起机步枪进行远距离扫射，当子弹从枪腔中喷射出来的时候，他感觉手里握着的已不是枪，而是水管!

视野中，日本兵像被大镰刀砍倒一样，成片成片地滚翻在地，嘴里还不停地发出凄惨的尖叫。

最后一颗钉子

在迂回的同时，范德格里夫特拨出五辆坦克给波罗克指挥，以加强正面的突击力量。这五辆坦克碾过沙洲上的日军尸堆，如急风骤雨般掩护着陆战队员向前猛冲。

一木支队只剩下几百人了，面对着两面夹击的美军自然是力不从心。一木大声对神源说："你马上组织爆破手挡住坦克，我来对付后面迂回上来的美军。"

神源没上司那么犯傻，知道再抵抗下去已经是螳臂当车——以美军的攻击力，跳跳脚都比他们的头还高呢，因此他对一木说："支队长，赶快撤吧，我来掩护你！"

一木先是有了本钱顾头不顾尾，现在在没了本钱又头尾都不顾，瞎来。他回答神源："大日本皇军誓死不退，你别管我了。"

神源还想再劝，一木发了火："执行命令，不然我枪毙你！"他一边说，一边抱着一挺轻机枪朝美军射击。

一木不走，神源当然也不能走。他利用树木的掩护跑到美军坦克群附近，将一颗反坦克手雷塞进了坦克履带。

因履带被炸断，第一辆坦克停了下来，其他坦克也被迫放慢了进攻节奏，日军趁势用机枪对失去坦克掩护的美军进行拦击。

范德格里夫特见状，急忙召唤飞机。"无畏"奉命再度出击，对日军阵地翻来覆去地进行轰炸，并且很快就将日军的大部分机枪火力点摧毁殆尽。轰炸过程中，一木的胸部被一块弹片击中，当场昏厥过去。

黄昏时，日军决定穿过丛林，向西南方向突围。这时那四辆坦克冲了过来，它们在林子里随心所欲，有树撞树，有人碾人，就算日本兵想拐个弯躲避，也照样脱离不了坦克的追撵。

在岛上纵横驰骋的 M2A4 轻型坦克。这种坦克的原型是英国的维克斯坦克，火力和装甲厚度都一般，但用来对付步兵还是够资格的。

追击过程中，坦克还不停地发射着炮弹和机枪子弹，但老实说，能被坦克射杀的日军算是幸运的，最惨的是那些被碾死在履带下的亡魂。从林子里出来后，每辆坦克的履带都是鲜血淋漓，就好像绞肉机一样。

神源背着身负重伤的一木，靠两挺轻机枪开路，一直逃到了海边。当一木醒来时，他发现身边仅剩十几个官兵了。

一木的希望完全破碎了。他本想复制英雄故事，最终却重蹈了旅顺攻坚战中屡攻不克的覆辙，更悲剧的是，乃木毕竟还有那么多兵可用于消耗，而他已经两手空空了。

两手空空的一木下令烧掉军旗。旗手划着了火柴，但是受潮的军旗始终点不着，直到一木拿出放在身上的烈性酒，将酒浇在上面，那面军旗才呼啦啦地燃烧起来。

这是多么具有讽刺意义的一件事，原本用来庆功的好酒，没有灌进部下们的喉咙，却点燃了象征支队灭亡的仪式，众人不禁为此潸然泪下。

一木跪倒于地，向燃烧的军旗敬了最后一个军礼，随即神色严峻地嘱咐神源："全军覆没的责任，完全由我一人承担。请你设法冲出去汇报情况。"

一木说这话的意思，就是准备自行了断："我决定以死向天皇陛下谢罪！"

神源大受触动："要死我先死……"

一木不由分说："你要负责把情报带出去，所以不能死，拜托啦。"

事实上，以一木现在的状况，也实在无法突围。他支撑着站起来，在朝众人鞠躬之后，用战刀给自己剖了腹。

美军又开始从三面进行合围。走投无路的日军官兵纷纷纵身跳入大海，他们的脑袋在海面上摇晃着，就好像漂浮在水面上的一只只软木塞。美军陆战队员只需趴在沙滩上，瞄准这些"软木塞"逐个射击，就可以为一木支队的棺材板钉上最后一颗钉子了。

神源也是"软木塞"中的一个，他只留着鼻子在水面呼吸，靠这种无比受罪的姿势，才没有被美军发现。天黑后，他从海里爬出，才侥幸逃得一条性命。

一木支队近乎遭到全歼，而美军只战死了三十五人。这是日本陆军第一次有组织地进攻瓜岛，也是美国军人第一次挑战日本"神话超人"，就这么一次，日本陆军输掉了裤衩，自此"神话"不再。

史学家们将发生在瓜岛的这一战斗命名为特纳鲁河战斗（美军将伊鲁河误称为特纳鲁河），但是陆战队员却称其为"地狱点之役"。在战斗最为激烈的沙洲之上，日军尸横遍野，并且他们还不是单个单个地倒在地上，而是成批成批，在一挺美军重机关枪的枪位前面，层层叠起的尸体竟然有三人高。

经过地狱点之役，许多像莱基一样的新兵被迅速锤炼成心硬如铁的老兵。经历了这么多死亡，莱基承认，如果战场上死去的战友不是自己的亲密朋友，他都不会有特别伤心的感觉。

作为战胜方，必然要收集战利品。美军对日军枪械不感兴趣，他们比较留意的是另外一些东西。因为听说日本人喜欢装金牙，一名绰号"战利品狂人"的陆战队员便用脚将日本兵的嘴逐个踢开，一旦发现闪闪发光的金牙，他马上用老虎钳将其猛地拔出，然后放进一只空烟袋里，其一丝不苟的程度绝不亚于一名正规牙医。

莱基收集到一架野外双筒望远镜。他举着望远镜向对面河岸瞭望，看到鳄鱼正在吞咬一具尸体，而那赫然就是曾在河里漂着的死鬼子"炒米迷"。

一个小时前，为了收集战利品，莱基刚刚从河里游了个来去。想到这里，他的膝盖都软了。

谁都有可能成为鳄鱼的下一个甜品，但具体是什么时候，或许上帝都未必知晓。

水落得归槽

一木支队覆灭的消息传到东京，令日军大本营十分震惊和失落，尤其大量陆基飞机被派驻瓜岛，更使他们意识到，这绝不仅仅是一座小岛的得舍问题，美军已经展开反攻了！

大本营紧急修改作战计划，指令联合舰队全力出击，以掩护陆军后续部队登陆，而这时作为联合舰队司令官的山本其实早已出发。

中途岛一战对山本打击很大，随同那四艘沉没的老航母，他的整个身子似乎都被撂进了大海。三川的第一次所罗门海战虽说没能一棍子戳到底，但总算是打出了名堂，这令他精神大振，人好像一下子又活转了过来，那种赌徒的特性也随之被大大激发。

当时的日本海军军令部流行一种看法，认为随着时间的延长，美国海军的兵力无疑会不断增强，不过至少在 1942 年底到 1943 年春，日本海军仍占有绝对优势，因此只要能在这一阶段令美国海军的现有力量归于溃灭，日本的前途就不用悲观，反之，就成问题了。

这一来自上层的看法，很对山本的路子。水落得归槽，既然太平洋舰队如此看重这个瓜岛，就一定还会集结重兵于瓜岛海域。联合舰队既然现在还占据着兵力上的优势，通过海上决战，就完全有希望把他所受到的侮辱和损失，一次性全部彻彻底底地还给尼米兹。

几天前，山本已率联合舰队进入所罗门群岛以北海域。当收到特纳鲁河战斗的电报时，一名幕僚提醒他，美军在瓜岛的兵力不少，在未确切掌握情报之前，不能贸然行动。

山本可不是那种棉花耳朵的统帅，他对幕僚表现出的"小怯懦"很不满意，遂板起了脸："没有问题，我们的后方补给地就在拉包尔，而不在日本本土。这个你懂吗？"

要的是去会一会美军的主力，加上自身还拥有近距离的后方补给基地，岂有被轻轻一诈就给吓毛的道理。在山本的坚持下，联合舰队继续南下，最后全部集结于所罗门群岛东北海面。

当时夏威夷情报站仍未能破译日本海军密码，但对日本往来密码电报所作的分析，还是揭露出一个大型航空母舰战斗群正在南下。

尼米兹据此推测，日本海军南下的目的就是要增援陆军，从而对瓜岛进行新一轮争夺。为了保护瓜岛，他命令弗莱彻率航母编队赶往瓜岛以东海面，构筑挡住日舰进攻

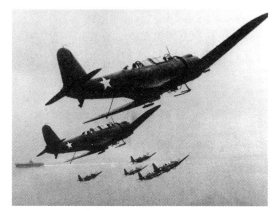

美国海军侦察机群从自己航母的上空飞过

的第一道防线。

1942年8月23日晨，一架美军侦察机发现联合舰队的先头部队正往瓜岛疾进，飞行员立即向弗莱彻发出急电。

弗莱彻闻声而动。下午，从航母上出发的舰载机群前往指定海域，一个半小时后，瓜岛方面也派机前来助战。

这时瓜岛前后已集结了三批陆基飞机，因亨德森机场周围除了长满仙人掌以外，寸草不生，人们就把瓜岛上的飞行队称为"仙人掌航空队"。"仙人掌航空队"与航母舰载机会合后，战机数量达到一百三十架，足以对日舰形成致命打击。

可令人诧异的是，当美机到达指定海域时，却发现海面上空空荡荡，一艘军舰也没有。

算得着命，算不着行，两架美机兴致勃勃而来，只能垂头丧气而去。

弗莱彻不相信还有这么诡异的事，晚上他又派出五架水上飞机前去搜索，可是依然没有找到目标。

不是弗莱彻天生没时运，而是他的对手够滑头。

联合舰队的这支先头部队由田中赖三指挥。美军侦察机盯住他的时候，他也同时发现了美军侦察机。发觉事态不妙，田中指挥舰群全速向西北前进，提前躲避到了美军战机的活动半径之外。

为了继续迷惑美军，其他舰群也如法炮制，没有继续南下，而是跟着田中舰群转向西北。

美机什么也没发现，弗莱彻为此也放松了警惕。在做出近期不会发生大战斗的判断后，他把占航母编队三分之一的"大黄蜂"编队派到南方加油去了。

先前过早撤出瓜岛，弗莱彻完全是谨慎过了头，如今又太不谨慎了，他体会不到山本那种急于复仇的心情。

1942年8月24日晨，南云率舰队到达瓜岛海域附近，与弗莱彻舰队相距三百多海里。

中途岛海战后，南云的参谋长草鹿代表南云向山本表示："卑职愿亲手雪恨，但不知何以如愿，愿长官赐教。"

山本"赐教"的方式，就是让南云和草鹿继续在机动部队任职。当然，机动部队也重新做了改编，编为第三舰队。与以往不同的是，新航队除航母和驱逐舰外，还加入了高速战列舰以及巡洋舰。

珊瑚海、中途岛两战一步步抬高了航母的身价，使它彻底摆脱了以往捧刀随行或鸣锣开道的配角角色。尽管战列舰仍是名义上的

火山附近的九七舰攻。九七舰攻也即九七式鱼雷机，是日本海军的舰上攻击机，除参与争夺制空权外，主要承担对地支援任务。

舰队之王，航母仅居其二，但含有战列舰的第三舰队实质上还是以航母为核心的。

这是一个配置得当的大舰队，拥有六艘航母、两艘战列舰共二十九艘舰艇。舰队中有一些是中途岛战役中生还的舰员或飞行员，他们一见美军航母就分外眼红，恨不得立即扑上去撕巴撕巴当点心，作战欲望可以说相当强烈。

中途岛战役时，山本、南云因为不重视飞行搜索吃了大亏。恢复训练时，南云特别指定奥宫正武对此进行现场指导。奥宫也经历过中途岛一役，不过那时候他在高须部队的航母上担任参谋，基本上有惊无险，只是耳闻目睹，积累了更多的航母作战经验。

经过对搜索训练的检查，奥宫向南云报告："一切就绪，万无一失。"

由于加强了飞行搜索及侦察，南云知道美军舰队就在附近，同样地，尽管弗莱彻不认为大的战斗会即刻爆发，但他也明白附近有敌军，只是不清楚其所处的具体位置而已。

双方还在继续搜索，继续摸索。1942年8月24日，上午9点50分，"仙人掌航空队"的一架水上飞机终于发现了日军航母"龙骧"号。

火到猪头烂

昨天一百多架飞机忙了一晚上也找不到敌踪，怎么会让瓜岛的一架飞机给逮个

正着，世上真有这么巧的事吗？

弗莱彻不太敢相信，他没有贸然出手，只是出于小心，派出巡逻机前去侦察。

"龙骧"的被发现确实不是无缘无故。"龙骧"号就是奥宫在中途岛战役中服役过的那艘航母。这是一艘建造时间较早的轻型航母，排水量小，身轻力薄，在日军航母里算是最弱小的。出战前，山本制订了一个名为"KA"的作战计划，他打算以"龙骧"为诱饵，先把美军航母上的航载机诱出来，然后调动南云第三舰队的所有战机，将美军航母一举击沉。

可以看出，航母在山本的心目中确实又回到了王者地位，他所设计的这个计策也算是精到了内伤，有点舍不得孩子套不着狼的意味，打仗嘛，良善被人欺，慈悲生祸患，厚黑才能致胜啊！

可是山本想不到弗莱彻的性格跟他不同，这位老兄做事磨叽，明明就该抓住时机出动舰载机轰炸了，还要慢吞吞地确证一下"龙骧"是否真的存在——难道你就不怕"龙骧"像昨晚一样突然消失了？

暂时没有飞机来炸"龙骧"，"龙骧"就闲不住了：虽说咱是小块头，可也并非那只会斗鸡走狗、寻花问柳的游荡纨绔，得干点正事呀！

史学家分析中途岛战役时，曾指出日本海军的一大败因，就是太过眼大心肥，既要占领中途岛，又想歼灭太平洋舰队，猴子一样，左一个右一个，什么果子都想摘。

"KA"计划有着与之前几乎完全相同的缺陷。山本和南云交给"龙骧"的任务不光是充当诱饵，还要负责对瓜岛的亨德森机场进行轰炸。于是，下午1点，"龙骧"便派出战机前去攻击瓜岛机场。

舰载机一出，真相大白。用不着再去问侦察机，弗莱彻就明白日军航母确实近在咫尺，他决定立即采取行动。

随着一声令下，旗舰"萨拉托加"号航母上的舰载机腾空而起，呼啸着往北飞去。

攻击机群前脚刚走，后脚巡逻机就送来新的情报，告知除"龙骧"外，北面还有日军大型航母群。

弗莱彻闻听大惊失色。编队所剩舰载机已经不多，在自卫能力薄弱的情况下，假如日机来袭，航母的处境将非常危险。

弗莱彻急忙联系攻击机群，希望它们中途转向，去攻击大型航母群，但航母与升空战机之间的通信不畅，始终联系不上。

到底是一员久经沙场的老将，处于绝对劣势下，弗莱彻并没有表现得手足无措。

事情已经到了这个地步，就算是支架子做空头，也得硬着头皮顶下来。弗莱彻加派战斗机进行空中巡逻，同时把机库里的战斗机调出来，随时在甲板上待命。

下午3点5分，美军攻击机群找到"龙骧"，这场被称为"第二次所罗门海战"（亦称"东所罗门群岛海战"）的战斗立即进入竞跑阶段。

得知"龙骧"被美军发现，南云不惊反喜。皇天菩萨小祖宗，美国人总算中了我们的调虎离山之计，这回准保能打得你们出气大、入气小。

下午3点7分，也就是"龙骧"被美机盯住后两分钟，日军攻击机群也飞往美军航母所在位置。

要飞到目的地还得有段时间，在这段时间，美机得以继续领跑。

山本所赋予的多重任务害苦了"龙骧"。它能搭载的飞机本身就很少，只有二十四架，十五架飞去瓜岛后，还有九架，而美军攻击机群有三十架轰炸机和八架鱼雷机，是日军的四倍多。

当攻击机群找到"龙骧"时，这艘航母正转向逆风行驶，想放出在甲板上加油的战斗机，美机立即抓住机会实施猛攻。

"复仇者"俯冲轰炸机从高空如排山倒海一般冲下来，有四颗炸弹在"龙骧"的甲板上爆炸。"龙骧"在航母中算是轻巧灵活的，它急忙闪避，躲开了更多的空中炸弹。

鱼雷机随即展开"锤击铁砧"式的袭击，鱼雷分别向航母的左右舷射去，"龙骧"根本就无法躲了，反正躲得了左，就躲不了右，正总会被狠狠叮上一口。

此后飞来的炸弹和鱼雷更是接二连三，牵

被攻击中的"龙骧"号，旁边可能是一艘轻巡洋舰或驱逐舰。在美机连续不断的攻击下，"龙骧"的航速已经变得很低。

三挂四，最后一共有一条鱼雷、十颗炸弹击中"龙骧"。"龙骧"被大火和浓烟所吞没，舰体向右舷倾斜，转眼之间便动弹不得，到了晚上，火到猪头烂，整舰沉入大海。

山本和南云的钓鱼术实在不济，鱼还没有上钩，饵却已经进了人家的肚子。当然，他们还有机会，就看日军攻击机群如何表现了。

美军比日军强的地方，是他们有千里眼一样的雷达。下午4点20分，美军"企业"号航母的雷达上出现了许多空中目标，日军攻击机群被美军提前捕捉到了。

弗莱彻赶紧命令甲板上待命的战机起飞截击。只一会儿工夫，"企业"和"萨拉托加"号上的剩余舰载机便合兵一处，在日军的必经之道上摆开了杀阵。

喝口凉水都塞牙

1942年8月24日，下午4点29分，美机发现日军攻击机群，立即迎了上去。

每个美军飞行员都知道自己是航母的最后一道防线，因此拼了性命也不肯让道，而日机飞行员急欲建功，更是个个咬牙发狠，双方一上来就铜盆撞铁扫帚，来了个硬碰硬。

空中充满了战机尖厉刺耳的喧嚣声，空战开始后，攻击"龙骧"的舰载机打靶归来，也急忙加入战团。在美机的顽强拦击下，日机尚未进入轰炸航线，便被击落六架。

南云派出的这批飞行员全都是身经百战的精兵，而且出发时就抱定了不获战果决不返航的信念，给他们一粘上，那就是六月里的蚊子——叮起人来绝不松口。不管美机如何死拉硬拖，还是有三十架日军轰炸机突破了拦截网，到达"企业"号航母上空。

"企业"当然不能坐以待毙，旁边的战列舰也鸣炮相助，高射炮弹在空中组成了一道新的火力防护网。

百密尚有一疏，火力网仍有缝隙，三十架飞机冲不进来，三架冲了过去。"企业"急转躲避，但仍被击中三颗炸弹，舰上人员伤亡惨重，舰面也燃起大火。

所幸航母上的消防人员比较给力，花了半个多小时扑灭了大火，舰上的弹孔也用钢板给修补好了。看到"企业"还能一瘸一拐地走路，弗莱彻急忙命令巡洋舰和驱逐舰上前护航，将"企业"送到珍珠港去进行修理。

从中途岛之战开始，美军指挥官就知道要把航母相互分开，以分散日军的攻击力量。这次也一样，"萨拉托加"与"企业"相距十海里，日机光记得围着"企业"打了，没有发现远处的"萨拉托加"。

日军的第一攻击波就这样结束了，南云紧接着又发起第二攻击波。可是这一波运气不好，当日机快飞到美舰附近时，正要投弹，却发现自身燃油不足了，只得匆匆返航，"萨拉托加"由此逃得一条性命。

海战随即进入了补时阶段。傍晚5点35分，早先从"萨拉托加"号上起飞的七架飞机又捡到了皮夹子，他们发现并袭击了日军近藤舰群的先头部队，使得水上飞机母舰"千岁"号失去了活动能力。

弗莱彻汗流浃背地度过了一段最令他难熬的时刻。天黑之后，为避免陷入日军所擅长的夜战，他马上决定休战，率领舰队退出了战场。

当晚12点，山本也下令撤出战斗。这场大海战很难说谁胜谁负，如果一定要讲损失，联合舰队还更大一些，起码"龙骧"那个可怜的娃是再也找不回来了。

飞行员在轰炸时很容易看走眼，所谓当局者迷，日机返航时所汇报的战绩，是美军两艘航母都报销了。驻拉包尔的百武对这个战报十分满意，认为后续陆军可以顺顺利利地登陆了。

联合舰队中的田中舰群属增援群，其任务就是负责将地面陆军送上瓜岛。警报解除，该舰群便利用暗夜继续向瓜岛接近。

1942年8月25日晨，在离瓜岛不到一百海里的区域内，"仙人掌航空队"发现了田中舰群。

因为阴差阳错，航母编队撤离时，"企业"号上的十三架俯冲轰炸机用完了燃油，没法再回到航母上，便临时

"企业"被一枚两百五十公斤炸弹击中瞬间。由随舰海军记者所拍摄，记者在拍摄完这张照片后也被炸身亡。

降临在亨德森机场。它们的加盟，使得"仙人掌航空队"实力陡增。

八架"无畏"式轰炸机攻击了田中舰群，运输船"金龙丸"号被击沉，田中的旗舰、巡洋舰"神通"号，以及一艘驱逐舰、一艘运输船被炸伤。

见友舰遭袭，日军驱逐舰"睦月"号急忙赶来打捞落水人员。就在它忙于救援的时候，周围美军基地飞来了八架 B-17"飞行堡垒"。

"飞行堡垒"是高空水平轰炸机，"睦月"号舰长对此不屑一顿：飞那么高，炸弹怎么可能掉我们舰上，别管它，我们忙我们的。

话音刚落，三颗炸弹不偏不倚地正好命中"睦月"……

"睦月"被炸沉了，赶来捞人的舰长自己也落了水，当人们七手八脚地把舰长从海里捞出来时，这家伙还愤愤不平："连 B-17 也有机会逞能了。"

人倒霉了连喝口凉水都塞牙，中途岛战役时，B-17 扔那么多炸弹，不是一颗都没中过吗？百武于是联系山本，请他再次派出第三舰队的航母，以便为田中舰群护航。

这时山本已得到了较为准确的战果汇报。生意场上的惯例是，只有错买的，没有错卖的，可是他山本却偏偏做了一桩倒贴本钱的生意，说出来也是一包眼泪水。现在听说陆军又要航母做保镖，心里别提有多窝火了：我自己还受着伤，流着血呢，平白无故的，干吗要再拿着皮肉往不相干的人身上贴？

海军智商高，即便拒绝别人也彬彬有礼：对不起，航母要与敌军的主力舰队作战，实在抽不出来。

百武吃了闭门羹，只好电令田中舰群暂时回撤，原定的瓜岛运兵计划也被迫夭折。

1942 年 8 月 29 日上午，田中遇到了川口清健。

川口是百武任命的第一次瓜岛机场进攻战的总指挥，同时他率领的川口支队也是进攻瓜岛的后续部队。接到调令，川口马上指示给士兵发三个月的军饷，并让士兵们做好有去无回的准备："把大部分钱寄回去，剩下的钱好好地吃喝一顿，尽情地度过最后一个晚上。"

煽情了半天，还没轮到上场，一木支队就在瓜岛覆灭了，如今运兵又遭搁浅，川口好不郁闷。一见田中，他就要求对方赶紧用运输船把他的支队送上瓜岛。

在无足够航空力量护驾的情况下，大规模运输实在有凶险，田中这些天也在寻找其他可靠的运输方式。他思忖片刻，告诉川口："运输船不行，要不试试驱逐舰吧。"

川口一听就跳了起来。

东京快车

川口冲动是有原因的。他气愤地对田中说："你知道一木支队为什么会全军覆灭吗？就是因为乘坐了驱逐舰！"

驱逐舰的航行速度要远远快于运输船，当初乘驱逐舰的一木支队还很被大家伙羡慕了一会儿，认为这是"现代战法"。后来才知道，驱逐舰所能装卸的部队和武器有限，粮食也带不足，"现代战法"反而拖了登陆部队的后腿。

田中也知道驱逐舰运兵不专业，可这不是没办法嘛，要不然还能怎么登岛？

两个人你一言我一语，谁也说服不了谁，只好不欢而散。

第二天继续。田中已经体会到了陆军犟牛一样的脾性，如果还是像昨天那样含着骨头露着肉，吞吞吐吐，欲言又止，肯定又不会有什么结果，于是索性打开天窗说亮话：海军的"KA"计划已经取消，今后再也别指望航母舰载机的掩护了。

缺少了飞机的掩护会怎样，就只能白白挨炸了，运输船一沉一伤已很能说明问题。幸亏当时船上没有载兵，要不然全得葬身海底。

这是田中的亲身经历，没带一点虚的，川口听着听着，脸也白了，当下便同意换乘驱逐舰。

没有想到川口同意，他的部下还有人不认账。联队长冈明之助言之凿凿："要说危险，驱逐舰难道不危险，'睦月'号不就沉了吗？"

冈明提议不如乘小汽艇，目标小，还可以在岛与岛之间秘密地迂回行动呢。

什么时候又跑出来了一个小汽艇。川口的脑袋刚刚转过弯来，这下子又堵塞了。再论证和辩论，不知还要耗费多少时间，而且究竟哪个安全，哪个危险，根本就是讲不清楚的一件事。川口只好做出妥协："这样吧，我本人率主力乘驱逐舰，冈明率司令部人员和第一大队乘汽艇，从不同的地点登陆，对瓜岛机场进行包抄。"

1942年8月30日午夜，川口支队主力乘上八艘驱逐舰，向瓜岛进发。这种运兵方式后来被美军命名为"东京快车"，日本兵则私下称其为"蚂蚁爬行"或"老鼠运输"。

当川口在一木曾经登陆的地方上岸时，已近黎明，成群结队的萤火虫落在腿上，把士兵们照得闪闪发光。

日军运兵船队。相比驱逐舰，运兵船能运输更多的士兵和物资。

第一梯队进入丛林，在那里，他们遇到了几个鬼魂一样的人，这几个人全都面黄肌瘦，身上穿着褴褛军装。一问，才知道是一木支队的幸存者。

一名幸存者指点着新来者："快把你身上那些鬼虫子抖掉，不然会被敌机发现，还有，在沙地上留下脚印等于自杀。"

这名士兵动手示范，用棕榈叶子扫掉地上的脚印，动作相当熟练。

你很难说在这个岛上幸存是好事还是坏事。漫长的黑夜，难忍的饥饿，无边的恐惧，都会让人有生不如死的感觉。很快，一木支队就享受到了这种待遇：路非常难行，遍地都是荆棘、野藤和盘根错节的树根，走路的时候，就像踩在软绵绵的海绵垫上，常常有人被路上的艰险吓得魂不附体。

1942年8月31日拂晓，川口率第一梯队到达预定集结地点。在一座荒无人烟的村庄里，部队一边吃饭一边等待后续梯队。

一阵轰隆隆的声音从远处传来，随后出现的便是一木支队残兵谈之色变的美军飞机，军官急忙命令士兵卧倒。

飞机不是来料理他们的。天一亮，从亨德森机场起飞的飞行员便有了重大发现：岸边停着日军驱逐舰，因为风浪所阻，坐乘登陆艇的第二梯队无法上岸。

"仙人掌航空队"立即出动，在"野猫"式战斗机及俯冲轰炸机的狂轰滥炸下，登陆艇上的日军如同瓮中之鳖，大部分都被当场炸死。航空队仍不罢休，继续沿海岸搜索，整个上午，丛林里的树林都被震得沙沙作响，爆炸声响彻大地。

好不容易挨到天黑，川口支队发现海滩上又来了一艘登陆艇。

鉴于第二梯队已经完结，川口判断来的是美军，当下便恶狠狠地下达了开火指令。

子弹在登陆艇周围扑扑乱跳，有人喊道："我的胳膊，我中弹了！"

一听，还是日语，赶紧停火，这才知道对方原来是日军，是一木支队的第二梯队。

枪声已经惊动了美军，川口支队被暴露了。有人劝川口赶紧转移到新的藏身之处。川口不愿意，他事先与冈明有协议，要从亨德森机场的两端进行夹击，不能食言啊。

川口的执拗便宜了范德格里夫特。在"仙人掌航空队"的攻击名单中，随即便添加了新成员。美机每天都要来进行轰炸和扫射，川口支队所在区域成为一片焦土，到处都是弹坑和冒烟的树干。为了不被飞机发现，日军甚至都不敢生火，只能靠吃水果和生米来充饥。

查理洗衣机

在这座荒芜的小岛上，没有谁会真正好受，作为进攻方的美军陆战队也是如此。

地狱点之役结束后，范德格里夫特向太平洋舰队司令部发去一份电报，电报内容让司令部的值班军官怀疑有的人脑子出了问题——不是发报人的脑子，就是收报人的脑子。

范德格里夫特要求："火速提供一万四千四百个避孕套！"

瓜岛上的妇女都是土著人，战时不允许进入陆战队防区，再者成天打仗，硝烟弥漫的，难道你们还有闲情逸致搞额外的"娱乐活动"？说是开玩笑吧，听范德格里夫特那口气又一点不像，起码人家提要求时没有一点难为情，那真正是斩钉截铁，理直气壮。

值班军官无法处理，只得拿着电报去向尼米兹请示。尼米兹见多识广，他一点也不感到奇怪，让照单全发，并且微笑着说："范德格里夫特要避孕套，一定是给陆战队套枪筒防雨用的。"

果然没错，范德格里夫特正是此意。岛上阴雨连绵，而陆战队的步枪枪口上还没有枪套，逼迫得范德格里夫特只能出此"奇策"。

住在这里的人，和枪一样受罪。因为运到岛上的补给不足，陆战队被迫定量减半，用餐也缩为一日两餐，这还得多亏日军"疏忽大意的慷慨"，没有登陆时那成吨的缴获食品，两餐能不能维系都很难说。

缴获食品里面，啤酒和米酒自然是最受欢迎的，其他则未必。整天吃"鱼和米饭，鱼和米饭，鱼和米饭"，让陆战队员们大倒胃口。偶尔陆战队也会改善饮食，为官兵们换换口味，比如来一盘豌豆，一个鲑鱼罐头，或者一块牛肉什么的。

牛肉是好东西，但是太少，它出现的次数，差不多跟驱逐舰在海上出现的次数一样——美军驱逐舰在夜幕掩护下会冒险前来，不过也都尽可能运输弹药和航空用油，而不会运来牛肉。

吃得差一点并不是不能忍受，难以忍受的是进攻间隙那种漫长等待，两个字，就是无聊。

大兵莱基深受其苦。他能真切地感受到，这种无聊足以吸干一个人身体和灵魂内的水分，就好像土著人榨甘蔗汁一样，汁水被榨干后，甘蔗只留下干瘪外壳，成了废物，除了当柴火烧，别无用途。

无聊过后还有恐惧。日军战舰会炮击，飞机会轰炸，做事一根筋的日本人在轰炸方面特别有规律，一般都是一天炸三次，而且不知道是不是受了偷袭珍珠港的影响，每个星期天早上都要雷打不动地炸上一次。

有一次美军在机场劳动，返回掩体坑道时，日军炸弹突然从天而降。莱基纵身跳进一座刚刚挖好的散兵坑，他和他所在的劳动队得以安然无恙，但是另外一组被炸弹击中，队员全都被炸死了，莱基差一点点就被编入了那个劳动队……

很多天过去，莱基

遭到轰炸的亨德森机场，地上的金属板是雨季铺临时跑道用的。

看到的炮弹和炸弹，几乎和周围的苍蝇一样多。他经历过地狱点之役，与那种面对面的作战相比，这种你打不到它，它打得到你，才叫真正的恐惧。

无聊和恐惧都会动摇人的意志力，让人变得更加脆弱不堪。在日军战舰的炮击下，曾有一名队员蜷缩在掩体坑道里，用手枪对准脑袋自杀了。还有人会精神崩溃，听到日机俯冲的声音就大喊大叫，浑身发抖。

除此之外，日军采取了各种骚扰战术。比如日军有一种双引擎飞机，飞机马达发出的声响很不规则，听起来跟洗衣机类似，被陆战队称为"查理洗衣机"。

"查理洗衣机"有极大的持久力，可以半夜里在美军阵地上空飞来飞去，隔段时间扔颗炸弹什么的。倒不是说有多少威胁性，晚上轰炸，又看不到目标，能炸死多少人？问题是它十分讨厌，你要睡觉了，它在空中嗡嗡打转，赶也赶不走——就像有一只苍蝇，对不起，不是一只，是一堆苍蝇围着你！

面对这种谋杀睡眠的臭虫，莱基恨不能立即跳起来，重复如下动作：抓住苍蝇，挤破它的肚皮，把它的肠子扯出来，用它的肠子勒住它的脖子，用力一拉，让整条舌头都伸出来，然后再手起刀落，还整个世界以清静。

可是他做不到。只有在黎明之后，当"仙人掌航空队"可以腾空而起，或防空高射炮可以看清其方位的时候，"查理洗衣机"才会自动离开。

处于困顿之中，范德格里夫特和他的部下们都牢牢记住一条：只有守住并保持机场的畅通，才能坚持得足够久。

继"仙人掌航空队"之后，范德格里夫特又得到了一支部队，这支部队的武器主要不是枪支弹药，而是镐子、锤子、铲子，但所起到的作用，却并不在海军陆战队之下。

太平洋战争初期，美军在威克岛及其海外基地上，都派驻有一批补编的施工人员。他们属于非战斗人员，无论按照《日内瓦公约》的明文规定，还是近代文明准则，战争期间都理应得到人身安全的保障。

可问题是，日本从未加入过《日内瓦公约》，不受公约束缚，而且它虽然表面披着文明的外衣，本质上却还只是一个中世纪民族，其表现特征之一是，大多数日本男人或许在本国遵纪守法，但到了国外从事侵略战争时，却往往不顾及基本的人伦道德，变得极其野蛮残忍。

就算是对待手无寸铁的牧师和平民，无所顾忌的日本兵都会照杀不误，更别说与军队搭界的施工人员了，而施工人员既未受过军事训练，也缺乏必要的抗击手段，碰到这种情况通常也只能坐以待毙，任人宰割。

这种状况的改变，是从美国海军开始组建工程营开始的。美国工程营被喻为"海上蜜蜂"，其成员皆为自愿加入的施工人员，他们都被授予适当的军衔，并接受军事训练。

1942年9月1日，第一支到前线服现役的海军工程营——"海军修建大队"登陆瓜岛，随修建大队一起登岛的，还有两台推土机及其他维修器材。

修建大队的到来正逢其时。这时亨德森机场已成为日军的眼中钉，日军轰炸机和战舰每天都想给机场留下一些弹坑，从而使它失去作用。恶劣环境也时时对机场的使用造成困扰，比如飞扬的尘灰经常塞住飞机的引擎，而瓢泼大雨又会令机场变成黏糊糊的黑泥潭，当飞机起飞时，就如同一只苍蝇想从一汪糖浆上挣扎着飞走一样。

修建大队未来之前，所有维护机场的活全由缺乏工具和技能的陆战队员包办，大家为此疲惫不堪，莱基就私下抱怨"我们讨厌劳动队"。

现在好了，熟劳力驾到，又有专业工具，在"海上蜜蜂"的辛勤劳作下，弹坑可以在第一时间得到填补，机场也能迅速得到维护，陆战队只需专心致志地打仗即可。

除了争夺空中航道外，美日双方还竭力争夺海上通道。

亨德森机场鸟瞰。机场周围的弹坑和交战痕迹清晰可见。

海上通往瓜岛最近的一条路，被简称为"狭道"。三川发动第一次所罗门海战经过这里，一木支队、川口支队也都先后从此路过，"狭道"已成为海上捷径，双方势所必争。

"仙人掌航空队"的规模已扩大到六十四架，且呈现着不断增多的趋势，而经过连日空战，至8月底，日军第二十五航空队可用于作战的五十架飞机已全部报销，拉包尔航空兵基地为此一度陷入绝境，日本海军不得不紧急派飞机前往增援。

1942 年 9 月 3 日，尼米兹派盖格准将前来瓜岛就任"仙人掌航空队"队长。在盖格的指挥下，航空队基本控制住了"狭道"。

由美军驱逐舰改装而成的运输舰和货船，可以沿着"狭道"抵达瓜岛，为陆战队和航空队运来供给品、弹药以及必不可少的汽油。

不过这指的是白天，一到夜幕降临，飞机无法出动的时候，"狭道"就由日本人准时"接班"。"东京快车"隆隆启动，日军驱逐舰开始分批向瓜岛偷运部队。

1942 年 9 月 5 日、9 月 7 日夜，冈明的部队乘坐汽艇陆续到达瓜岛。在初步得到冈明部队登陆的消息后，川口顾忌无线电联络容易暴露意图，便派一名中尉带上三名士兵，步行去找冈明，当面转告联合进攻方案的具体细节。

瓜岛的气氛越来越紧张，一场新的大战即将来临。

第三章 / 倒在沟里便成棺材

川口事先与冈明约定要对机场两面夹击，那是限于登岛的只有川口支队的条件下，现在情况有了变化，一木支队第二梯队也来了，后面还跟来一个炮兵中队，川口便对作战部署作了调整。

　　两面夹击被改为三路会攻，川口部队从机场以东，也就是沿着原来一木支队第一梯队的路径，冈明部队从机场以西，多出来的一木支队第二梯队与炮兵中队实行步炮联合，绕到机场后方进攻。

　　总攻时间：9 月 12 日，晚上 9 点。

　　陆战一师一直没有放松警戒。意识到日军接二连三地登陆瓜岛，且川口已经修筑了一条通往机场的小路，范德格里夫特决定从图拉吉岛调兵反击。

　　图拉吉岛上有突击营和伞兵营，这两支部队被派到陆战一师的初衷，说来还挺好笑，是上级为了让他们有一个休息放松的机会，换句话说，是安排照顾性质的短期休假。

　　事实也是如此，在瓜岛战役之前，陆战一师集结的场所确实属于整个太平洋战区中最太平无事的区域。

　　范德格里夫特要抽的就是他们。1942 年 9 月 8 日上午，美国海军用舰炮进行掩护，突击营和伞兵营乘坐由旧驱逐舰改装的轻型运输船，顺利实施登陆。

　　甫一登陆，美军即向川口部队集结的区域进发，并实施了背后突袭。开始他们预料日军有五千多人，五千多人组织起抵抗，战斗也会很激烈，孰料不交手不知道，一交手，全是零零散散的敌人。事后，他们才知道这只是川口留下的一支小型后卫梯队。

　　看来休假的就是休假的，到哪都会比别人轻松些。在日军基地，美军缴获了相当数量的补给和装备，其中还包括六门野炮。

　　川口部队的主力在哪里？已经沿着修筑好的小路出发了，往丛林纵深推进。

关键战略点

从林行军不易，纵深行军更是难上加难，里面到处都是充满腐烂植物臭气的沼泽以及各种看不见摸不着的危险，士兵不是被树根绊倒，就是掉进深坑，部队花了几个小时才走了几百米。

不知是谁灵机一动，想出了个法子。丛林里有一种萤光苔藓，每个人都把它抹在前面的人身上，这样跟着萤光走，才不致掉队或迷失方向。

行军过程中，不少人在饮用河水后患上了痢疾，由于没有带蚊帐，在虐蚊的追袭下，半数以上的官兵又得了疟疾，种种突发情况令川口头疼不已。

经过整整三天的艰难跋涉，直到 1942 年 9 月 12 日上午，川口部队才来到伊鲁河畔，这时他们连前进的力气都没有了。

川口下令就地休整，给那些患病的官兵打针吃药，他还特地提醒众人，要格外提防自登陆后就让日军吃足苦头的美军飞机。

正这么说着，有人忽然喊了一嗓子："飞机！"

大家赶紧准备疏散隐蔽，谁知紧接着就传来一阵"咯咯"的叫声，抬头一看，不是飞机，只是一只鹦鹉。

川口哭笑不得，为了掩饰窘态，他拿出一瓶威士忌，给每个军官的水壶盖上都倒了几滴："为支队武运长久干杯！"

确定晚上进攻，自然又是要采用日军最擅长的夜袭，不过川口并不愿意像一木那么窝囊。他在总结地狱点之役的教训时一针见血地指出，单刀直入地穿越伊鲁河，正是一木支队覆灭的主因。

要迂回嘛，日本陆军的经典战术，怎么忘了，不应该啊。川口在战前动员会上告知众将："我们要突然地出现在美军后面。"

川口爬上小山，用望远镜仔细观察地形。他看到机场南端有一片荒凉的草地，草地尽头的树林边缘，则有一道蜿蜒起伏的山岭。

山岭上没有美军驻守，这一细节的发现让川口欣喜若狂。他立即决定在天黑后，跨过草地对美军发动猛袭。

有了得意之处，不显摆一下似乎也对不起自己。川口把随军行动的战地记者西野叫来，指着油印地图上的美军阵地对他说："不管陆军大学是怎么说的，要在夜袭中攻下敌军阵地都极其困难。"

这当然属于虚晃一枪，欲擒故纵的招数，川口接着便用一种神秘的口吻，故意压低嗓子告诉记者："在日俄战争中有过几个夜袭战例，但都是小规模战斗。如果在这里，在瓜岛，我们的夜袭战打赢了，那将是世界军事史上的奇迹。"

自地狱点之役后，瓜岛已被称为是太平洋上的旅顺口，这座难以攻陷的"旅顺口"对于日本陆军将领们的诱惑力之大，自然是件不言而喻的事。早在接到登陆瓜岛的命令时，川口就曾对部下说："我知道你们会认为这是一场小规模战斗，它确实没有什么惊天动地之处，可是我敢说，这是极其重要的一仗，这座岛将是争夺太平洋的焦点，一座岛等于一个太平洋。"

川口做梦都想由自己来创造奇迹，可是到了下午，观察哨却前来报告说，山岭上已经发现美军，且正在抢修阵地。

范德格里夫特先下手了。在此之前，他得到了越来越多的情报，这些情报显示，相当数量的日军已进入机场两侧，并准备发动大规模进攻。

对即将爆发的战争，范德格里夫特并无必胜把握，他对作战参谋说："我们要尽力保卫这个机场，如果实在没有办法，就把剩下的人带到山上去打游击。"

范德格里夫特手里掌握着一万多人马，但是以机场为中心的防御圈太大，如果均匀布兵，根本就不够撒的。他只能进行重点配置，即在最可能遭受攻击的地方多放些兵。

再次对机场进行视察，南面山岭没能逃过范德格里夫特的视线。这个山岭太重要了，在上面展开火力，就可以控制整个飞机场，而山岭两侧的平地则是进攻飞机场的便利通道。

爱迪生上校接到命令，立即率陆战第五团占领了山岭。

只不过一个上午，一个下午，关键战略点便无法为己所有，川口的心口如同被戳上了几把刀子，拔凉拔凉的。

山岭既为美军所占，美国人就可以从那里居高临下地开火，控制通过草地的进攻部队。早知如此，就该先采取措施，派尖兵提前一步抢占山岭啊。

后悔药已经断了货。川口又悔又恨，他命令通信兵打破无线电沉默，立即向拉包尔基地发电，要求派飞机轰炸山岭。

围绕山岭，从拉包尔起飞的日机便与"仙人掌航空队"高射炮拔起了河，一边要阻止修建阵地，另一边则要掩护抢修阵地。

黄昏前，"仙人掌航空队"占据了优势，四架日军轰炸机被击落，日军攻击机群被迫撤退。爱迪生刚喘了口气，日军军舰又接踵而至，一艘巡洋舰和三艘驱逐舰对山岭进行了更猛烈的炮击。

范德格里夫特赶紧又调动炮兵，对日舰炮火进行压制，以便山岭的守军能够抽隙吃上一顿晚饭。

除了争夺山岭外，处于焦急等待中的川口也得到了冈明部队的回音。

当派出的联络员找到冈明支队时，他就像跑过一场超极限的马拉松运动员一样，很快休克了过去，不过在休克之前，他将川口的计划转述给了冈明。

此时距离川口约定的进攻时间只有六个小时了。冈明打破无线电静默，向川口报告自己所在位置，并保证准时加入战斗。

川口向全体官兵下达了战斗的最后命令："你我都不能指望在战斗结束后再见面，为天皇捐躯的时候到了！"

有一个小队开始焚烧重要文件。所有士兵都卸下背包，统一穿上新衬衣，他们认为这样做，就可以以比较体面和干净的方式离开这个世界。一名年轻的士兵是西野的朋友，大学还没有毕业就到了前线，他找到西野，对西野说："如果我死了，请你一定给我的母亲写信。拜托了！"

军官们则各出奇招，有的相互为对方挂上白布条，有的拿出为老婆买的香水，这样做都是为了让士兵在夜间行军时跟上他们，防止掉队。

瓜岛的一名美国海军陆战队员

看谁先进坟墓

1942年9月12日，晚上8点50分，日舰对山岭实施了炮击。这实际上是一场海上和陆地的联合进攻，日本军舰就停泊在海岸附近，他们朝着美军阵地的大致方向，直接向山岭和前面的丛林发射炮弹。

与此同时，进入机场后方的日军炮兵中队也鸣炮配合，加上潜入前沿的少数日军狙击手，山岭一线提前陷入了一种特殊类型的恐怖之中。

美军方面早已是严阵以待，山岭上遍布机枪阵地和散兵坑，接到命令的美军官兵在黑暗中摸索，然后跌跌撞撞地进入了作战位置。

爱迪生深知日军的舰炮攻击不过是开场序曲，真正的大戏还没正式开演，因此他并不急于大动干戈，只是通过有限反击，先将丛林里的狙击手给赶跑了事。

川口似乎要把骚扰战进行到底。代替狙击手的是迫击炮，此外还有模仿机关枪的廉价炮竹，以及会在一瞬间炽烈燃烧的伞投照明弹，伴随着它们的燃放，天空和丛林都不断地闪耀着烟火的光芒。

日本兵不光手没闲着，嘴也没闲着，他们有节奏地一面拍着枪托，一面用英语喊叫："美国海军陆战队明天就死！美国海军陆战队明天就死！"

恶魔似的号叫逐渐成为"疯狂的宗教仪式"。十分钟后，一枚信号弹飞上天空，千余名日本兵跟在军官后面，一边高喊万岁，一边端起刺刀，在瓢泼大雨中发起了"决死总攻击"。

一千个人喊万岁，那声音分贝高到吓人，连炮声都被盖住了。爱迪生抓起电话，命令炮兵团进行射击。

急水里总是下不得桨。头一排炮弹过去就偏了，炮弹落在日军士兵旁边，没炸着一个人，反倒像是给日军助了威。

你们这究竟是在帮忙还是添乱？爱迪生对着话筒一通喊叫，让炮兵们重新校正目标，打准一点。

第二排炮弹不偏不倚地落在日军的队伍里，那个惨。可是再怎么惨，还是挡不住日军的攻势，日军一个梯队一个梯队地上，一个梯队被扫倒了，另一个梯队马上跟上来送死。一眼望过去，地面是横七竖八的死人，地上依旧是大踏步前进的活人，而且个个表情狰狞，整个画面几乎跟西方的僵尸片一样。

　　山岭一线以中间为轴，伞兵营的两个连防守着其左翼高地，但是这两个连已被日军炮火切断了联系，日军敢死队趁机冲入空当，从侧翼对其中的托格森连进行迂回攻击。

　　黑暗中，可以听到日军用英语在吼叫："美国海军陆战队，今晚送你们进坟墓！"

　　连长托格森上尉是个硬汉，听后大怒，他抱起一挺机枪，奋不顾身地向日军敢死队冲去："龟孙子，你们来吧，看谁先进坟墓！"

　　托格森率部击退了日军敢死队，但由于未能及时回撤，使得杜里埃连有被包抄的危险，连长杜里埃上尉连忙施放烟雾，且战且退。

　　放烟雾本来是为了便于退却，不料有个美军士兵慌乱中看走眼，竟然喊了起来："毒气，毒气！"

　　这么一喊，且战且退就变成了溃退，杜里埃连的士兵乱哄哄地拥向第二道防线。

　　负责第二道防线的麦肯农少校拔出手枪，朝天空连开数枪后，终于拦住了逃跑的溃兵。麦肯农说："谁逃跑我就枪毙他，给我顶住！"

　　战场之上，恐吓有时是必要的，因为这时候大多数人的脑子已经乱了，你指一个方向，说这个方向是死路，他们扭头就跑，你再指一个方向，说那个方向是生路，他们也会朝那里拔足狂奔。

　　在麦肯农的恐吓下，士兵们又返身作战。麦肯农对队伍进行了整编，指定下级军官代理战死长官的职务，随后便发起反冲锋，夺回了杜里埃失守的阵地。

　　那边托格森回撤后，发现留守的部队在溃退，不由得气炸了肺。他连踢带打地截住了溃兵："你们疯了吗？丢失阵地是要掉脑袋的，都给我滚回去！"

　　一个班长已经被吓傻了，哆哆嗦嗦

随同 M2A4 坦克一道前进的美军陆战队。坦克的装甲可以掩护步兵，不过在大多数时候，士兵们并没有如此好的运气，他们必须直接面对子弹和刺刀，其心理承受能力也常常会达到极限。

地说："长官，日本人不怕死呀……"

托格森最不爱听这种软骨头的托辞，他啪的一巴掌将班长的话扇了回去："日本人有种，你们就没种？"

班长的后背被什么东西顶了一下，那是托格森的手枪："带上你的班，往前冲！"

当官的不怕死，士兵们也勇敢起来，他们用手雷和机步枪，将立足未稳的日军给赶跑了。

第一轮冲锋刚退潮，第二轮冲锋又来了。在月光的映照下，漫山遍野都是日军钢盔和刺刀的寒光，眼看阵地又悬了，麦肯农派来一个排进行增援，三挺重机枪一架，组成交叉火力，冲在前面的日本兵被一排排打倒，日军溃退了下去。

左翼阵地没问题了，有问题的是右翼阵地。

右翼阵地由突击营的一个连把守，阵地上喊杀声震天，机步枪吐出的火舌摄人心魄。爱迪生观察了一下，便抓起电话呼叫右翼指挥官，他被告知："上校，我们守得住……请您不要管。"随之，耳边传来一阵爆炸声，通话中断了。

其实在通话的一刹那，爱迪生就愣住了，因为对方的英语很蹩脚，别说是什么右翼指挥官了，根本就不是美国人！

这里只有两个国家的人，不是美国人，就是日本人。显然，右翼阵地已被日军攻占，日本人拿腔做调，只是想施疑兵之计。

血染的山岭

爱迪生派出一名下士，将右翼的残部收拢过来，与陆战五团合兵一处，对主阵地进行固守。已占领右翼的日军当然不会给他这个机会，马上便对主阵地发起了冲锋。

危急时刻，爱迪生拿起话筒，命令炮兵进行阻击，并且指点炮兵："打近一点，打近一点，敌人已经接近主阵地！"

在机步枪、手榴弹、炮弹的合力拦阻下，日军的进攻速度有所减缓，冲在最前面的中队发现了美军丢下的一堆食品，便顺势停止了进攻。

川口支队一路行军，只靠少量的干鱼、饼干和糖块维持生命，身上虽然带着大米，可是因为害怕飞机轰炸，并不敢点火做饭。饿极的人，见到块瓜皮都是好的，何况眼前突然出现这么多火腿、熏肠、牛肉，一群人里面就没有不流哈喇子的，当下便拿来大吃大嚼了一顿。

带队指挥官黑生点起一根美国烟，猛吸两口，然后下令冲向前方的美军炮兵阵地。他酷酷地对部下们说："我不会让你们中的任何人冲在我前面的，懂吗？"说完，把钢盔往后一推，举起指挥刀，声嘶力竭地喊出一声："冲呀！"

黑生一马当先，但子弹不认人，他们很快又被压制到了一座山坳里。进攻左翼阵地时美军的不战自乱，似乎给日军提供了灵感，他们开始释放烟幕，用以掩护进攻，在烟幕中，日本兵们一边射击一边用英语高喊："毒气进攻，毒气进攻！陆战队，你们死吧！"

听到有"毒气"，美军的注意力多少有些受影响，日军趁机如潮水一样涌入美军战壕，双方展开殊死肉搏，枪托、枪刺的碰撞声和吼叫声不绝于耳。

日军以善于打肉搏战著称，可是在缺乏营养和极度疲惫的情况下，一对一较量，体力上根本不及老美，毕竟肉搏是个比力气的活。此外，日本兵平时主要训练刺刀对刺刀，没怎么练过刺刀对手枪或工兵铲，所以打到最后，占上风的仍然是美国兵。

黑生是属面筋的，身上很筋道，也是日军中少数能占到便宜的人之一，只见他在人群中横劈竖砍，一把战刀上沾满了血，已经砍豁口了，端的是个穿行人世间的恶魔。

"恶魔"打来打去也发觉不妙。于是在这场注定要输的肉搏战结束之前，他就赶紧用刀砍开铁丝网，带着几名士兵冲进了美军的炮兵阵地。

骤然看到一群凶神冲了进来，炮手们赶紧放下炮弹，拿起步枪射击。一颗子弹划破黑生的脸颊，血顺着脖子往下流，他胡乱抹了一把，一张脸看上去就跟血葫芦似的。

黑生顾不得疼痛，他大叫一声："冲啊，夺大炮！"随后冲到一门迫击炮前面，挥刀砍死了两名美军炮手。

美军也不是吃素的。当时枪械已逐渐从手动向半自动、自动方向发展，半自动步枪成为美军步兵主要的制式装备，只有海军陆战队仍使用手动式的 M1903 式步枪，也即春田步枪。

士兵身上所背枪支即为 M1903 春田步枪。春田步枪参考德国毛瑟枪制造，由容量五发子弹的弹仓供弹，在外观与设计上，与中国的中正式步枪很相似。"二战"开始后，多数已被改装成狙击步枪，只有陆战队在初期仍用这种步枪通杀天下。

陆战队是美军中最后一个使用春田步枪的军种。他们这么做，不为别的，只是因为他们认为老春田是全世界命中率最高的轻武器，而陆战队又素以枪法精准闻名。

美国春田对日本三八大盖，都是精度良好的手动步枪，连弹匣都一模一样，均为五发供弹，区别就在于谁能瞄得更准，动作更快。一番对射下来，跟着黑生冲入的日本兵全被美国大兵放倒在地。

黑生看得着急，他干脆扔掉战刀，压下炮口准备对美军实施平射。炮膛里空空如也，黑生急忙抱起一颗炮弹装膛，一名美军炮手飞身扑上来，与黑生扭作一团。黑生这老鬼子果然有股蛮力，滚着滚着，还压在了炮手身上，掐住了对方的脖子。

美国大兵在关键时刻显示出了自己的英勇无畏，他拉响身上的一颗手雷，与黑生同归于尽。

在击垮偷袭者后，美军炮兵迅速对日军进行平射，炮弹飞过去，一炸一片，然而日军攻势不改，还是保持着那种僵尸式的冲锋队形——没有被炮弹和子弹打倒的鬼子兵，无视身边战友的死亡，竟然踩着他们的尸体往战壕里拥。

要紧时候，锥扎不动，炮似乎也无济于事。随着日本兵像蝗虫一样不断拥进战壕，美军在山岭的一大半阵地均告失守，甚至爱迪生的战地指挥所都已面临危险。

爱迪生已无法对各部进行掌控，他直接甩话过去：各打各的，但要是谁敢再后退一步，就地军法处置、格杀勿论！

交代完之后，他拔出手枪，带领参谋幕僚们也投入混战之中。

范德格里夫特一直在注视着山岭一线的战况。见陆战五团已经明显不支，他急忙派师预备队前去进行支援，同时下令重炮出击。

范德格里夫特所说的重炮是一百〇五毫米榴弹炮，它们被安放在机场，之前主要是用来跟日军舰炮对轰的，现在炮兵遵令将炮口掉转，对准了山岭。

正好山岭的大半阵地都被日军占领，炮兵射击时毫无顾忌。普通炮弹是一炸一片，重炮炮弹不是一炸一大片，是一炸一个区域，当你无视它的时候，自己已和其他人一样成了粉末。

爱迪生立即发起反击，日军支持不住，全线溃退。

1942 年 9 月 13 日，凌晨 2 点，爱迪生兴奋地向范德格里夫特报告："感谢炮兵的大力支援，我军已收复全部阵地，敌人休想在我们的枪口下再前进一步，请师长放心，我们守得住！"

美军机枪的枪筒已经打红，暂时也再无子弹可供扫射，不过在这些机枪前面，已经没有一个活人了。检视战场，近六百具日军尸体横陈在山岭上，美军伤亡也不小，战死者达四十余人，超过了地狱点之役。经过一夜鏖战，除了几株光秃秃的树干，山岭上原先茂密的丛林已经完全消失。地上血流成河，尸体和残肢堆了起来，像谷壳一样撒遍高地。这道山岭自此便被美日双方称为"血染的山岭"，即"血岭"。

这个黎明不属于川口。一名历史学者用文学化的笔调描述道："那天早晨从亨德森机场后面升起的太阳，并不像川口将军所想的那样能成为日本帝国的象征。"

中世纪

拿下"血岭"竟然比登天还难，川口只能等待其他两路传来战报，或许那两路能带来好消息也说不定。

在机场西线阵地，范德格里夫特部署了两个营，前线指挥官为亨特上校。"血岭"之战开始前，日舰对瓜岛进行延伸射击，炮弹不停地落着，但亨特发现前沿没有一点动静，日本兵迟迟没有发动他们的"万岁突击"。

亨特感到有些奇怪，就打电话给炮兵，让打几发照明弹看看究竟。随着照明弹升上天空，前沿被照得透亮，有个士兵惊恐地叫起来："日本鬼子摸上来啦！"说着便中弹倒地。

敢和我玩阴的？亨特下令开火，他自己气愤地抱起一挺机枪，朝着冲上来的日本兵便射。阵地上枪声大作，响彻夜空。

美军在瓜岛的高射机枪阵地

冈明玩阴的也是出于无奈。就"血岭"一线而言，川口部队的数量超过陆战队，为三比一，但其他两路的日军都远不及美军，冈明部队乘汽艇出发时还有一千一百人，在经历一个星期的颠簸和袭击后，已下降到四百五十人，且缺粮少弹，精疲力竭。

人太少，玩阴的都没用。美军都在铁丝网后面，有牢固的工事，无论从正面的哪一点，日军都无法渗透进来。亨特瞧出了对方的虚弱，他指示炮兵不用再向前面的敌人射击，转而直接压制后续部队。

一俟日军后援不续，亨特即亲率预备队加入战斗。美军以多打少，以众敌寡，咔嚓咔嚓，三下五除二，很快就把日军前锋部队消灭殆尽。

到第二天拂晓，冈明部队已战死两百多人。冈明急怒攻心，想扑上去拼命，结果被部下生拉硬拽地拖进了丛林。

川口和冈明都眼巴巴地等着第三路打响，可是第三路除了用炮击进行配合外，整晚上一个人都没冒出来过，让人好不纳闷。

不仅日本人不解，美国人也一样，负责防守这一侧的是陆战一团三营，他们摸不清对方虚实，只好姑且按兵不动。

原来第三路的日军指挥官竟看错了时间，他光记得用炮火袭击美军阵地，等到七事八事料理完，却把自家也要进攻这件事给忘光了。接近拂晓，这位昏了头的指挥官才醒悟过来，当时就悔恨到要拿刀给自己开肠。

开肠是死，冲锋也是死，指挥官豁出去了，夺过一把三八大盖，挺起刺刀就朝美军阵地冲去。他这么一带头，部下人人效仿，全都上起刺刀，大踏步地冲进了阵地前沿的开阔地。

美军官兵全都瞪大眼睛，露出极度困惑的表情：怎么回事，这些日本人吃错药了不成，晚上不进攻，大白天跑上来送死？

步兵还没来得及做出反应，"仙人掌航空队"的十几架"无畏"式轰炸机就飞了过来，它们本能地朝"活靶子"们投下了炸弹。地面立即硝烟弥漫，尘土飞扬，但是飞行员再往下一看，日本人仍然像在操场上进行操练一样，他们穿过累累弹坑，排着整齐的队形呐喊冲锋，对身边不断落下的炸弹视而不见，充耳不闻。

恍若又回到了古代战场，或者是中世纪时代：前边的日军军官和旗手倒下，后面的士兵就接过旗帜继续向前，没有一个人停下或转身逃跑，给人印象就是都无所谓了，反正街死街埋，路死路埋，倒在沟里便成棺材。

阵地上的美军官兵们看到几欲崩溃。搏杀的勇气，每个人身上或多或少都有，可这不是搏杀，明明是屠杀！

有什么样的施主，就可以提供什么样的和尚。日军战术上的愚昧，只是给美军的飞机和大炮创造了更多的杀戮机会，他们把成吨的炸弹和炮弹"施舍"过来，日军士兵也就这样被一片一片地从地面上抹去。

美军士兵什么也不用做，只需待在阵地上做看客。可画面实在太过刺激，以至于很多士兵都不敢看下去，抱着自己的脑袋直呻吟："上帝呀，太残酷啦！太残酷啦！"

一木支队二梯队一共一千一百余人，大部分当场战死，最后一名冲锋士兵倒下时，手里还举着一面早已被炮火撕成布条的膏药旗。

战斗结束后的战场像极了一座瞬间石化的展览馆。一些日军小队临死时还保持着整齐的队形，军官挎着战刀于前，士兵握着刺刀于后，每个人都睁着眼睛，张着嘴巴，仿佛是一群正在冲锋的泥塑。

一名美军的参谋军官感叹，如果就个人而论，日本兵作战之英勇，可以与世界上任何优秀的战士相比拟，"除了智力较差外，几乎在各个方面都算得上是一个够资格的对手"。

要命的就是"智力较差"——看上去似乎是视死如归，可这在很大程度上却是缘于日本兵并不重视生命价值，乃至到了战场上，勇敢也变成了愚不可及。

除了动不动实施自杀性攻击外，他们最令人头大之处，还在于喜欢做各种无意义的牺牲。当美军打扫战场时，与地狱点之役时一模一样的情况再次发生，日军伤兵们一个个拉响了身上的手雷，要不是美军上次有了经验，不敢靠得太近，又得跟

被沙子埋了一半的日军尸体

着倒霉。即便是那些无法自行了断的，也会请求美军士兵再给补上一刀，潜意识里，都把自个当成"军神"了。

一名美军士兵忍不住大骂："这他娘的不是人！"骂完之后，他就蹲下身体哇哇地呕吐起来。

站在人与人的立场，没有谁愿意对日军表示尊敬，最多也就是敬"鬼神"而远之罢了。

小伎俩

日军这三路人马虽然进攻时具体情形有所不同，但结果都一样，打个比方，恰如那身长的险道神撞见身矮的寿星老，你也休说我的长，我也休嫌你的短，反正到最后大家都会贴到门背后，做一张没什么大用处的墙纸。

问题是，川口不想做"墙纸"。他觉得，在败局已定的前提下，与其被美军像抓老鼠一样围追堵截，不如主动上去以死相拼，也让美国人知道，我们不是那鼻子里没气儿的好欺负角色。

川口统计了一下自己的部队，还有八百多人，足够一击。1942年9月13日黄昏，川口部队钻出丛林，向"血岭"迂回逼近。

跟这帮疯子加神经病打仗，美国人哪敢闭一闭眼。发现日军果然又展开攻击后，他们赶紧动用炮兵，在阵地前沿铺开一条火力阻击线。

川口这次吸取教训，不敢再端着刺刀进行"万岁突击"了，他换了一招。

太平洋战争到达最高潮时，美国陆军情报官特地找到一名参战士兵，问他对"神话超人"有何看法，这名士兵以一种颇为不屑的口气评论道："见鬼，他们哪里是什么超人，只不过是一群狡猾的小王八蛋罢了！"

一般而言，日本人打仗，一共就三招。第一招是所谓的奇袭、夜袭或者迂回，如果不成，他们就会蛮干一下，也就是采用完全不顾及伤亡的"万岁突击"，还不行，便只有像那名陆战队士兵所看到的那样，纯粹玩玩狡猾这些小伎俩了。

趁着炮火停顿的间隙，日军打起了冷枪。在美军上当，暴露出机枪火力点后，他们即向其投掷手雷，并借着手雷爆炸时腾起的烟尘，冲进了美军战壕。

日本兵一渗透进来，事情就变得难办了，为免伤着自己人，美军炮兵也变得束手束脚起来。日军得势不饶人，不断向前突破，最后切断了左翼托格森连的退路。

爱迪生下令托格森主动撤回第二道防线，以便腾出空间，让机场上的重炮来与日军面对面。于是，"血岭"又被翻过来覆过去地犁了几遍，不过经过前一天晚上的重炮打击后，日军长了心眼，不再聚成一堆，在减少伤亡的同时，也避免了即刻被打垮。战斗由此变得更加惨烈，至第二天拂晓，托格森连仅剩六十余人，其他连队均伤亡过半，第二防线已经是摇摇欲坠。

双方都在坚持，爱迪生忍到了最后，在发现日军无法组织起强攻后，他命令预备队发起反冲锋。

日军在几次突击中，早已是寅年用完了卯年的气力，到了这个时候，哪里还支撑得住，部队立刻处于崩溃边缘，伤员一个接一个倒下，担架队无节操地扔下伤员，只顾着自己逃命。川口大叫着不许撤退，临到头还是被溃兵给一块卷走了。

如果说一木的惨败与昔日旅顺口的首战相仿，那么川口的溃不成军，就是第二次进攻旅顺口的翻版，反正同样是惨不忍睹。

所谓溃兵，当然也顾不上任何体统，不仅衣衫褴褛，脸上也都被战火销烟染得跟抹了锅底灰一样，再被额头流下的汗水一冲，整一个泥巴脸。

伤心啊，这仗都不知道怎么打的，就沦落成了这样。川口的自尊心垮掉了，他泪如雨下，一个大男人哭

骁勇善战的陆战一师

得眼睛都没了缝:"我是败军之将,哪里还有颜面再回去见家乡父老。"

听话音,像是准备向天皇剖腹自杀谢罪了,但他话锋一转:"可是我有责任把你们带回去,向百武将军汇报战况……"

这是对的,说明他还算个正常人。川口接着提议:"让我们为死亡的官兵祈祷吧。"

现在日军需要祈祷的还有他们的肚子。

"血岭"之役前,川口没想过会打败仗,他还笃定地相信,可以靠"拿来主义",用美国的供应品解决早餐问题呢,因此大部分食品都被扔在了后方基地。

这下子倒好了,带的食品不够,让大家大吃苦头。川口支队残部走了一个星期才走出丛林小道,而饥饿和疾病又让部队人员损失了一半以上。

在撤到海边的一座村庄时,由于过度劳累,很多人一坐下就昏迷了过去,川口也高烧不退。在病中,他挣扎着向拉包尔的第十七军司令部发去了一封电报。

在电报中,川口老实承认,美军陆战队兵力很强大,估计至少有一万人,只有赶紧派大部队增援,才能再度与美军决战。

得知陆战一师在"血岭"之役中再度取胜,尼米兹喜上眉梢,立即给范德格里夫特发来了嘉奖电。值得一提的是,那些天,这位太平洋舰队司令正在犯愁,不是为陆战队,而是为海军。

出门遭暗算

与陆战队连战连捷不同,这段时间海军已经多次受挫。

第二次所罗门海战结束后,"萨拉托加"号便撤至澳大利亚一带,进行防御性巡逻。为保证有限的航母不再受到攻击,南太平洋舰队司令戈姆利专门发出指示,要求除非万不得已,所有航母一律不得越过南纬十度线。

卖油的娘子水梳头,明明有航母,却不能用、不敢用,这已经够憋屈了,可就这样小心到不能再小心,祸事来了还是照样挡不住:一艘日军潜艇悄悄地盯上了"萨拉托加",并在上浮后一口气向它发射了六条鱼雷。

真是关门家里坐,祸从天上来,在其他驱逐舰的掩护下,受到重创的"萨拉

托加"在将大部分舰载机转移给
"企业"后，自己也慢慢开回珍
珠港进行修理，太平洋舰队的宝
贝又少了一个。

"萨拉托加"是旗舰，遇袭
时弗莱彻就在上面，他也因此受
了轻伤，被尼米兹安排休假养伤，
从而离开了前线。

在弗莱彻指挥航母编队期
间，共损失了两艘航母（"列克

"萨拉托加"和它所载的"野猫"式战斗机。航母上的地勤
人员正在用升降机对飞机进行移动。

星敦""约克城"），另外两艘航母（"企业""萨拉托加"）遭到严重破坏。有人说
他只是运气不好，还有人说他不适合担任海上指挥官，不过有一点是毫无疑问的，
那就是弗莱彻任何时候都可以骄傲地站出来说："在中途岛海战中，我是一名指挥
官！"对于一名海军军人来说，有此战绩和荣誉，足矣。

按照戈姆利的规定，航母不能越线，别的军舰可以。不料几天后，两艘美军驱
逐舰也在"狭道"被击沉，而击沉它们的，正是从事"东京快车"的日军驱逐舰。

出门遭暗算，不出门也遭暗算，海军本来是要保护航线安全的，结果反而他们
自身的安全先没了保障。

尼米兹对此忧心忡忡，但他知道海军决不能因为危险而固守不动，相反，还必
须加速向瓜岛运输兵员和物资，否则陆战队随时可能陷入困境。

运输舰队不能没有航母编队的护航。原先的两艘航母，"企业"的战斗力尚未
恢复，"萨拉托加"最早也要到12月才能重返南太平洋，尼米兹于是紧急将"大黄
蜂"召回。

加上已从大西洋调来的"黄蜂"号航母，太平洋战区能用以作战的航母重新恢
复到了两艘。在尼米兹的督责下，戈姆利组织了六艘运输舰，并以"黄蜂"和"大
黄蜂"为主组成护航编队，着手向瓜岛进行增援。

戈姆利小心翼翼地挑选了一条避开日军舰队的航线，可尽管如此，1942年9
月15日上午，日军侦察机还是发现了运输舰，两艘日军潜艇闻讯火速赶往指定海域。

日军潜艇的隐蔽性和攻击力都很强，以出击潜艇中的"伊-19"号潜艇为例，它所使用的武器是"长矛"鱼雷中的一种——九五式鱼雷，这种鱼雷使用百分之百的氧气作为推进动力，不仅航迹不明显，而且威力极大，通常一条鱼雷就可以击沉一艘驱逐舰。此前，包括"萨拉托加"航母在内的美舰，已经吃过许多苦头。

　　两艇日潜艇本为袭击运输舰而来，但是无意中撞见的护航舰队，却让他们有了捡到金子般的欣喜："我们撞到大运啦！"

　　日潜艇立即分兵两路，"伊-19"盯住"黄蜂"号航母，另一艘潜艇"伊-15"号直奔五海里之外的"大黄蜂"号。

　　当"伊-19"与"黄蜂"之间的距离缩小到一两百米时，潜艇鱼雷手向航母连续发射了四条鱼雷。"黄蜂"号发现敌情后急忙转舵，但只躲过一条鱼雷，船舷被其他三条鱼雷同时击中，随即舰面燃起大火。

　　第二次所罗门海战时，"企业"号也着过火，不过消防人员很快就替它解决了致命危险，与"企业"情况不同的是，"黄蜂"的消防水泵也被炸坏了，因而妨碍了救火。

　　滚滚黑烟在银光闪耀的海面上来回翻腾，危机不断加剧。"黄蜂"紧接着又发生了一连串爆炸，其中弹药舱的爆炸掀掉了其关键部位，两百多人当场殒命。眼见航母已大量进水，舰长只得下令："全体舰员离舰！"

　　一艘美军驱逐舰奉命用鱼雷将"黄蜂"击沉。这艘倒霉的航母加入太平洋战场后，尚未来得及建功，就遭遇了永沉海底的命运。至此，"大黄蜂"号成了美军在太平洋上唯一能战斗的航母。

　　本来"大黄蜂"也在劫难逃，"伊-15"已瞄准了它，千钧一发之际，亏得一艘护卫驱逐舰舍身堵枪眼，以自身被击沉为代价，

"黄蜂"号举行穿过赤道的祭祀仪式。在航母穿过赤道的前一天晚上，先由船长等老舰员化装成"海神"（图中戴王冠者），接着"海神"会将面粉涂抹在新舰员的脸上，并用高压水龙头把他们喷成落汤鸡。航母过完赤道后，参与活动的人还会领到一张纪念证书。

才使它得以幸存。

此次遭遇战，除损失一艘航母、一艘驱逐舰外，南太平洋舰队还有一艘战列舰受到重创。

美国海军专门成立南太平洋舰队，是为了更有效地组织该海域作战，可是自这个相当于军区的舰队成立后，海上战事一直都不顺。尼米兹协调全局，自然是心急如焚，他本身患有神经性紧张的毛病，专家建议通过手枪打靶来缓解紧张，在战事紧张的那些天里，目击者看到，尼米兹每天早晨都要在手枪射击场待上很久。

"九·一五"遭遇战打完，尼米兹再也坐不住了，不把那句话说出来实在是憋得慌啊：你们这仗究竟是怎么打的？

戈姆利作为南太平洋舰队司令，应负首责，但当尼米兹要他做出解释时，他却把责任推到了另一位指挥官的身上，那位指挥官也非善茬，立即反唇相讥。

两人你一言我一语，各不相让，看看打仗不行，吵嘴功夫倒都是一流。尼米兹最烦这种相互推诿，只是战事紧急，为免进一步影响士气，他才没有继续深究下去。

转折点

尽管护航舰队在遭遇战中损失惨重，然而值得庆幸的是，在暴雨天气的掩护下，运输舰还是安全抵达瓜岛。

这次运输成功，对瓜岛守军来说犹如雪中送炭，因为他们的原有补给到 9 月上旬为止就要消耗完了。运输舰运来了一千吨食品、一百四十七辆汽车和四百桶航空用油，除此之外，范德格里夫特还得到四千名海军陆战队员，陆战队的总兵力达到两万，莱基所属的陆战一团二营等部队都因此得到了调防休整的机会。

不过鉴于海战的严酷性，下一次大规模运输可能会更为缓慢。《纽约时报》的一位记者就此向范德格里夫特采访："将军，你是否要守住瓜岛？你将一直留在这里吗？"

范德格里夫特沉吟片刻，坚定地回答："我将一直这么做。为什么不留下呢？"

当范德格里夫特接受采访时，他的对手也作出了同样强硬的表态。

"血岭"之役刚刚打响的时候，日本海陆高层还都对获胜抱着很高期望，就连一度消极的山本也焦灼起来，不停祈祷着川口支队能马到成功。最初，东京电台播发了一则让众人爽歪歪的消息，说是有六千日军已攻入美军防线，并重新占领了机场。可是这个牛皮泡很快就不攻自破了，事实是假消息发布时，川口支队正被打得落花流水，残存的日本兵开始纷纷向丛林中逃命，并试图躲避空中美机的扫射追杀，而这些战机全都来自日本人宣布"占领"的亨德森机场。

川口发出的那封求援电，也进一步改变了高层原先的看法，他们终于认识到，瓜岛美军相当强悍，太平洋上的"旅顺口"名不虚传。

知道那是"旅顺口"，就得拿出当年进攻旅顺的劲头来，决不能再黏黏糊糊了。在旅顺攻坚战中，前两次总攻都失败了，第三次才成功，循着这一思维逻辑，对瓜岛的第三次攻略变得顺理成章。

仅仅凭借直觉，日本人就知道此战非同小可，将牵动全局。一份日方文件这样写道："重新占领瓜岛的成败，是敌胜或我胜道路上的转折点。"

第十七军原先所辖部队有限，属于"花木瓜，空好看"性质的集团军，日军大本营下令从关东军、南方军和日本国内抽调兵力进行加强，第二师团、第三十八师团都于此时编入了第十七军。1942年9月18日，大本营又决定停止在新几内亚等方面的作战，将重点全部移至瓜岛。

以前是不重视，现在已经重视到无以复加的程度，从上到下都是如此——身为第十七军司令官的百武索性选择了披挂上阵，对第三次瓜岛之战进行指挥。

对于前面的屡战屡败，百武也进行了分析，不过他与高层在认识方面还有所不同，他觉得并不是美军陆战队真的有多大实力，而是部下太不成才，牵着不走，打着倒退，如此打仗能赢倒是奇了怪。

这一次，他百武亲自出马，以决死之精神与老美死磕，焉能不胜？

可是百武忘了，一木、川口指挥作战时，他给拨的兵从没有过万的，一木所率领的第一梯队甚至连

日军登陆艇

千都不到，而随百武出征的人马将达到两万之众，且配备有重炮等武器，没法比呀。

一位美军战将后来评论说："日军在发动第二次进攻（"血岭"之役）时，如果能够投入像第三次进攻时所使用的兵力，美军便有可能吃败仗。"

兵强马壮，浩浩荡荡，这要放在陆地上，百武一声呼哨就可以出发，但在海上不行，还得让海军派船来送。

"东京快车"为什么会被日本兵私下叫作"蚂蚁爬行"，就是因为一次载不了多少人，百武可不想继续这样干，两万人呢，哪年头能全部运到瓜岛？

再者，驱逐舰也载不了重炮，没有重炮，势必影响攻势质量。百武很清楚，一木、川口作战时要是带着重炮，最后的结果很可能就不一样了。

百武于是打电话给负责运兵的田中，要求派运输船队，而不是驱逐舰。

田中一听便把脑袋摇得像个拨浪鼓：坐船不行，如今美国人控制着瓜岛的制空权，他们的海军也会昼夜巡逻，多危险哪，不行不行！

不管百武如何好说歹说，田中就是死活不肯松口。这可把百武给惹火了，你不就是有两只破船吗，啰里啰唆，不肯给就算了，还尽浪费别人的时间。

百武能得到重用，官至军司令官，与他的哥哥是裕仁天皇的侍从长有很大关联，那也是个有背景的人。有背景，就会有脾气，百武气愤地对田中说："好，如果海军确实力量不够，船队无法护送，那就不用你们护航了，光用陆军的船队运送就好了，到时候，第十七军军司令部将在船队的最前面！"

百武这么一说，田中也知道对方动了怒，正要再进行解释，百武撂下句话："你们看着办吧。"说完，啪的一声把电话给挂了。

田中舰群隶属驻拉包尔的第八舰队，也就是三川任司令的舰队。为解决出现的这一矛盾，双方召开了一系列联席会议，连大本营在听到风声后，也特派辻政信以观察员身份与会进行协调。

贱人就是矫情

新加坡之役后，山下被封为"马来之虎"，辻政信连带着鸡犬升天，号称"作战之神"，并调任参谋本部作战班长。

作为一个极品坏人，辻政信的一大特点就是闲不住。偏偏坐机关的都跟闲字拉扯不开，常常是卖盐的做雕匠，雕出来的人像都带咸（闲）味儿。

如果一直处于这种生活状态，那你还不如让辻政信去死。参谋本部的板凳还没坐热乎，辻政信就跑到第十七军司令部，倚仗着上级身份，对司令官百武越俎代庖，指手画脚。因为越权越得太过分，据说百武曾想把辻政信从拉包尔赶走，只是后来考虑各种因素才没施行。

辻政信忘乎所以，有一次他坐着驱逐舰去为岛上的日军提供补给，结果遭到美军枪弹袭击，头部受了伤。奇怪的是，当时舰上有近两百个官兵，受伤的却只有辻政信一人，除了运气使然外，就只能归结到他的一贯恃勇蛮干上去了。

辻政信暂时受伤回国，自动替百武祛除了一块心病。当然百武没有自己动手，也被证明是正确的——辻政信在高层的背景和人脉太深厚了，他不仅与服部卓四郎等陆军实权派好到蜜里调油，而且因为过去派系站队时，与东条、杉山元有瓜葛，这批显要也对之另眼相看。

在确定派伤愈的辻政信去拉包尔之前，东条特地予以召见，对辻政信说："南太平洋的作战不容乐观，我很担心，你去向总长（即参谋总长杉山元）说说看，能不能尽早派你到当地指导作战。"

东条贵为首相兼陆相，以他这样顶到天的级别，亲自把一个参谋本部的部员叫来，并当着面交代任务，仅从日本军方那种等级森严的制度体系来看，就可以说是没有先例的。

辻政信内心的那份得意自不待言。其实就算上头不派，他自己也恨不得马上跑去拉包尔做监军呢，不过给东条一抬，这家伙开始不记得自己姓甚名谁了，他竟然回绝了东条："您的担心我完全理解，我并非不愿意去前线，而是认为我如果乘飞机去罗马和柏林，会更好……"

东条不管与谁会面，都喜欢装谦虚，拿个笔记本写写画画，好像记着什么似的。可给辻政信一胡诌，他也不自在起来。

去罗马和柏林，和纳粹元首们握手，那是你这个身份的人干的事？莫非你连我东条的饭碗都要抢？

辻政信并没有觉察出东条的不悦，他越吹越离谱，已经收不住了："未来战争的前途，除了德苏和平、日中和平以外，没有别的出路……"

东条突然打断了辻政信的话，凶巴巴地吼道："不要说废话！你是大本营的作战班长（即参谋本部作战班长），好好地在现有战地上作战，这是你的任务。看你刚刚都说了些什么！"

有一句话，叫作贱人就是矫情，东条一巴掌上去，便把辻政信这个贱人打落凡尘，后者乖乖地去找了参谋总长杉山元。

权高一级压死人，杉山元虽属嚣张之辈，但大多数时候也是奉东条的意志为圭臬，听辻政信讲完情况后，他马上说："是吗？对南太平洋的作战，大臣（指陆军大臣东条）很担心，我自己的确也很担心。你刚从战场上回来，现在又要派你去，我实在是过意不去——不过还是去吧。"

从东京出发前，参谋本部作战课的高山信武找到了辻政信。在高山看来，一木、川口支队都已一败涂地，第三次进攻瓜岛属于不得已，如果这次再不成功，那就不必非争夺瓜岛不可。"放弃它，把决战的战场放在后方我军主要防御阵地上去。"

辻政信一听就瞪圆了眼睛："什么！你说要放弃瓜岛，想退却？"

下面是一连串的上纲上线："作为大本营的参谋，说这种没出息的话，你是要干什么？更何况还预言了第三次进攻会失败。真是岂有此理！"

高山一番好意，他没想到辻政信经还没念，就先打起了和尚，只得自认晦气："我是想假设一下，对不起，我改正。"

辻政信趾高气扬，一副教训的口气："眼下如果把瓜岛让给敌人，等于把气势送给了敌人。忠告你，作为参谋，绝对不能示弱，绝对不要说退却之类的话。"

辻政信雄赳赳气昂昂地重返故地，他去拉包尔的时候，正是百武骑虎难下之时。

百武只图一时痛快，红口白舌地不给人面子，惹得与之谈判的第八舰队方面也来了脾气：你不是说不要护航吗？好，那我们乐意做个甩手掌柜。

这下子，反把百武逼到了悬崖边上。因为说穿了，假如没有海军护航，一旦遭遇美军舰队，出征部队毫无疑问只会落个全军覆灭的下场。

开联席会议是要解决问题，但开了几次都解决不了。辻政信站在陆军的立场愤愤不平："海军太不负责任了！"

会后，辻政信找到百武，主动请缨，要求立即给他一架飞机，他要独闯联合舰队司令部，面见山本五十六，劝说山本做出让步。

百武不太相信，怀疑辻政信言过其实。

虽然说辻政信现在身价上涨，连东条都很看重，可他毕竟只是小小中佐，而山本"佛祖无儿，孝子众多"，一个日本海军里叱咤风云、说一不二的人物，哪是你能轻易见到并且说服得了的？

辻政信做事，从来不管别人的想法。百武越不以为然，他越是喋喋不休，最后百武实在拗不过，只得死马当活马医，指派了一架飞机给他。

辻政信给个棒槌就认作针（认真），他马上驾机飞往联合舰队所在南洋特鲁克岛泊地，一下飞机，就直奔山本的"大和"旗舰。

老大就是老大

初次见到"大和"，辻政信简直不敢相信自己的眼睛。

"大和"号战列舰。与"武藏""信浓"并称世界三大巨舰，英美两国所拥有的最大战舰充其量不过三点五万吨，而"大和"的满载排水量是七点二万吨。"大和"为秘密建造，建造费用是一千五百亿日元，这在其他国家是不可想象的，可以看出，日本人在其他方面或许比较小气，唯独在造舰方面确实舍得花钱。

"大和"舰有"大和宾馆"之称，从舱口到舰内，真的就好像步入一座宽敞的大宾馆一样。可以相信，外人一旦在里面迷了路，没有向导是很难走得出去的。

这艘超级战列舰与宾馆不同的是，它还布满了各种粗细不同、颜色各异的管道，就好像人体内的无数条血管一样，其中的任何一条被切断，都可能因出血而影响全身。

舰如其人，山本的架子够大，他可不是什么人想见就能立即见到的。

首先出来接待辻政信的，是黑岛

龟人。在当年的联合舰队中，有两个公认的怪人，一个是南云的首席幕僚源田，因思想激进，人称"神经病源田"；另外一个就是山本的首席幕僚黑岛，此人同样性格怪异，绰号"黑岛怪参谋"。

两个怪人都做出了不同凡响的事：源田起草了袭击珍珠港的"Z计划"草案，黑岛则拟制了"Z计划"的具体内容。

黑岛脑袋瓜反常，几乎谁都不买账，为了"Z计划"，连军令部的话都能给硬生生地顶回去，一般中佐少佐之类的小角色更是不在话下。

不过辻政信自有办法，在他身上也有怪人的属性，所以被很多人称作"昭和的妖怪"。混成恶人之后，他对如何拿捏以前那些怪人小伙伴，完全可以说是驾轻就熟。

见到黑岛，辻政信二话不说，就先亮出了参谋本部前线特派观察员的名片：废话少说，我有要紧事，必须马上觐见你们山本司令。

什么人最大胆，恶人最大胆！就连黑岛这样的怪人也怕恶人，他被对方那种"如朕亲临"式的架势给震慑住了，真把辻政信当成了参谋本部派来的钦差大臣，所以一点都不敢耽搁，在请示参谋长宇垣缠后，就直接把辻政信带往司令舱。

黑岛慌慌张张，语无伦次，所以山本起先都没听明白，还以为是前线人员来向他汇报情况的，不料来的人并非其部下，而是一个昂着头，挺着胸脯，雄赳赳气昂昂的所谓"特派员"。

如今这世道，只怕睁着眼的金刚，不怕闭着眼的佛。辻政信已经在黑岛那里得了甜头，也就索性放开手脚卖弄起了恶人本色，他一见山本，客套都不客套一句，就毫不客气地指责道："陆军参谋本部对瓜岛的战斗很不满意。两次进攻都失败了，这其中也有海军配合不利的因素！"

山本弄清了辻政信的来意，但他一言不发，默不作声。辻政信早已有所准备，接下来他开始大演苦情戏："其实一直以来，第八舰队都没有派遣足够战舰为运输舰队护航，导致陆军的补给始终运不上去，岛上供应被切断了一个月。岛上官兵弹尽粮绝，只有靠椰子、草根、野菜和浆果来充饥。即使没在战斗中牺牲的人，也都快饿死了……"

辻政信绘声绘色地形容说，川口本人现在"比甘地还瘦"。说到此处，他还吧嗒吧嗒地掉了几滴鳄鱼眼泪。

戏份儿已经够足了，可是山本就像所有高不可攀的大人物一样，仍然未做任何表态，只是目不转睛地看着辻政信。

辻政信不怕怪人，就怕比自己心肠还硬的恶人，于是他连说话都变得婉转起来："我冒昧地赶来求见，是转达百武将军的话——第十七军应该完整地登上瓜岛，不能再重蹈覆辙，如果用驱逐舰零零星星地运过去，会被兵力占优势的敌人各个击破的。"

山本还是不动声色。山本的反应让辻政信倒抽一口冷气，若是山本老是这样高高在上，置身事外，他就只好打道回府了，脸面扫地不说，以后在百武那里还怎么混下去？

辻政信咬了咬牙，既然是上门要饭吃，就不能怕得罪烧饭的。也罢，豁出去了："海军不能一味考虑自己的困难。如果你们仍然拒绝派出护航舰队，我们的重炮和补给物资就不能随队同行，这将大大削弱部队的战斗力。"

进入自设的特定情境后，辻政信二愣子个性大爆发，又像在东条面前那样放开缰绳猛跑了："百武将军决心已下，即使在那种情况下，他仍将率部前往瓜岛，即使途中牺牲也在所不惜！"

没等辻政信再发挥下去，山本突然将桌子一拍："怎么能这样，岂有此理！"说完，便愤然转过了身。

辻政信心一沉，坏了，戏演得太过，终于把这位大人物给激怒了。

俄顷，山本又缓缓地把脸重新转了过来，让辻政信备感惊讶的是，上面已挂满泪珠。

接下来山本的话令辻政信十分意外："与陆军精诚合作，共同夺回机场，乃是海军义不容辞的责任！如果第八舰队有意保存实力，或疏忽大意，不派战舰为运输船队护航，导致进攻部队因补给供应不上而失败，那么，我这个当司令长官的首先会感到痛心和惭愧。"

老大就是老大呀，看看人家这觉悟。辻政信按捺不住激动的情绪，他从桌边站起，刚想说什么，山本就用手势制止了他："请你回去转告百武将军，联合舰队将全力以赴，派出强大的护航舰队，保证满足第十七军的要求。"

山本还表示，如果有必要，他可以派旗舰"大和"号直接停靠在瓜岛，"总之，陆军不必再为此牵扯精力，海军会随时配合陆军行动"。

日军航母（油画）

来了只为赐碗饭，没想到人家会以一桌山珍海味相赠。辻政信简直惊呆了，他慌忙向山本举手敬礼："将军，我不知道怎么为陆军感谢您……"

山本摆了摆手："这都是我应该做的。只是，有一点请你做做工作，劝百武将军给我点面子，最好还是乘驱逐舰去瓜岛，以保证他的安全。第十七军需要他指挥全局，千万不要拿自己的生命冒险！"

尽管折腾半天，运输方式又回到了"东京快车"的轨道，但相比于海军曾要撒手不管的态度，已经是了不起的进步。更何况，山本如此谦恭，就等于给足了陆军面子，这在以前是从来没有过的。

还说什么呢，什么都不用说了。刹那间，辻政信这个伶俐鬼的脑袋也变得一片空白，他完全被山本的风度给迷住了。

辻政信自此成了山本万世不移的铁粉一枚，他盛赞山本："像这样的将军在陆军里究竟有几个？我甚至想当个海军参谋，即便在这位元帅的手下战死，也甘之如饴。"

他又感慨："说整个海军，不，整个日本的命运担在这个身高五尺的小个子一人身上，也不是过分夸大的话。"

辻政信得意扬扬地回到拉包尔，百武惊喜莫名：龙生九子，各个不同，辻政信这刺头虽说平时格外讨嫌，关键时候倒还挺派用场。

辻政信立即跃升为第十七军司令部的大红人，百武进攻亨德森机场的行动方案，都是由他老人家给一手料理出来的。

度日如年的感觉

在与山本交涉的过程中，辻政信以为自己很会演戏，但他不知道的是，一山更比一山高，在山本面前，他充其量只能做个票友。

人家山本才是货真价实的老戏骨，那种演技，已经深入骨髓，完全生活化了，乃至于你完全看不出，哪些是在背诵台词，哪些又是真情流露。

和辻政信喜怒都爱形之于色不同，山本是宰相肚里能撑船，好也放心里，歹也放心里。当着辻政信的面，他能这么痛快就应承下来，并不是思想境界有多么高远超脱——要真这样，当初川口支队还用得着像老鼠一样偷偷摸摸、慢慢腾腾地登陆瓜岛吗？

山本自有小算盘。他一直有意识地引诱太平洋舰队主力出来决战，企图一举消灭这个危险的对手，可惜的是，从中途岛战役算起，到第二次所罗门海战，已经两度失败，联合舰队还为此付出了损失五艘航母的惨重代价。

如同陆军两攻瓜岛不下，仍不肯善罢甘休一样，山本也不愿就此收起鱼竿。他要继续钓鱼，而在他看来，眼下就是一个再好不过的机会。

百武连不惜途中牺牲这样的话都抛了出来，必然是要砸锅卖铁，不顾一切地向瓜岛发动总攻，这样一来，美军陆战队的压力就非常之大，尼米兹不可能对之坐视不理，他一插手，联合舰队就可以和美国海军大干一场了。

尽管山本和其他海军将领一样，本质上都对陆军的作战能力不屑一顾，但拨火棍虽短，强如手拨刺，再说了，自己的海军拿去做饵，一旦被吃难免会心痛到犯病，现在有别人自愿去做饵，有什么不好的呢？

山本相信，如果他这一战打顺了，绝对有希望终结掉南太平洋舰队的所有力量，到时尼米兹的末日也就降临了。

事实上，尼米兹已经有了度日如年的感觉。由于海战连败，悲观情绪在太平洋战区的一些海陆军将领中蔓延，包括戈姆利等人都认为瓜岛将在短期内陷于敌手。

为切实了解南太平洋战况，尼米兹特地在戈姆利的旗舰上召开了海陆军联席会议。尼米兹注意到，与会的戈姆利面容憔悴、神情黯然，而他报告的内容也是有一搭没一搭，让人提不起精神。

戈姆利的陆军搭档在起身发言时，为这种萎靡不振做了注解："瓜岛不能再守，应尽早放弃。"

尼米兹皱着眉头问："为什么？"

一位陆军将领援引情报认为，尽管范德格里夫特打退了日军的第二次进攻，但那也只是规模不大的局部战斗。现在日军大本营已清醒过来，百武将调集第十七军主力登岛，而美军在瓜岛的守备部队不足，海军又无力增援，在敌我力量相差悬殊的情况下，固守只能招致更多伤亡，而且瓜岛也注定难保。

尼米兹听得好不郁闷。

"既然你们说岛上兵力不足，那为什么不派更多的陆军前去增援？为什么不派海军去破坏日军在夜间行动的'东京快车'？"

尼米兹平时很少疾言厉色，他的这几句严厉责问，说得众将面面相觑、哑口无言。

尼米兹自己对守住瓜岛有着充分信心，其论据就是美日两国不同的后援能力——日方可以在瓜岛集结的力量再大也有限，其人员、舰艇，特别是飞机的损失，远比补充的速度快。与之相比，美国具有雄厚的军工生产能力，只要加大增援力度，战局肯定能发生有利于美军的变化。

讨论中，有的将领认为从全世界范围来看，南太平洋战区仅是一个小的方面，要求支援的权利，自然也应比其他战区小。尼米兹不容置疑地下了结论："瓜岛虽然只是一个局部小岛，但它关系到太平洋战场的全局，各位决不能仅从一己利益来看问题，必须随时做好增援瓜岛的准备。"

针对抽调不出多余力量增援的说法，尼米兹说，就算借用盟军的力量，试试新西兰的陆军和航空兵也可以，反正就是要不惜一切代价对瓜岛予以增援。

会议讨论期间，本来是核心人物的戈姆利始终有些心不在焉。参谋官两次把前线发来的急电送到他手里，他都没有什么表

瓜岛上的陆战队员拿着缴获的日军旗帜

示，只是低声地喃喃自语："我的上帝，这叫我们怎么办呢？"

尼米兹实在是看不下去了。会议结束后的第二天，他决定亲自登上瓜岛，实地论证一下，瓜岛究竟能不能守住。

由于瓜岛缺乏安全的水上着陆点，尼米兹一行只能乘坐 B-17 "飞行堡垒"前往。驾驶飞机的是一位年轻的飞行员，他忘记了带上所罗门群岛地图，不过他拍着胸脯保证："别担心，这条航线我飞过不知多少次了，闭着眼睛都能摸到目的地。"

飞行员倒也不是吹牛，一路上都没出什么岔子，但当飞机到达瓜岛上空时，出问题了。

天空乌云密布，雷雨大作，茫茫云海遮住了飞行员的视线，飞机无法着陆，只能在云层上面来来回回地兜着圈子，情况十分危险。

梦寐以求的东西

随行人员全都变得焦躁不安起来，有人埋怨飞行员不靠谱：怎么会粗心大意到不带地图？

尼米兹见多识广，知道这种时候绝不能自乱阵脚，他制止住怒气冲冲的幕僚，安慰飞行员："别着急，再想想办法看。"

一句话提醒了众人，忽然想起，有人临走时可能带了一本《国家地理》杂志，那上面或许会有南太平洋岛屿的插图。一通翻寻，找到了那本杂志，而且杂志上还真的有希冀中的插图！

似乎不是现实中发生的事——你平时就算是东庙里打斋，西寺里修供，每一座菩萨都拜到，都不一定能求来如此好的运气和福气。

靠着救命一般的插图，飞机冒着倾盆大雨找到了机场，最后有惊无险地安然降落。

同行的幕僚人员都擦了一把冷汗，只有尼米兹平静如初，他披上雨衣，走下了飞机舷梯。

范德格里夫特已经在雨中等候多时，两人相互握手敬礼后，他心有余悸地对尼米兹说："您好，将军，刚刚我还为您担心！"

尼米兹笑眯眯地问道："这种大雨中起降飞机的情况不多吧？"

范德格里夫特回答："不是特别多，但也不少。"

尼米兹似乎还对雨天心存感激："多亏了大雨呀，日本人的飞机才没有光顾。"

范德格里夫特耸耸肩："我们的老对手山本，可没想到您有这个胆量。"

一吃过午饭，尼米兹就提出到"血岭"等阵地进行视察，当范德格里夫特建议雨停后再走时，他马上说："我又不是来旅游的，时间宝贵，可不能耽误。"

范德格里夫特让副官找来雨伞，在一群打着雨伞的军官的簇拥下，两人蹚着泥水前往"血岭"。当他们走到哨卡前时，尼米兹主动向一名哨兵打招呼，因为事先没有通知，哨兵根本就没想到太平洋舰队的司令会与他近在咫尺，一时间呆若木鸡，竟然连举手还礼都忘了。

尼米兹接着又视察了野战医院。伤兵们听说尼米兹来视察，只要还能走动的，全都聚拢过来，争先恐后地和这位四星上将握手。

尼米兹很受感动。这一路视察过来，瓜岛上艰苦的生活条件一览无余，由于雨季已经来临，倾盆大雨几乎天天都不断档，几秒钟之内，就能让人浑身湿透。

大兵莱基记述，他曾在浅坑里开沟，还自制过排水道，可是这些措施常常无济于事，到最后，他的帐布床都被淹没了，睡觉时只能泡在冰冷的水里。很多陆战队员因而生病躺倒，此外，睡眠不足、食物匮乏等问题也深深困扰着他们，这或许就是一些将官认定陆战队难以坚守的原因之一。

可是尼米兹却从中找到了他梦寐以求的东西，那就是士兵们的英勇和乐观。与陆战队官兵们接触得越多，尼米兹体会越深刻。

一名士兵染上了疟疾，一直发着高烧，浑身直打冷战，大家便把所有的毯子收集起来，一股脑地盖在他身上。当烧退下去的时候，这名士兵又轻松地笑了起来，他说："感觉真好，真舒服，真爽。"

尼米兹想要的，就是这种精神，这才像他的陆战队，永远吓不倒，打

在山泉边洗澡的陆战队员

不垮，拖不烂。

打不垮的精神也集中体现在范德格里夫特身上，他身上的那种昂扬斗志，与后方的戈姆利等人形成鲜明对比，尼米兹对他是越看越喜欢。

傍晚，岛上举办了一个简单的欢迎酒会。趁此机会，尼米兹与范德格里夫特单独攀谈起来。

有人曾告诉尼米兹"一个人越接近战区，就越有信心"，此话一点不假，这一趟真是不虚此行。尼米兹心里高兴，他用欣赏的口气问范德格里夫特："你认为整个战局的关键之地在哪儿呢？"

范德格里夫特毫不犹豫地回答："飞机场是整个战局的关键。谁控制了机场，谁就控制了瓜岛。"

尼米兹点点头："我看到陆战一师有扼守机场的信心。"

"说实话，陆战队守住机场没问题，"看到上司高兴，范德格里夫特知道是聊点干货的时候了，他为尼米兹斟满酒杯，"参谋们都认为，可以一鼓作气，扫荡敌军在岛上的其他基地，但我没有海军舰炮……"

尼米兹听出了弦外之音，他喝了口酒，脸上带着微笑："你在和我兜圈子？"

真人面前不说假话，范德格里夫特坦白了他的不满："我们因为得不到舰炮火力支援，所以目前只能固守机场，被动挨打。"

尼米兹想到了戈姆利："海军也有他们的难处……"

一说难，范德格里夫特不乐意了："恕我冒昧。有些情况您比我清楚，现在不愿拿自己船只冒险的海军指挥官太多了，可是看看日本人，他们的'东京快车'要比我们勇敢得多！"

尼米兹被触动心思，他陷入了沉默。

既然已经吐露了知心话，范德格里夫特就恨不得把五脏六腑都一块掏出来。他猛吸了一口雪茄："我可以一忍再忍，但不能宽恕南太平洋舰队和地区陆军司令部的悲观消极。陆战一师身陷重围，孤军奋战，可我们取得了一次又一次的胜利，海军为什么总是怕字当头，缩手缩脚？"

这个问题，尼米兹已有所考虑，但当着范德格里夫特的面，不能吐露太多细节，他只能安慰自己的爱将，表示将督促戈姆利尽快派出舰队向瓜岛提供支援。

第二天早晨，在奏响的美国国歌声中，尼米兹向陆战一师的有功官兵授奖。范德格里夫特获得一枚海军十字勋章，尼米兹接着又亲自把军功章佩戴到其他将士胸前。

授奖过程中发生了点小意外，当尼米兹把勋章别到一名军士的衬衣上时，这名军士突然昏倒，事后了解，原来是他看到四星上将亲自为自己授奖，太过激动所致。

尼米兹视察瓜岛的举动，毫无疑问大大提升了陆战队的士气，当然他知道这还远远不够，因此在离开瓜岛前，再次向范德格里夫特作出保证："我将以现有的物资，给你以最大限度的支援。"

第四章 / 流泪眼对流泪眼

亨德森机场是土跑道机场，它有两段跑道，一段是给一般飞机起飞的，上面铺着钢板，另一段是加长跑道，专供 B-17 使用，上面没有铺钢板，结果被日机炸得坑坑洼洼。本来海军修建大队已经填平，可是因为这两天一直下雨，跑道重又变成了烂泥潭。

在如此泥泞的机场起飞，B-17 的安全系数被打了一个很大的折扣，为了减轻飞机飞行时的负荷，范德格里夫特决定让尼米兹一行分乘两架 B-17 离岛。

尼米兹所乘的飞机先在金属跑道上滑行，之后进入加长跑道，可是飞机在即将滑行到跑道尽头时却没有腾空，这让机上的人大惊失色，一桶冰水从顶门直灌到脚底——跑道尽头就是陡峭的悬崖，掉下去必定是机毁人亡！

驾驶飞机的是一位富有经验的老飞行员，见状急忙进行紧急刹车，飞机在缓缓滑动一段后，终于横在了悬崖边上。

飞行员满头大汗，在机场上送别的范德格里夫特也看得瞠目结舌，几乎魂飞天外。过了好半天，他才清醒过来，赶紧派卡车上去，将飞机小心翼翼地拖回跑道。

当尼米兹爬出飞机时，他还是保持着自己一贯的从容和幽默："看样子是上帝要留我们吃午饭，那就不客气了，吃了饭再走。"

吃过饭，雨停了，机场的地面也变得干燥起来。两架 B-17 一次起飞成功，将尼米兹一行带离了瓜岛。

几天后，日军第二师团先遣队通过"东京快车"登陆瓜岛。

山中老虎

百武此次集结的军队，其主体便为第二师团。第二师团的征兵地在日本仙台，因此又名仙台师团。该师团有着极为显赫的战史，日俄战争期间，它因在弓张岭夜袭俄军而声名大振，因此自诩为具有世界水平的精锐部队。

1942 年 10 月 3 日晚，师团长丸山政男率第二师团先遣队登陆瓜岛，第二天与岛上的各路残兵会合。

丸山毕业于日本陆军大学，以精于谋划著称。在分析开往瓜岛的日军为何屡次受挫时，他除了得出失败原因在于轻敌的结论外，还明确判定，瓜岛飞机场乃双方争夺的核心。出兵之前，丸山曾告诫部下："诸位势必抱着必死的决心，夺取岛上的飞机场，这样才能战而胜之，否则我们谁也别想活着回来。"

丸山登陆后，看中了马塔尼考河西岸，想把那里作为后续炮兵部队的阵地，用以炮击亨德森机场。为此，他没有轻易向美军发动进攻，而是抽调一个步兵大队，对马塔尼考河西岸进行固守。

丸山的部署，很快引起了范德格里夫特的注意。范德格里夫特是这样一个人，牢骚归牢骚，打仗归打仗，他最初制订的"积极防御"计划，只是想将马塔尼考河西岸的日军赶得尽可能远一些，以减轻机场的安全压力，但在得到第十七军还可能大举起兵的情报后，便决定先下手为强，对西岸日军来个连根拔除，提前打乱日军的总体部署。

马塔尼考河西岸山高谷深，丛林密布，有利于守，而不利于攻。如果从正面强攻，不仅付出的代价太大，而且还不一定能够取胜，因此范德格里夫特决定采取迂回战术。

从 1942 年 10 月 7 日开始，陆战一师以营为单位分批迂回至马塔尼考河西岸，对日军进行分段切割和歼灭。前两批美军所遭遇到的敌军都不多，自然战果也不大，这让人很挠头：鬼子们到底都躲哪去了，如此神龙见首不见尾？

第三批过河的是"九·一五"时增援来的陆战队，其番号为陆战七团一营，营长为普勒中校。

普勒身材矮小，胸部宽大到与身高不称比例，因此被人劝称为"宽胸汉"。这位"宽胸汉"曾引起过尼米兹的注意，当尼米兹还是海军上校时，他碰到过一件事，有一名陆战队员在值班时睡觉，被人揭发了，而这名队员正是普勒的兵。

尼米兹把普勒找来，问他该如何处理。一般情况下，军官往往会为自己的士兵说情，以免自己及部队的利益受损，但是普勒的回答大大出乎尼米兹的意料，他斩钉截铁地说："上校，我的意见，是把这个狗娘养的开除。他在岗上睡觉就不能当陆战队队员，我不想再要他了。"

尼米兹由此对这位小个子军官刮目相看。"宽胸汉"也确实有两下子，他身经百战，尤擅长山地丛林战，过去在中美洲的尼加拉瓜作战时，曾获得"山中老虎"的绰号，与他为敌的尼加拉瓜反政府领导人甚至悬赏五千美元要买他的人头。

普勒一开始也没找到敌军在哪，后来在沿一条小路行进时，他发现崎岖不平的地面上忽然出现了两道深沟，沟里全是日军！

沟内日军构筑的是一个面向海岸的阵地，其后方没有设防，以至于对美军的出现毫无察觉。普勒见状，立即用无线电召唤炮兵，对东面沟内的日军进行覆盖式打击，同时集中迫击炮，用炮弹给西面沟内的日军另开染坊。

突如其来的炮击，令日军在沟内无处藏身，只得纷纷往坡上爬。陆战队的机枪在身后追着射击，打得日本兵像鲫鱼一样乱蹦乱跳。

丸山抽调的生力军，自然也绝不是那种"三打不回头，四打连身转"的软豆腐角色，如果他们不傻乎乎地搞什么"万岁突击"或自杀式冲锋，仅仅是躲在山坡单兵作战的话，给美军造成的杀伤同样不会小。第一次攻势，范德格里夫特组织了六个营参加，共击毙日军六百九十人，美军自己也战死了六十五人，所付出的伤亡代价，差不多接近于地狱点之役和"血岭"之役中阵亡人员的总和。

前台的动静，必然会牵动各自后援团的神经。1942年10月8日，"东京快车"做出了一个大动作。

因为山本发话，第八舰队翻出全部家底，舰队司令三川用六艘驱逐舰、一艘水

美军陆战队在瓜岛上使用的M-1型七十五毫米榴弹炮。它是美军在太平洋战争中常用的近距离支援武器，无论陆军还是海军陆战队都有装备。相对于较为笨重的大口径榴弹炮而言，七五炮具有小巧灵活的特点，更能适应地形复杂的岛屿战斗，同时威力又要强过迫击炮，若用于拔除一般的火力点不在话下，其炮弹甚至能将岛上巨大的岩石击成粉末。

上飞机母舰组成运输舰队，除载运第二师团主力外，还容纳了部分重炮、坦克、弹药以及医疗物资。

仍然是"快车"，可是快车与快车还不一样，这一次出动的是"高铁"！

甚至于，三川也一反常态，亲自坐镇旗舰"鸟海"号进行护送，如此八抬大轿式的高规格待遇，令曾对"东京快车"牢骚满腹的百武也感动不已。

仅隔一天，1942 年 10 月 9 日，美军运输舰队也驶往瓜岛，运输舰队包括两艘大型运输舰和八艘驱逐舰，载运了三千余名士兵。

离岛时发生的波折，让尼米兹更清楚地认识到守卫瓜岛的不易，如果陆战队不能得到强有力的增援，要顶住即将到来的大规模进攻，将非常困难。

一回到后方，尼米兹立即兑现对范德格里夫特的承诺，他致电美国舰队总司令欧内斯特·金，要求允许抽调驻防瓦胡岛的陆军第二十五师，理由是，日军要重新夺取瓜岛，不会再有余力向瓦胡岛等南部岛屿实施登陆作战。

得到欧内斯特·金的批准后，尼米兹随即下令南太平洋舰队担起运输和护航之责。在太平洋舰队的指挥纪要上如此记载："现在看来，我们无法控制瓜岛海域，运输舰队必须付出巨大的代价，才能保证亨德森机场防守部队的补给，局势确实严峻，但并非没有希望！"

戈姆利虽然意志消沉，但在顶头上司的严令下，也不敢怠慢，继"九·一五"之后的又一次大规模运输行动就此启动，而运输舰队所载士兵就是从瓦胡岛抽出的陆军第二十五师第一六四团。

美日两军都不知道对方具体的增援行动，但"狭道"就那么宽，一不小心就会撞到一起。1942 年 10 月 11 日上午，一架美军远程巡逻机发现了海面上犁过的长长航迹，马上意识到这是庞大的"东京快车"。接到警报后，负责为运输舰队护航的前卫舰队急忙朝萨沃岛高速前进，以便抢在日军前面布阵。

前卫舰队主要包括巡洋舰和驱逐舰，没有航母，但是它们却有一个突出优点，那就是具备夜战能力。

"黑眼睛"擅长夜战，曾让日本海军沾沾自喜，三川还凭借夜战在第一次所罗门海战中大获其利，可现在这已经不是他们的专利了。作为一支经过夜战强化训练的海军部队，美军前卫舰队指挥官斯考特少将曾仔细研究过日本人的夜战案例和经验，属下官兵也都掌握了夜战要领。

戈姆利深知斯考特舰队的潜力，他把该舰队置于前卫位置，就是希望他们能给"蓝眼睛"争口气："你们要搜索并击毁日舰、登陆艇，以进攻的方式来保护运输舰队安全卸载。"

斯考特刚刚晋升为少将，他自己也非常想与日本人在夜战中一决高下。当晚9点，在前卫舰队到达铁底湾后，斯考特下令四艘巡洋舰上的侦察机起飞，对日舰进行搜索。

就在起飞过程中，一架飞机突然发生照明弹事故，机身燃起大火，火光照亮了黑沉沉的海面。夜战要的就是我能看到敌，敌看不到我，这下可好，全暴露了，斯考特两手冰冷，叫苦不迭。

一慌就没章法

为"东京快车"提供掩护的五藤支援群正转向萨沃岛以南水道，准备从海上对亨德森机场给予摧毁性攻击。

斯考特舰队与五藤舰队其实相距很近，仅约五十海里，那些日军船员一个个都把眼睛瞪得跟猫眼似的，美机自燃的大火没能逃过他们的视线。

不过也仅仅是一团火而已。虽然日军在鱼雷等少数领域处于技术领先地位，但总体而言，其军事技术并未能达到西方水准，日军的军舰上都没有安装雷达，必须用肉眼才能进行观察和搜索。在能见度极差的暗夜，船员们的眼睛就是再贼，也没法隔着五十海里的距离发现美军飞机和舰船。

在日军舰队指挥官五藤存知的概念里，美军是不擅夜战的，怎么敢晚上跑出来找人单挑？他判断，这团火，应该是登岛先遣队在海滩上点起的篝火信号。

日舰尝试向"先遣队"打个招呼，闪光灯闪了半天，对方迟迟都未予以作答——日舰的闪光灯亮度不够，加上海面雾气浓重，导致美军也没有发现对方。

怎么搞的？有人对"篝火"产生了怀疑，但是五藤的态度始终如一：别说不可能是美军舰队，就算是，那也是他们自寻死路，吾可趁机聚而歼之。

斯考特以为坏事了，可是一切风平浪静。就在这种双方都稀里糊涂的状态中，两支舰队越靠越近。

打夜战，美军还拥有更胜一筹的技术优势。斯考特舰队安装了最新式的SG型雷达，这是美国海军装备的第一种微波对海搜索雷达，就在舰队相距六海里时，SG牢牢地捉住了目标。

斯考特血脉偾张，他下令各舰鱼贯而行，相继转向。

假如这个时候五藤火眼金睛，认出美军，斯考特舰队就完了，因为这种转向动作既妨碍自身舰炮发挥火力，又会给日军提供一个固定的瞄准点。

五藤如在梦游。美军顺利地完成动作，保持单纵队队形的几艘巡洋舰从五藤舰队的正前方穿过，占领了极为有利的"T"字横头阵位。

当距离四千五百五十米时，斯考特舰队发动了凶猛炮击，照明弹和准确的炮火使得日军连眼睛都无法睁开。五藤的旗舰"青叶"号重型巡洋舰驶在舰队的最前面，率先遭到几艘美舰的集中轰击，在被一发炮弹击中后，"青叶"上腾起了一团火球。

五藤就像是第一次所罗门海战的美军指挥官，他误以为袭击者是己方日舰，因此恼火不已。"青叶"不断地向美舰发信号示意，当然引来的只可能是更为猛烈的射击。

五藤的双脚被炸飞，因流血过多而死，令人哭笑不得的是，即便在临死前，他还认为是被友舰误击，嘴里一直咬牙切齿地骂着："浑蛋，蠢杂种！"

海上夜战，确实最头痛的就是无法分清敌我。有一艘舰船与美舰呈平行航行，大家一直都搞不清它的身份，开炮不开炮都不好，后来这艘身份不明的神秘舰船自己打出了灯光，美舰由此认出它是日军驱逐舰"吹雪"号。

"吹雪"已经被打得破烂不堪，采用信号灯是要想寻求友舰的庇护，没想到却因此招来杀身之祸——所有美舰全都对着它一顿猛打，炮弹铺天盖地射过来，

舰炮射击

仅仅两分钟之内，"吹雪"就完结掉了。

战到中途，斯考特也犯了错，他三度命令舰队打开识别灯，以整理队形，而这恰恰给溃不成军的日军舰队提供了喘息之机，随后在追击时，又遭到了不小的损失。

此战被日方称为萨沃岛海战，日军在海战中沉没巡洋舰和驱逐舰各一艘，损伤巡洋舰两艘，美军沉没驱逐舰一艘，损伤驱逐舰一艘、巡洋舰两艘。自第一次所罗门海战以来，萨沃岛南端的沉舰之多已经到了令人咋舌的程度，"铁底湾"的大名算是坐实了。

仅看战果统计数据，美日两军基本上是不相伯仲，但对美军来说，其意义非同一般，因为萨沃岛海战起码创造了两项纪录：一是首次击溃"东京快车"的火力支援群，二是彻底打破了日军"夜战不败"的神话。

消息传出，南太平洋盟军的士气为之一振，而日本海军则十分沮丧，他们对此所做出的解释是："天公抛弃了我们！"

萨沃岛海战如火如荼之时，各自的运输舰队都在加紧卸载，看上去各干各的，两不耽误，而登陆部队的不断涌入，又反过来刺激了岛上的人。范德格里夫特决定发动第二次攻势，针对之敌仍然是盘踞在马塔尼考河西岸的日军。

经过几番交手，范德格里夫特就好像是孙悟空在铁扇公主的肚子里走过了一遭，没有什么摸不到，也没有什么猜不着，他已经完全掌握了日军指挥官的心理和作战特点，

一言以蔽之，慌啊，一慌就没章法，一没章法，就有机可乘。范德格里夫特再次集中了六个营，其中三个营在东岸大张旗鼓地做渡河准备，让鼓噪声高到日军捂着耳朵都听得见。

就在日军以为陆战队要从正面突击时，另外三个营依旧实施迂回，在悄悄地渡过河之后，从未设防的日军背后发起猛烈炮击。

第一次攻势时的场面又出现了，不过这次因为地形原因，爬出壕沟的日军无坡可爬，只能朝开阔地乱串。美军的三个营早就等着了，他们用自动火器迎头射击——不摆布到你们见神见鬼，大约也不晓得一个怕字！

在强劲的火力面前，日军失去了任何逃生的可能。至此，曾被丸山寄予厚望的生力军被清除得一干二净，整整一个步兵大队全军覆灭。

因为在马塔尼考河发生了两次激战，这条小小的丛林河流也像"血岭"一样，在美国报纸上大出风头，成为许多美国读者所熟悉的一个地名。

乞丐兵

"东京快车"仍在不停运作。1942 年 10 月 9 日午夜，日军运输舰队运来六千人，随这批士兵登陆的，还有百武及其幕僚。

那个"比甘地还瘦"的川口早就回到了拉包尔，这次他也和辻政信等人一同前来。川口重返瓜岛，不知有何体会，反正百武一踏上海滩，就觉得远处的山脉阴森森的，看上去触目惊心。

惊心故事从近处就开始了。运输舰队正在卸货，突然从丛林里钻出了一群日本兵，这些兵个个衣衫褴褛，蓬头垢面，状若乞丐。

"乞丐兵"说要帮着卸货，水兵自然无法拒绝，可是没想到他们乘人不备，扛起一包大米就跑。别看"乞丐兵"形同枯槁，走路都直打晃，跑起来却挺快，任你在后面怎么吆喝制止都没用。

"乞丐兵"越来越多，原先还只是偷拿，后来就变成了公然的哄抢，有人都等不及跑到林子里再拆包，在卸货现场就撕开大米口袋，抓着生米往嘴里塞。"乞丐兵"中也有带队军曹，但他们大多袖手旁观，不管不问。

水兵们从未见识过这种如越狱强盗一般的阵势，全都傻了，场面一时失控。

海滩上发生骚乱的时候，正好辻政信蹚水上岸。一看如此情形，辻政信首先按捺不住，当下一点红从耳畔起，一股无名火腾地蹿上了脑门。

辻政信并不是不清楚岛上的现实状况，要不然也不会在晋见山本时抹眼泪了，他甚至知道海军的水兵们为什么会看得目瞪口呆。简单来说，就是日本海陆军的待遇太过迥异了。山本的"大和"舰

日军在岛上的生活已接近于原始状态，还得自己制作鞋子穿。

被外人唤作"大和饭店"。那次晋见山本后，辻政信被留在"大和饭店"吃了顿饭。这顿晚饭并不是什么高规格，也就是一般海军官兵的待遇，但在辻政信眼里已经十分讲究：在日本传统式的黑漆方盘里，分别放着生鲫鱼片、咸烤鲫鱼片，还有冰镇啤酒……

这些食品，陆军是想都不要想。正常情况下，一般日本陆军士兵都只有每人一菜一汤的野战伙食，大名鼎鼎的板垣征四郎在担任第五师团师团长时，其饭菜的数量和质量也并不比一般士兵要精美多少。如果说有特殊之处，就是可以随意地抽烟喝酒，酒通常是日本本国出产的"贺茂鹤"清酒，乃战地慰问品，唯这一项，才能多少凸显出进餐者的特殊身份。

辻政信自号"苦行僧"，当然更没吃过什么好的，他一边狼吞虎咽，一边情不自禁地对陪他共餐的副官说："海军够奢侈的了。"

朱门酒肉臭，路有冻死骨，但是在看到自己的陆军子弟饿到不惜哄抢粮食时，辻政信表现出来的却不是同情，而是切齿痛恨，因为他觉得在海军面前丢了脸。

什么叫大恶人，嘴甜心苦、两面三刀是这一类型人物的典型特征，你别看辻政信当着山本的面会把瓜岛官兵说得凄凄惨惨，甚至于自个儿都掉了眼泪，其实他压根就不把前线士兵的痛苦当回事，那纯粹就是为了达到目的在做戏。

除了要挽回面子，辻政信还想在士兵们面前摆摆"钦差大臣"的威风。在这种心理的驱使下，他拔出手枪，两枪便打死了一名"乞丐兵"军曹。这一招可谓立竿见影，比所有说服教育都更管用，正在抢粮的放下了米袋，想要跟着上的也都立住了脚，怔怔地看着面前这位凶神。

川口听到枪响，赶紧跑上前去厉声责问："谁在暴露目标，不怕美机来轰炸吗？"

辻政信气愤地挥舞着手枪："是我！你看看，太不像话啦！"

再怎么不像话，也不至于随便开枪杀人吧？川口曾血战瓜岛，对遗留岛上的残兵，自然饱含感情。他压住辻政信的手枪，问道："你们是哪一部分的？"

见川口的军衔比辻政信大，而且态度似乎大不一样，一名"乞丐兵"双目泪流，跪倒在地："我们是一木支队的残部，请您高抬贵手，弟兄们已经十几天没吃上粮食啦！"

其他士兵也都一边哭一边跪下来自报家门。这些"乞丐兵"里面，不仅有最早登陆瓜岛的工兵，还有一木支队、川口支队残部。

看到面前站着的就是川口本人，川口支队的士兵更是泣不成声："我们是您的部下啊，将军！"

在如此情境下与旧部相逢，那正是流泪眼对流泪眼，断肠人遇断肠人。川口鼻子一酸，他赶紧将士兵们逐个扶起："大家都起来，你们跟着我川口受苦了。快叫你们的长官来，给每人发一份口粮。"

辻政信冷冷地注视着这一幕，他演苦情戏演惯了，便以为别人也都是戏子，后来看到川口真要发粮，才发现不对劲："川口将军，你不能擅自作出决定。抢劫军粮要受军法处置，我要把他们（指抢粮士兵）送交军法处。"

川口闻言大怒，他从心底里鄙视这个手伸得过长的家伙："收起你的手枪吧，人都要饿死了还不放过，我命令你离开这里。"

川口是少将，辻政信只是中佐，差两级呢，辻政信不能不服从："好吧。我要向百武司令长官汇报。"

那意思就是，等着，我会找你的老大来修理你。说完，辻政信行了个军礼，拂袖而去。

1942年10月10日晨，百武将川口叫到司令部，责问他为何军纪不严，还怂恿部下抢劫给养。

川口一听就知道辻政信告了黑状，他没有立即为自己分辩，而是在吃过早饭后，请百武视察前线，顺便慰问一下川口支队残部。

正好百武也想到前线看看。在大部队到达之前，加上第二师团先遣队，岛上日军加起来已有九千人，比参加第二次总攻击时的川口支队还要多，可是百武得到的报告却是，范德格里夫特仅仅发动二次攻势，就给马塔尼考河西岸的日军来了个连锅端。

百武不明白，丸山既然如此重视他所选定的炮兵阵地，为什么只派一个大队，而不是把那九千人全都压上去呢？

带着这个疑问，百武来到了前沿阵地。听说军司令官亲自来看望他们，川口支队的官兵都颤颤巍巍地走出来排队迎接。看到他们，百武简直不敢相信自己的眼睛，天啊，这是一群什么样的人：脸色蜡黄，眼睛凸出到一种恐怖的程度，头发、眉毛

日军每天在岛屿的犄角旮旯里寻找食物，但即便找到几串香蕉也不容易。

甚至眼睫毛都在脱落，说句不客气的，他们不用化妆，就是一个个活脱脱的瓜岛鬼魂。

面貌体形的脱离常轨，显见得是身体严重缺乏营养之故。一名大尉出列介绍，他的部队连战死带饿死，没剩下几个人，剩下来的人也只能靠野菜和树皮充饥，"抢粮食固然不对，但总得活下去，请尽快拨给食物和药品，好挽救士兵们的生命"。

在这名大尉之后，又有一个小队长出列报告。大尉是光着膀子，骨瘦如柴，与大尉相比，小队长同样是衣不遮体，他的肋骨突出，牙齿松动，一看就知道在岛上遭了无数的罪。

据小队长说，他的小队已经整整一个月吃不到粮食了，由于饿得实在太惨，现在连喝口海水都会觉得甜滋滋的，可是大家又不敢随便喝海水——喝了海水会拉稀，拉了稀就没力气，许多人蹲着蹲着就再也起不来了。

美军陆战队过得也算是苦了，可跟同岛而居的日本兵相比，简直好像置身天堂。

百武的眉头皱到能打结，他没想到瓜岛日军的补给状况已落到这步田地，同时他也终于搞懂了为什么丸山师团长没法用足全力：看看这些可怜的士兵，活下来就算是奇迹，哪里还能打好仗，先前的岛上日军说是有九千，真正有战斗力者却不超过五千。

从情感上来说，百武和川口以及第十七军的官兵才算是一堆儿，让政信怎么着都是外人，当然不可能胳膊肘往外拐，再一瞧这境况，他就全明白了。

百武向残兵们慷慨许诺："让天皇的士兵落到这种地步，实在是我这个司令长官的过错。不过请大家再坚持一下，我会尽快把食物和药品送来，等拿下机场，立即用飞机把你们送回国内休养。"

通过视察，百武认识到，加快补给已是刻不容缓。一回到司令部，他就致电拉包尔基地："瓜岛局势远比预计的严重，请加快速度派增援部队和运送给养。"

洁癖狂

　　继重创第二师团先遣队，解除马塔尼考河西岸对机场的威胁后，范德格里夫特和陆战队继续迎来好消息。1942 年 10 月 13 日上午，特纳率领的运输舰队驶抵瓜岛，将所载运的第二十五师第一六四团官兵及给养辎重送上了岸。

　　范德格里夫特的喜悦心情并没能维持太久，当天夜里，被他列为防守关键的亨德森机场便遭遇了飞来横祸。

　　袭击亨德森机场的是联合舰队。萨沃岛海战让山本颇有挫折感，似乎第一次所罗门海战那样的景象再也不可能复现了。在一封他致友人的信件中，山本沮丧和悲观的情绪尽现："这里诸事相当棘手，非短期内所能奏效。"

　　事已至此，山本也只得"破釜沉舟，背水一战"，他想到要发挥一下战列舰的威力。

　　日军战列舰的魁首，非"大和"莫属，所以当山本向辻政信表示，他要让"大和"开赴瓜岛，以掩护陆军的登陆作战时，着实把个辻政信给激动了一下，但是其实，山本根本就不可能派"大和"。

　　作为联合舰队的旗舰，山本的指挥之地，"大和"已成为日本海军的象征，联合舰队自身也把"大和"捧上了天。中途岛落败之时，各舰都在努力收容伤员，可是联合舰队的幕僚们就是不让"大和"掺和进去，就连相当一级军官的指挥官，都别想踏上"大和"的甲板。问为什么，说是怕山本看到伤员们血肉模糊的悲惨情景，以致影响他指挥作战的情绪和决心。

　　"大和"几乎已变成了联合舰队的洁癖狂。草鹿总没有血肉模糊吧，他在"大和"

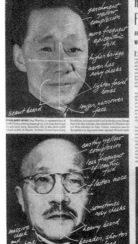

　　美国《生活》杂志刊登了一篇非常有趣的文章，介绍如何才能在战争中区分友好的中国人和敌对的日本人。图中左上和右下都是中国公务员，但这种脸型经常会被错认为是日本人。这篇文章告诉读者，区别的办法之一是看面部表情，中国人宽容平和，日本人严肃紧张，典型如东条英机（图中左下），即便你对着他猛逗硬煽，他看你的眼神还像在看弹棉花，而且不会露出一丝笑意，无趣到你都忍不住想揍他。

汇报战况后便匆匆返回"长良"号,一分钟也不敢在"大和"多待。这又是缘于什么呢?缘于草鹿是败军之将,待多了,会给山本和"大和"带来晦气,你说这都扯蛋和迷信到什么地步了!

山本"指挥作战的情绪和决心"没见好到哪里去,不过江湖规矩却是立下来了,连军令部都直接下令,要求不许出动"大和"。

当然了,像"大和宾馆"这样的,本身也是个绣花枕头式的累赘,一旦出动,不但要耗费很多燃料,而且也起不到多大作用。山本的想法是,不到万不得已,绝不轻动。

什么时候是万不得已?差不多是永远。"大和"始终停泊在特鲁克岛,样子是随时要参战,但又随时都不会参战。

很多时候,假话总比真话讨巧,这叫十天卖不完一担针(真),一天便可卖掉一担甲(假),山本把辻政信都给忽悠了,确实称得上是高手中的高手。

既然"大和"仅供忽悠,就只好让其他战列舰出战了,山本派的是高速战列舰"金刚"和"榛名"。

"金刚""榛名"分配到的活,是接过五藤舰队的枪,继续炮轰亨德森机场,这也是历史上第一次用战列舰来轰击机场这样的目标。山本还规定,炮击过程中,一旦"金刚""榛名"中的任何一艘被美军潜艇或驱逐舰击中,就要想办法抢滩搁浅,船员作为海军陆战队直接登陆作战。为此,每个船员都配发了一支三八大盖。

接到山本的命令,两艘战列舰所在战队的司令官栗田健男两只胳膊都软了,半天说不出一句话。

就在美军运输舰队驶抵瓜岛的前一天,美军驱逐舰牵引着四艘鱼雷快艇到达图拉吉岛,并在那里建立基地。栗田是一员老资格海军战将,他知道基地的建立是一个象征,标志着美国海军不会再对夜间的"东京快车"视而不见。

对"东京快车"都要采取措施,你轰击机场,美国人能放过你?没准"金刚""榛名"就要重复五藤舰队在萨沃岛海战中的悲剧了。

栗田有个比喻,山本策划的这次行动,相当于是"给猫脖子系铃铛",要多危险就有多危险,它是自杀行动,也是"穷途一策",实在没办法了,才出此下策。

尽管栗田有抵触情绪,但军令难违,他还是率领以"金刚""榛名"为核心的舰队出发了。

小巫见大巫

　　1942 年 10 月 13 日下午，日军对亨德森机场展开了两次大规模空袭。空袭摧毁了停在地面上的飞机，机场上的五千加仑航空用油着火，主跑道和刚刚竣工的战斗机辅助跑道都暂时陷入瘫痪。

　　海军修建大队即刻投入抢修，他们填补弹坑的速度，甚至快于弹坑形成的速度，可是到了晚上，弹坑形成的速度，又远远超过了填补弹坑的速度。

　　午夜，栗田战队到达"铁底湾"。之前栗田设想了很多恐怖的场景，但是当天晚上这些场景都没出现，美军的护航舰队送完登陆部队就走了，"铁底湾"并无任何美军战舰对他们形成威胁。

　　这下子日本人高兴了。栗田战队先派出舰载侦察机，在机场上方投下照明弹，照明弹将机场照得如同白昼，目击者形容，整个景象使得东京举行的烟火大会也只能沦落为小巫见大巫。

　　随后是对弹道进行校正的曳光弹，校正完毕，"金刚""榛名"展开雷鸣般的射击，其他担任护卫的巡洋舰和驱逐舰也向机场发射了口径较小的炮弹。

　　半个多小时过后，"金刚""榛名"暂停炮击，作 U 字形转变，以便掉过头来再度发力。趁此机会，美军陆战队在探照灯的协助下，开始用重炮进行反击。

　　这些重炮是珍珠港事件后，从被击毁的战列舰上拆下的副炮，特地拿来配给了海军陆战队。从这个意义上来说，它也是自美西战争以来，美国海军战列舰的舰炮第一次

"金刚"号战列舰。日本十二艘战列舰中最老的战列舰。它和"榛名"一样，原先都属于战列巡洋舰级，后被定位为高速战列舰，其中"金刚"是一号舰，"榛名"是二号舰。到瓜岛战役时，两舰都已是使用了接近三十年的老舰，但十四英寸的主炮仍具有巨大破坏力。

向敌军战列舰开火。

可惜的是，纪录创造得不算完美，由于"金刚""榛名"处于射击死角内，美军重炮一发都没能命中，反过来，"金刚""榛名"开始用副炮来轰击美军的探照灯阵地。

就在这时，图拉吉基地用于保卫货船的那四艘鱼雷快艇闻声出港，并冲向栗田战队，以寻找战列舰进行攻击。夜色中，焦急万分的快艇小队产生了一个错误，他们误将"金刚"右侧驱逐舰激起的长波，当成了战列舰的舰首波，于是全部向这艘驱逐舰高速逼近。

栗田战队仅护卫驱逐舰就有九艘，打这区区四艘鱼雷快艇，不过是小菜一碟，即便它们不主动迎战，只是排起队来对战列舰进行遮护，鱼雷艇也只能在外围"像狗一样徒劳地乱咬一通"。可是栗田却莫名其妙地紧张起来，他把四艘鱼雷艇当成了对军舰有致命威胁的潜艇，还未判断岸上的损害程度，即下令终止轰击，然后向北高速奔逃，撤出了战场。

战列舰被鱼雷艇追得满世界跑，称得上是世界海战史上的一大奇闻，自此，栗田便成了日本海军将领中尽人皆知的胆小鬼，人送绰号"逃之栗田"。

像这样的行为，本来是要受处罚的，但是陆军却对栗田褒奖不已，称他是"海军英雄人物"。当栗田战队炮击瓜岛时，日军士兵纷纷欢天喜地，击掌庆贺，百武特地给海军发去密电，称："两艘主力舰的炮击，胜过野炮千门。"

既然在陆军面前挣了脸面，山本也就没有再对"逃之栗田"进行追究。

百武的评价倒非过誉。在长达一个半小时的炮击中，"金刚""榛名"共向亨德森机场倾泻了九百一十八发大口径炮弹。直到"二战"结束，"榛名"还有一颗未爆炸炮弹遗留在岛上，结果被登岛凭吊战场遗迹的日本人发现并运回日本国内，至今仍陈列在日本海上自卫队干部学校的校园里。

在摧毁性弹雨的泼洒下，亨德森机场成了一片火海，有如炼狱一般。机场及周围的美军四散奔逃，到处寻找隐蔽物，有人因受惊吓过度，竟然当场在轰击区域的中央跪下，向上帝做起了祈祷。

不过美军的人员损失倒不如想象中那么大，一共有四十一人被炸死，损失最惨重的还数战略物资和武器：飞机跑道上的钢板像卡纸板一样被撕得粉碎，机场主跑道面目全无，仅战斗机跑道可勉强使用，岛上的"仙人掌航空队"原有九十架飞机，损失了六十五架。

与之相比，白天的那点损失简直微不足道。由此，百武对战果的满意也就完全可以理解了——还要费尽心机，去马塔尼考河西岸占据炮兵阵地干吗，让海军从海上直接轰击，几多爽利，几多惬意。

栗田旗开得胜，其他战队也跃跃欲试。1942 年 10 月 14 日夜，三川亲自指挥第八舰队，以"鸟海"等两艘重型巡洋舰突入"铁底湾"，再度轰击机场，共发射重炮炮弹七百五十发。

第一次得手，叫运气；第二次得手，就是实力。山本认为美国人在瓜岛快招架不住了，只要他再用重锤一敲，必然全线崩溃。

山本的目标当然不仅仅是一座瓜岛，就像当年的中途岛战役那样，他是要鱼与熊掌兼得，在占领瓜岛的同时，还能捉住美国海军主力。

主意一定，山本立即调兵遣将，他派出了自中途岛战役以来最强大的阵营，其中包括五艘航母、四艘战列舰以及数量众多的巡洋舰和驱逐舰。

1942 年 10 月 15 日上午，近藤舰队封锁了所罗门群岛的全部入口，接着，它又在瓜岛附近袭击了一支美军护航运输舰队，除迫使运输舰返航外，还击沉了一艘美军驱逐舰和一条拖船。到了晚上，两艘日军重型巡洋舰又在"铁底湾"重复了前两天的故事，将一千五百发重炮炮弹扔进亨德森机场。

连续三天的轰击，把亨德森机场翻了三遍，就连昼夜二十四小时运转的"海上蜜蜂"也兜不住了，机场基本陷入瘫痪状态。"仙人掌航空队"剩下的飞机中，只有六架轰炸机和五架战斗机能派上用场，由于库存的航空汽油已被全部烧毁，飞行员不得不拿出虹吸管，从被打坏的飞机里吸出最后一滴燃料，以便能够继续飞行。

运输机和潜艇还能为"仙人掌航空队"提供补给，但是杯水车薪，一架运输机所载运的燃料，不够十二架"野猫"式战斗机飞一小时，潜艇所载运的汽油和炸弹，也极其有限。

相反，日军却利用所夺取的制海权、制空权，打破以往惯例，连续组织"东京快车"向瓜岛运送部队和辎重。10 月 14 日、15 日，两天之内，日军共向岛上输送五千五百人和数门重炮。百武、丸山也把势力重新扩充到了马塔尼考河西岸。

日本海陆军的联合进攻难得地达到了佳境。让政信兴奋不已："第十七军和联合舰队同心协力，极好。据我的经验，这是大东亚战争开始以来的第一次。"

从日军大本营传出的，也全是乐观的声音："把美军赶出所罗门的日子已经为期不远了！"

走马换将

一边是己方补给被切断，忍受着供给不足和士气不振的双重折磨，另一边是敌方数量急剧增加，百武虎视眈眈地准备发动最后进攻，范德格里夫特备感压力，他知道，瓜岛战事已进入了生死存亡的决定性时刻。

1942 年 10 月 15 日，范德格里夫特致电尼米兹，认为只有采取紧急措施才能缓解当前危机。

范德格里夫特建议采取两项措施，一是掌握并保持对"铁底湾"的控制，阻止日舰在晚上的连续轰击；二是增援至少一个师的地面部队，以歼灭集结在机场附近的敌人。

范德格里夫特的这份电报以及局势的低迷，使尼米兹显得心情沉重，忧心忡忡。萨沃岛海战刚让他看到了一点希望，南太平洋舰队就又变得萎靡起来，日本人不仅夺取了瓜岛的控制权，而且变本加厉地对海上运输线进行封锁，等于是掐住了瓜岛美军的咽喉。

亨德森机场被摧毁的轰炸机

前线的范德格里夫特有多大压力，身处后方的尼米兹也感同身受，甚至会加倍，因为他还必须对全局的成败负责，"局势并不是毫无希望，但肯定非常危险"。

才几天工夫，这位太平洋舰队司令已判若两人。因为患有神经性紧张的病症，尼米兹的一只手会不停地微微颤抖，在打靶场打过一场手枪后，本来已有所控制，如今这个老毛病又复发了，就连向来炯炯有神的蓝眼睛，也似乎变成了暗淡无光的深灰色。

无论有多难，都不能退缩，尼米兹鼓励部下："瓜岛的局势确实严峻，但我们历经挫折，日本人也同样狼狈不堪，精疲力竭。关键在于谁能坚持下去。"

作为缓解危机的第一个举措，尼米兹通过欧内斯特·金，从美国政府得到了尚方宝剑式的授权，即他从此可以"先斩后奏"，在事前不与美军参谋长联席会议商量的情况下，就能从太平洋其他基地抽调飞机，以增援包括瓜岛在内的所罗门群岛。

范德格里夫特要求的援军也可以解决，登岛的陆军第一六四团只是第二十五师的先遣队，后续的第二十五旅已处于一级战备状态，随时可以开往瓜岛。

现在的问题是，如果美国海军不能夺回制海权，无论提供补给还是增派援军，一切都无从谈起。

要夺回制海权，就必须走马换将，瓜岛战事落到这个地步，指挥官不得力可以说是一个重要因素。几个指挥官里面，尼米兹对范德格里夫特毫无疑问是满意的，指挥输送舰队的特纳算是居中，位于满意到不满意之间，让尼米兹最不满意，也越来越无法容忍的，是南太平洋舰队司令戈姆利。

戈姆利是一位老资格的舰队指挥官，其指挥特点与弗莱彻类似，谨慎有余，魄力不足，尤其在两军对峙阶段，戈姆利豁不出去，不敢打大仗、硬仗、苦仗，而以这样一种精神状态，实在难以激励部属们勇往直前、奋战到底，用尼米兹的话来说，正是因为处于困难时期，所以"任何悲观失望的情绪都是不能容忍的"。

1942年10月15日晚，尼米兹召开特别会议，对此进行讨论。他问与会的每一个人："现在是调走戈姆利将军的时候吗？"

所有人的回答都相当一致："是。"

戈姆利是换定了，那么由谁来接替呢？斯普鲁恩斯倒极有资格掌印，中途岛一战，他表现得太完美了，几乎可以说无可挑剔，但这时斯普鲁恩斯已调任太平洋舰队参谋长，天天帮着尼米兹出主意、想办法，暂时不可能调职。

经过反复研究，大家推荐出两人，其中一位是绰号为"怪物"的特纳。特纳是个猛打猛冲的勇战派将领，但他属于冲动性格，遇到情况不够冷静，喜欢大喊大叫，因为性格过于火爆，他指挥的运输舰队和陆战一师有摩擦，他本人与范德格里夫特也有过多次争吵。

显然，特纳不是南太平洋舰队最合适的领导者。未来替代戈姆利的人，必须是一个能协调好海军和陆战队的关系，同时也敢打敢冲的将领。

尼米兹在会上没有当场表态，但他内心倾向的是第二个推荐人选，他认为完全符合以上条件。

最烫手的马铃薯

这个人就是有"蛮牛"之称的哈尔西。

哈尔西的好斗性格在海军里是有名的，珍珠港事件爆发前，哈尔西奉命去威克岛运送飞机。临行前，他向当时的太平洋舰队司令金梅尔请示："战争迫在眉睫，如果遭遇日本舰队，我怎么办？"

金梅尔给了一个模棱两可的答案，让他酌情处理。哈尔西的理解就是发布作战令，要求全体官兵严阵以待，路上要么不遇日舰，一旦遇上，立即将其击沉。

幕僚长提醒他："你知道这项命令意味着战争吗？"哈尔西以不容置疑的语气说："如果发现敌人过来，就先发制人。有什么争论以后再说。"

哈尔西的敢作敢为，也帮助尼米兹在上任之初站稳了脚跟，关于这一点，尼米兹永远感激自己的老朋友，哈尔西成为他手下不可多得的一员虎将兼爱将。

宣誓就任南太平洋舰队指挥官时的哈尔西（左）

中途岛战役，尼米兹本来想授命哈尔西，不巧的是哈尔西正好生了皮炎病，不得不惜别战场，现在病情早已痊愈。

哈尔西回到珍珠港的第一天，忙得不可开交的尼米兹专门抽出时间，亲自陪同哈尔西视察了正在检修的"企业"号航母。他通过扩音器大声宣布："朋友们，我告诉你们一个好消息。比尔·哈尔西回来了！"

一听到哈尔西的名字，水手们立刻爆发出欢

呼之声。哈尔西十分感动，禁不住热泪盈眶。

人事安排的实施不是一件容易的事，不是尼米兹硬性发布一项命令就能搞定，必须等待一个机会。尼米兹像明星一样介绍哈尔西的回归，都是在重塑哈尔西在海军官兵中的形象和影响力，毕竟这位老兄离开前线有一段时间了。

现在这个机会来了。尼米兹果断决定由哈尔西接替戈姆利，提议上报欧内斯特·金后，很快得到了批准。

尼米兹也深知，作为一个具有相当资历和地位的海军将领，会因此受到多大的心理打击。他字斟句酌地拟定了一份电报给戈姆利："战争是残酷的，我必须从整个海军中去寻找一个最适合处理那种情况的人……"

其实早在尼米兹视察瓜岛之前，他就感到戈姆利难以应付这场使人筋疲力尽的战役，但出于种种因素的考虑，他当时没有轻易换人，现在这个决定也是长时间苦思冥想的结果。

做出决定之后，尼米兹反而觉得轻松多了。他相信戈姆利不会怀恨在心，两人的友谊也不致因此受到影响，因为他个人对戈姆利并无任何成见，换将只是战争需要，"每个军人都应懂得，国家利益高于个人利益"。

1942 年 10 月 18 日，正在南太平洋巡视的哈尔西收到了一个密封信封。他撕开信皮，发现里面还有一个注着"机密"二字的信封。

打开一看，是尼米兹发来的一封电报，上面任命哈尔西接替戈姆利，出任南太平洋地区兼南太平洋部队司令。

哈尔西对此毫无心理准备，他惊讶地叫起来："上帝呀，这是他们交给我的一个最烫手的马铃薯了！"

马铃薯有多烫手，对瓜岛形势已了然于胸的哈尔西再清楚不过，这应该算是整个盟军中最艰巨的一项任务了。即便尼米兹可以"先斩后奏"，他所能抽调的力量也无非是局限在太平洋这张盘子里，那么太平洋的盘子又有多大呢？几乎太平洋舰队的每个官兵都知道，"欧洲是华盛顿的宠儿，南太平洋不是嫡生的"，南太平洋舰队自成立起，就受缺少舰船、兵员和补给之苦，如果说已被免职的戈姆利有什么不服，大致也就起因于此。

虽然明知使命艰巨，但哈尔西仍坚决地执行了尼米兹的命令。当他到南太平洋舰队的基地努美阿赴任时，前任戈姆利已经站在甲板上迎接。

哈尔西与戈姆利也是老朋友，在这种情境下见面，着实令人有些尴尬，双方的表情都显得有些不自然。

戈姆利对哈尔西说："这是他们交给你的一项艰巨任务。"

哈尔西点点头："我完全知道，希望你能给予协助。"

哈尔西真心希望得到戈姆利的帮助，可是他很快就失望了，倒不是戈姆利心胸狭隘，而是实在提供不出来。哈尔西发现不管是戈姆利本人，还是戈姆利的幕僚人员，都喜欢把自己埋在文件堆里，很少离开办公室，同时也不善于听取来自前线的汇报，对瓜岛局势的第一手情况自然所知甚少。

1942年10月18日，哈尔西在努美阿宣誓就职，同时给范德格里夫特发报，要他一旦条件允许，马上来基地汇报情况。

丸山道

截至10月17日，日军在瓜岛的兵力已达十五个步兵大队，计两万两千人，拥有二十五辆战车和一百余门火炮。大战的硝烟正在扑面而来。

不过到任何时候，日本陆军的战术似乎就只有三板斧。百武并没有真正从一木、川口支队的失败中吸取教训，他仍然沿用了一个月前川口用过的那一招，即迂回合击。

迂回合击不是说不好，要看实际情况如何以及是否适用，遗憾的是，百武对美军兵力的真实状况两眼一抹黑，其做法不过是把一只早就做好的模具直接套上去，至于套得上套不上，大小是否合适，完全不管。

"血岭"之役时，川口实施了三路合击，百武也原封不动地照搬了过来，并确定10月20日前迂回到位，向亨德森机场发起总攻。

硬要说有区别，就是进攻的主角，由川口支队主力换成了第二师团主力，同时名为"X夜"的进攻方案，也由辻政信负责执笔。

1942年10月16日，丸山率部进行迂回。当初川口行军迂回足足用了三天，皆因雨林难以穿越之故，这次丸山提前派师团工兵在原始森林中开辟小道，还以他自己的名字命名，称为"丸山道"。

第一天行军，主要是穿过椰林和荒秃的高地，大家还觉得很轻松。丸山手拿一根白色手杖，走在了队伍的前面，显得很意气风发的样子。第二天部队便进入了奥斯腾山，也就是百武初登海滩时，从远处看到的那座"阴森森"的大山。

在奥斯腾湿漉漉的丛林里，先头工兵已经开好了"丸山道"。丸山以为自己布了个先着，却不料这一着布与不布，好像都没太大区别——"丸山道"只是一条仓促弄出来的土路而已，很多地方甚至连树木都没砍干净。由于害怕暴露后遭到"仙人掌航空队"的轰炸，越接近机场，道路修得越窄，即使第二师团排成一列纵队前进，都觉得有困难。

想脚下生风也做不到。一木、川口支队行军时，携带的都是轻武器，第二师团加上了重武器，每个士兵除了自己的背包、枪支外，还得扛上大炮零件、炮弹及其他装备，要是倒霉，正好碰上悬崖峭壁拦路，就得手拉绳索，背负众多劳什子做攀岩运动。这种情况下行军，如何快得起来？

因为不敢点火做饭，第二师团从上到下都只能吃预先准备好的冷饭团。冷饭、冷水、虐蚊，使很多官兵染上了疟疾，连旅团长那须弓雄都中了招。

总攻日期已定，即便生病也不能稍作停留，那须往前额上裹一块白布，忍受着痛苦继续一步一步地向前走，其他病员更不能例外。虽然说精神可嘉，但毫无疑问，部队整体的行军速度又被拉了下来。

这说的还是白天。入夜之后，森林里一团漆黑，伸手不见五指，而周围又密布泥潭沼泽，几乎所有人都为之胆战心惊，举步投足也无不瞻前顾后，到了此种境地，第二师团便只能像蜗牛一样地往前挪动了。

行军至第三天，也就是 10 月 18 日，除了一些身体特别强壮的之外，其余官兵都只剩下了爬的力气，一尊尊大炮也被抛在了道路两旁，无人搭理。

距离预定的总攻日期还有两天，第

在丛林中行进的日军

二师团仍未能走出奥斯腾山，显然，他们无法按时到达迂回地点。丸山只得致电百武，要求将进攻时间推迟一天。

这时百武已将第十七军司令部往前推进，进入了原第二师团司令部所在地。据说早在拉包尔时，就曾有幕僚告诫他，即使有了海军的支持，陆军也不可能赢得这场消耗战，但百武不为所动，他甚至已经提前安排好了美军投降的仪式。

第二师团是迂回的主力，他们走得慢，百武也只好将举行仪式的时间往后推。原来说是推一天，不料到了10月20日，丸山来电，还是没到，于是再次顺延，从10月21日又推迟到10月22日。

1942年10月22日下午，第二师团终于走出了奥斯腾山。随后，第二师团按照"X夜"计划兵分两路，一路由那须率领，从机场左翼发动攻击；一路由川口率领，沿血岭之役时的路线，从机场右翼展开攻势。

要说此时此地，日军将领中还有一个清醒者的话，则非右翼的川口莫属，他领教过美军的厉害，因此在决战上一直持慎重态度。

与血岭之役相比，粮食弹药差不多够了，但在其他方面，川口觉得还不足，比如缺乏地图以及缺少对敌情的研判，他主张以11月3日为期发动进攻，一者时间上更充裕，二者那一天是明治天皇的生日，在日本被定为"明治节"，可以起到提振士气的作用。

从10月20日到11月3日，差了十来天，百武哪里能够同意，不仅如此，他还对川口产生出极大不满，认为川口要求延期作战，乃是怯懦加畏葸不前的表现。

说一千道一万，一个败军之将，难免遭上司嫌弃，川口只好打碎牙和血吞，强自忍性。不过他仍请求军司令部多拍些航空照片，以便侦察战场附近的情况。

还在行军过程中，传令兵就带来了军司令部发送的四张照片，都是刚刚拍摄下来的以亨德森机场为中心的航空照。川口看了之后不禁大吃一惊。

浑的只是浑

航空照片显示，在川口即将发起进攻的正面，出现了非常坚固的防御工事。川口清楚地记得，在"血岭"之役时，那里还没有类似阵地，这表明，美军已大大加强和扩大了防御区域。

辻政信制订"X 夜"计划时，依据的是一张早已过时的缴获地图，他不知道美军已经调整了防务，同时这一带地形复杂，高地崎岖坎坷，日军若按照原计划从正面进攻，不啻于向铜墙铁壁扔鸡蛋，很难有获胜的希望。

川口考虑应临时改变进攻路线，避开正面，从防守美军的左侧迂回过去。那里是亨德森机场的东南端，沿途日军需要越过光秃秃的小山，通过开阔地，然后穿过一片稀疏的树林才可抵达。

从地理条件上来看，迂回比正面的路径要长得多，而且也不是说不存在危险，特别是经过小山、开阔地时，一旦被美军发现，很容易遭到火力攻击，但与正面硬突相比，还是要保险许多。

到两路分兵时，川口的这一想法已初步酝酿成熟，难办的是，第二师团司令部在那须的左翼部队，一时无法与丸山取得联络。正在左右为难之际，他看到了辻政信。

辻政信随第二师团司令部出发，并负责对合击行动进行指导，此时他正站在左右两翼部队分界的岔路口上。

正愁没人商量呢，川口连忙迎上前去："你在这里我很高兴。"接着，他便把自己的疑虑和想法一五一十地告诉了辻政信，末了，他问辻政信："海军从空中拍摄的照片你看过了吗？"

辻政信听得很认真："我不需要看那些照片。我熟悉这里的地形，完全同意你的建议。"

辻政信在陆军中有"作战之神"的名头，连百武、丸山都视其为有能耐的实力人物，他说熟悉地形，当然是吹牛皮，但起码这种态度让人颇为动容，也增添了川口实施迂回的底气。

得到辻政信的赞同后，川口决定派人将这一意见通知丸山，辻政信立刻笑着说没必要："我会亲自向丸山转告和解释，放心吧。祝你取得巨大成功。"

1942 年 10 月 22 日，第二师团司令部的通信兵将电话线敷设到川口的右翼部队，电话终于接通了。

川口从电话中接到的第一道命令，是告知他，总攻时间又推迟了。

原来直到当天上午为止，那须部队还没能赶到预定的左翼攻击地点。丸山尽管心急如焚，但是蒸笼一般闷热的丛林，以及疲惫不堪的士兵都让他有无可奈何之感。

没办法，只好请求百武作第三次更改，将总攻放到 10 月 23 日晚上举行。

川口一听，他的部队距离迂回地点起码还有一天半的路程，明天晚上就发动进攻，根本来不及。他急忙用电话通知丸山，请求再予延迟。

丸山已经厚着脸皮拖了一天，岂能随意更改，因此他回答得言简意赅："不能再延误了。"

从丸山的语气里，川口听出他还不知道调整进攻路线的事，所有思维逻辑都是按照原定方案来进行的。

川口猛然醒悟，辻政信并没有按照所承诺的那样对丸山进行转告！

清的只是清，浑的只是浑，直来直去的川口，无论如何也难以揣度极品坏人的心思。他不知道，这辻政信从来都是个绵里针、肉里刺的货色，擅长的就是上头一脸笑，脚下使绊子，先前因为海滩骚乱事件，他就已经把川口给忌恨上了，只是自告黑状未准后，一直没有找到机会而已。

得知川口的想法，辻政信便产生了坑上一把的念头，可怜川口哪里有这种滚上滚下的皮球心肠，他早就把海滩事件给忘了，当辻政信予以肯定并表示愿意主动转告时，他还为对方的"热情真诚"而感动哩。

川口的脑袋嗡嗡作响，他强行克制住自己："那样的话，我只能派先头部队参加预定时间的进攻了。"

丸山听了火冒三丈，大声喊道："我不管你有什么困难，但你必须不折不扣地执行命令！"喊完之后，便把电话筒一扔。

辻政信这时才告诉丸山，说川口有怎样怎样的计划，当然他的评价早已由充分肯定变成了痛加批驳。

丸山的脸色越来越难看。战前很多人都不同意起用川口，说他是败军之将，打仗不行，等等，丸山力排众议才起用了川口，他想不到川口会节外生枝——真生出个宝还不去说它，让"作战之神"愣给驳得一钱不值，那能是什么好主意？

师团参谋长玉置温和见势头不对，连忙出来打圆场，他让川口接电话："听辻参谋说，右翼部队要迂回到敌人侧背去……不过，还是请按原定计划从正面攻击吧。"

玉置这是在给川口台阶下，孰不料川口不听"辻参谋"便罢，一听就按捺不住，那股"硬汉子劲儿"腾地蹿了出来。

川口是日本高知县人，"硬汉子劲儿"在高知方言中，含有倔强和宁折不弯之意。他冲着电话吼道："跟你说，从正面攻击，我没有把握取胜！辻君答应过，所以我才按这个打算下达命令，我已经让部下为迂回作战做好了准备，希望得到师团长的批准。"

玉置拿话筒的右手发抖了，在一旁侧耳听着的丸山连白头发都竖了起来。见此场面，辻政信不失时机地递来了话，意思是川口在"血岭"之役后把部下扔在瓜岛，只身逃回拉包尔，那时候就应该解除军职，现在上级出于慈悲之心，再给他一次机会，无非是要他雪耻一战，没想到"朽木终究是朽木"……

房子倒，压不死人，舌头倒，定能压死人。辻政信的算计，那真是檐头雨滴从高下，一点点也不差。丸山果然被激怒了，他从玉置手里接过电话，生硬地对川口说："川口将军，你立刻到司令部报到，至于你的职务，请交给东海林俊成。"

川口被剥夺了指挥权，他本人对此没有任何心理准备，当时整个人都僵住了。他正准备亲自挥舞军刀"雪耻一战"呢，可就因为丸山这句话，在没有发挥任何才能的情况下，他作为军人的生命就从此终结了。还有什么比这个更痛苦吗？

隔河灭鬼

东海林俊成就是年初爪哇战役时的那位杂牌将领，他的第二三〇联队原属第三十八师团，这次临时归第二师团节制，并在川口的右翼部队阵营。

当天晚上，东海林接到了玉置参谋长打来的电话，玉置先问了一个战术问题："当师团以左翼为重点进行攻击时，右翼怎么办？"

东海林答道："右翼可配合左翼。"

玉置接着便说："那好，就免去川口的右翼部队长职务，任命你东海林为右翼部队长。"

东海林一听这话，吃惊程度不在川口之下。他赶紧推辞："在即将进攻之前，这么做有违武士道。"

在"有违武士道"的背后，东海林还有潜台词，爪哇战役时他能令老东家第二师团都望尘莫及，缘于对地形的熟悉。可瓜岛不是爪哇岛，他在瓜岛也就是个睁眼瞎，这里最了解战场情况的指挥官应该是川口。

玉置不容分辩："命令！这是命令！"随后便挂掉了电话。

当不知所措的东海林抬起头来时，正好川口来了。川口显得非常激动："从现在起，右翼作战归你指挥，我回师团司令部报到。"东海林哭丧着脸刚想说些什么，川口已经转身扬长而去。

虽然撤了川口，但右翼部队要重新转回正面也得耗费不少时间，丸山和辻政信等人商量后，又以"地形险恶，展开迟缓"为由，将总攻时间改为 10 月 24 日——想想川口有多冤枉，为改时间丢了乌纱帽，结果乌纱帽丢了，时间也改了。

这已是第四次推迟进攻时间。或许电报员也被频繁的更改给彻底弄晕了，相关命令竟然没能送达到住吉支队手中，这下好看了。

在"X 夜"的原计划中，以那须、川口部队为主攻，以住吉支队为佯攻。1942年 10 月 23 日，住吉支队做好了准备，所有重炮和弹药都已搬运到马塔尼考河西岸阵地。由于没有收到更改时间的命令，指挥官住吉正决定准点发动进攻。

傍晚六点，太阳刚刚落山，住吉支队突然向河对岸的陆战一团三营展开炮击，随后，日军战车从丛林里冒出来，分两波向美军阵地直冲过去。

住吉以为自己的突袭起码会吓对方一大跳。他不知道，对岸的美军陆战队其实早已习惯了这种打法，就好像鬼神片看多了，无论何时何地突然跑出个妖魔鬼怪，他们都会泰然处之，然后毫不慌乱地上去把对方给打得灰飞烟灭。

至于士气方面，更不用担心。"蛮牛"来指挥南太平洋战场一传开，足以令陆战队官兵欢欣鼓舞，许多忍受着疟疾折磨的伤病员，连爬出战壕的力气都没有，但听到哈尔西走马上任的消息，都高兴得像羚羊一样跑着跳着，这甚至成为他们人生中永远无法忘记的一幕情景。

之前美军就在晚上听到了战车向西岸运动的噪声，他们已提前一步，把号称坦克天敌的七五毫米战防炮调到东岸，就等战车光临了。

马塔尼考河唯一可用的渡口区域，既狭窄又毫无遮蔽，战车要通过渡口，犹如在排着队挨揍，而日军战车用国际通行的标准来看，都是不超过十八吨的轻战车，揍起来也非常容易，基本上是一棒槌一个。

九七式坦克。在日军对坦克的归类中，九七式坦克属于中战车，但实际上全重只有十五吨，相当于欧美各国的轻战车。

一共十辆战车，战防炮打烂了九辆，只有一辆冲过河，美军一个机枪阵地和几处洞穴掩体均被这辆战车击毁。

陆战队毫不示弱，一名队员将手雷扔到战车底下，炸毁了它的履带。失去行动能力的战车只能在河滩上团团打转，一颗炮弹过去，即化成废铁一堆。

在顶住对方战车冲击的同时，陆战一团也对马塔尼考河西岸进行猛烈炮击，其炮火之猛烈，为瓜岛战役开始以来所仅见，落在西岸的弹雨很快就呈现饱和状态。

住吉支队是初来乍到，陆战一团可是这里的老住户了，他们已将射击诸元和特殊目标预先全部测好，这令西岸几成炮击靶场，日军被杀伤之惨，十分惊人。

日军步兵曾打算跟着战车前进，但在炮火覆盖下，根本不敢走出阵地，即便这样，还是无法逃脱炮弹的夺命追杀，隔着一条河，陆战队仍能听到对方凄惨的喊叫声。

战斗只进行了半个多小时，住吉支队的佯攻就失败了。几天后，美军巡逻队到西岸进行搜索，找到了六百多具敌尸。从缴获的日军文件中可以看出，日军有两个步兵中队被完全歼灭掉了。

陆战一团"隔河灭鬼"的时候，范德格里夫特正应哈尔西之召，在努美阿参加会议。

会议一开始，就先由范德格里夫特介绍瓜岛局势，他强调岛上守军的处境非常不好，急需补充航空兵和地面部队。

哈尔西用手指敲打着桌子，问范德格里夫特："你打算确保瓜岛吗？"

范德格里夫特很坚定地回答："如果条件允许，我打算血战到底。"

哈尔西："你指的条件是什么？"

"强大的火力支援和不间断的运输补给。"

说起支援，就涉及特纳了，他马上表示，因为缺乏足够的战舰部队进行护航，几个月来，运输舰队损失了大量运输舰，他已竭尽全力，但恐怕难以提供比目前更多的支援。

过去戈姆利在任的时候，水陆两位战将就一直纠缠于这个问题。一个说你们陆战队只会死守机场，而不向瓜岛沿岸发动进攻，导致那里全是登陆的日军，连卸货都困难。另外一个说，你们海军连铁底湾都控制不了，援兵和补给难以为继，我若是兵力分散了，万一连机场都被日本人夺去，该怎么办？

戈姆利对瓜岛登陆战本身就持怀疑态度，加上性格因素，导致他既不能解决两人的分歧，也不能对部下表现出充分信赖，结果就是不了了之，一笔糊涂账。

哈尔西绝不会这么做，他打断特纳的话，明确地告诉范德格里夫特："你就放心大胆地干吧，只要你能坚决守住瓜岛，我会把我的全部家底统统调给你！"

第五章 / 连骨头都觉得发冷

范德格里夫特不会平白无故地乱拍胸脯，他说能守住瓜岛，除了守军士气回升外，还基于这样一个事实：至1942年10月23日，瓜岛美军总计达两万三千人，日军两万两千人，比美军还少一千人。

可叹百武、丸山、辻政信等人始终都蒙在鼓里，按照辻政信的说法，第十七军兵力充足，连兵力配置都不用加以变更。

辻政信也不是真的看不到问题。在给大本营拍发的电报中，他列举了几个困难，比如最早登陆的第二师团第四联队，已经在马塔尼考河西岸消耗了三分之一的战斗力，又如"东京快车"运送的兵力、弹药和粮食，只大致完成了计划中的二分之一。

只不过这些问题在辻政信心目中都不重要。就像他在离开东京时对同事高山说的："重要的是，不要光被数量和形势所困住，要抱定必胜的信念，咬住敌人！"

这个所谓的"必胜信念"，让辻政信得出结论："战局虽然变化多端，但不用担心。"

露脸就爆头

联合舰队在所罗门群岛海面巡航已近两个星期，因为陆军的一再延期，船员们天天都处于一种痛苦而紧张的气氛之中，最后连身在特鲁克的山本都按捺不住了，他通知百武，如果不立即夺取亨德森机场，海军将因燃料不足而撤退。

到这个时候为止，第二师团其实仍没有能够做好充分准备。那须的左翼部队虽已进入阵地，但右翼主力在陡峭山谷和茂密丛林的阻拦下，迟迟未能到达原定的出击地点。

还能再延期吗？不能。山本的电话让百武慌了手脚，他亲眼见识过军舰炮轰机场的场面，知道海军配合作战会产生多大威力，因此赶紧向山本保证："当天晚上，即可占领瓜岛机场。"

1942 年 10 月 24 日，正午时分，丸山下达攻击令："予受神明加护，一举歼灭机场附近之敌。"这道神神叨叨的命令通过无线电波迅速传达给两翼部队，当然能够完全按照命令行事的，仅左翼部队一家而已。

辻政信的"X 夜"计划，套用了日军迂回合击的老路子。住吉支队的佯攻，本来是这个老路子中极其重要的一环，可是因为主攻部队没有同时发起攻势，结果美军不仅没有被麻痹住，反而还变得更为警醒。

美军加固防御工事，增加了潜伏侦察哨。从下午起，他们发现一队日军正在越过奥斯腾山山脚，接着有人看到，一名日本军官正用双筒望远镜鬼鬼祟祟地观察高地。

最近的一份报告，是由从事侦察的一个海军陆战队员送来的，他说离此不远的丛林中升起了许多炊烟。综合这些情报，美军认定亨德森机场后方有大量敌军，于是预先便在"血岭"等阵地部署了重兵。

驻守"血岭"的美军主力为陆战七团一营，也就是在马塔尼考河攻势中建立奇功的"普勒营"。接到任务后，普勒除了下令加深战壕，加高沙包工事外，还在铁丝网上挂满炮弹碎片。这是普勒在尼加拉瓜作战时学会的招数，这样敌人一旦接近就会被发现。

下午 4 点，一种令人窒息的死寂笼罩着全岛，这时突然电闪雷鸣，下起倾盆大雨。

美军警戒兵听到铁丝网发出响动，并看到草丛里闪动着许多黑乎乎的人影。在初步估算对方的人数后，他通过战地电话向普勒发出警报："中校，你和我之间约有三千名日本兵。"

普勒下令暂时不要开火。一个小时过后，日军终于发起了总攻击，那须左翼部队冒雨爬出草丛，他们一边怪叫着"万岁"，一边犹如神灵附体一般地冲向美军阵地。与此同时，在海面待命的联合舰队收到电报："下午 5 点，冒大雨开始总攻。"

普勒大吼一声"开火"，枪炮弹划破黑色天空，"血岭"再次浴血。

陆战队坐在宽敞而结实的掩体坑道里，以如岩石一般坚硬的铁丝网为掩护，向广阔的射击场泼洒着子弹。在美军阵地前，影响射界的茅草已被全部清除，日军要么不露脸，露脸就爆头。打到兴起处，光爆个头已经不过瘾了，队员们索性跳出战壕，抱着机枪向敌人猛扫。

与"普勒营"并肩作战的，是陆军第二十五师一六四团第三营，该营一登陆，就接防了莱基所在部队的阵地。

第二十五师被称为"美国师"，作为该师的先遣队，一六四团的士兵在战前主要从事伐木和农场工作，身材个个壮实魁伟。未开赴瓜岛前，因为无仗可打，他们一直在瓦胡岛过着闲散无聊的日子。莱基看到，这些小伙子的脸庞还很圆润，肋骨也没有瘦到根根突出，甚至于他们的眼神都显得极其天真。

从年龄上看，陆军士兵平均二十五岁，陆战队员平均二十岁，但是像莱基这些陆战队员早就锤炼成了老兵，陆军士兵相比之下就显得很是稚嫩，因此莱基说："我们对待他们就像对待孩子一样。"

陆战队对岛上的一切事物都见怪不怪，陆军则觉得什么都新鲜，陆战队提到附近有一条可用于洗澡、喝水的河，一六四团的两名士兵立刻像植物学家实地考察野外植物一样，呼啦一下全跑了过去，完全不把危险当回事。

莱基以老兵的身份吼道："快他妈的给我回来。"

两名陆军士兵乖乖地退了回来。带队的陆军军官很认真地请教莱基："有什么问题吗？"

莱基故意夸张地恐吓他们："怎么没有，那里埋着炸弹，而且很可能是延迟爆炸的那种。"

其实莱基他们驻防时，经常去那条河里游泳，但是陆军军官信以为真，他还向莱基表示谢意："感谢上帝，总算有人告诉了我们这些事情。"

真正的知识，来自实境的磨炼。自陆战一团与他们换防后，一六四团便受尽了日军的骚扰之苦，成天舰炮轰，飞机炸，机枪射。战争不再是游戏，

正在进行两栖作战训练的美国陆军部队。陆军和陆战队从思维、训练到实战方式，都有非常明显的差异，一般来说，陆军较为循规蹈矩，而陆战队打仗"野"。

人人都恨透了敌人，巴不得有一个报仇雪恨的机会。激战过程中，他们都打得十分精彩，与能征惯战的陆战老兵相比也毫不逊色。

很大的开阔地

日军的脑残冲锋方式，以前通称"万岁突击"，现在又起了个新花名，叫"竹茅"战术。无论叫什么名字，僵尸式打法都贯穿始终，即用强大兵力向狭窄正面猛扑，其间不管伤亡，前仆后继。

美军炮兵迅速瞄准日军所经过的地域，集中炮火进行射击。弹雨连着大雨一道上，地面泥泞一片，日本兵在泥里滑来滑去，不时掉进弹坑里。

美军阵地前的尸体堆积如山，但是一批又一批的日本兵仍然疯狂吼叫着，一边投掷手雷，一边越过同伴的尸体，持续不断地发起自杀式冲锋。

能够冲到近前的日军，多数会被机枪或自动半自动武器扫倒，只有少数人越过被炮弹和手雷撕裂的铁丝网，闯入了美军阵地，战斗迅速演化成野蛮的肉搏战，双方都用上了刺刀、战刀乃至于枪托。

雨越下越大，越下越密，犹如一道道雨墙，阻挡住了丸山、辻政信那焦渴的目光。他们爬上一块平坦的岩石，尽力听着前方的动静。

几分钟后，右翼方向传来轻武器的射击声，爆豆似的响个不停。

右翼是东海林部队的冲锋区域，射击的应为东海林部队，不过仅从枪声很难区分出，东海林到底是突破了美军阵地，还是已被美军击退。

幕僚拿起电话，问究竟是怎么一回事。负责与东海林联络的师团作战参谋松本报告："右翼已攻进机场，夜袭成功！"

众人全都咧开嘴笑了，连师团长丸山也情不自禁地喊起来："万岁！"

辻政信更是得意非凡。正是拔去萝卜天地宽，事到如今，谁还敢说换川口换得不对？

第二师团向拉包尔基地发去电报："万岁，二零三零！"

万岁是总攻成功的暗语，"二零三零"是时间，即晚上 8 点 30 分。电报后面还特地加了一句话："右翼部队占领机场，左翼部队正在激战。"

按照日本海陆军双方事先达成的协议，一旦陆军完全占领亨德森机场，便立即发射绿、白、绿三颗信号弹。海军见到信号后马上出动，到"铁底湾"与陆军进行配合。

由于还未能对占领机场的消息做最后确证，所以第二师团并没有发射这样的三颗信号弹，只是部队在混战中发射了一颗用于联络的绿色信号弹，结果一位正在侦察的日机飞行员看到了，就认为陆军已突破防线，控制了机场。

收到报告后，山本依约给正在海面上候命的近藤舰队发去了命令。

由于前些天进退不得，近藤舰队一直陷于一片愁云惨雾之中，接到电报，这种忧愁的情绪即刻烟消云散。舰队用扩音器反复播报："陆军现已占领机场。"

船员们听到后个个欢天喜地："干得好，干得好哇，我们的一番辛苦没有白费！"近藤舰队早已进入狭道，接到命令后急速驶入"铁底湾"，以控制那里的海域。

山本正等待近藤给他带来好消息，未料半个小时后，又有第二份报告火速传来："战斗仍在飞机场附近继续进行。"

人人都不敢相信自己的耳朵。身在瓜岛的丸山也想选择不信，可事实就是事实，因为"报喜"的松本随后就打来了一个电话进行纠正："关于右翼成功的报告，我搞错了，右翼部队还没有到达机场。"

那么为什么东海林部队会用轻武器进行密集射击呢？原来是他们在穿过一块很大的开阔地时，误以为那是机场了——机场可不也是一块"很大的开阔地"吗？

真是晦气呀，只有看那须的了。

左翼一侧的肉搏战已经结束。关键时刻，范德格里夫特把担任预备队的第一六四团第二营派了上来，一排排的陆军士兵冲上第一线进行增援，依靠顽强的战斗作风，美军硬是一寸一寸地把日军从阵地里给"挤"了出去。

继续拼火力，自动武器和火炮的声音混合一处，此起彼伏。当迫击炮弹从美军士兵的头顶飞过时，那声音就仿佛高速电车从头上飞过一般。

对地面的这场火爆厮杀，观战的大自然似乎也来了劲，它用下暴雨的方式拼命鼓噪，油状的大雨点被一盆盆地倾倒下来，给人的印象，就好像整个天空都要塌下来一样。雷公电母紧紧跟上，轰隆隆的雷声比炮声还响亮，闪电则已经迫不及待地蹿了下来，在阵地周围到处乱钻。

狂风骤雨中，高达几十米的大树会哗地从身旁倒塌。借着闪电的照明，所有景象都成为一种虚幻的存在，一些美军官兵甚至已不知道自己究竟是死了还是仍旧活着。

若论火力交锋，日军没有任何优势，黎明之前，一名美军机枪手总共打出了两万六千发子弹——美国人似乎有着永远也用不完的子弹和炮弹，这一点，是日军做梦也不可能得到的待遇。

战力如此悬殊，令一直沉迷于"X夜"计划，以为第二师团会战必胜、攻必克的辻政信也产生了不祥的预感，他说他当时"连骨头都觉得发冷"。

防空洞星期天

左翼部队的第一次冲锋终于被打退了。

那须重新集结部队，再次组织冲锋，但是所有这些冲锋都无一例外地归于失败。

拂晓，随着战场的各个角落一点点清晰起来，连日军自己都被其中的一个镜头给骇倒了：整整一个纵队的日本兵，全部被平射炮火击中，士兵们肉血模糊地倒毙在地上，尸体还保持着冲锋时的队形。

第二师团的剩余官兵被吓得目瞪口呆，全都躲进了丛林。那须粗略统计了一下，左翼部队已折去一半，第二师团的王牌部队第二十九联队几乎全军覆灭，联队长及军旗均下落不明。

东海林的右翼部队在后半段加入了进攻，但是很快也被美军从突破地点清除了出去。

丸山听完报告，无可奈何地向百武发电："攻占机场尚有困难，敌军仍在继续使用（机场）。"

百武的失望之情自不待言，另一边，山本已不仅仅是失望，还有一种被陆军忽悠的感觉。他其实用不着百武通知，当天清晨6点，派驻瓜岛的联络官已经为他作了个总结："前两次报告撤销，瓜岛机场仍在美军手中。"

山本只得让近藤舰队暂停进一步行动，改为在海面游弋，以静观其变。

岛上的杀气并没有消散，它还在继续聚积。

自从哈尔西答应范德格里夫特，将以"全部家底"相援后，他便请尼米兹出面求援，以充实自己的家底。

从珍珠港发往华盛顿的求援电报，如雪片一般地落在罗斯福总统的办公桌上。罗斯福把海陆军的一把手召集到一起，几个一把手都认为，瓜岛战役可以有效地消耗日军的飞机、舰艇和兵员，削弱日军在太平洋其他地区的防御，这一仗绝对打得值。

既然值，那就得干啊。但是相当于"军队长老会"的参谋长联席会议一直举棋不定，这主要是因为当时欧洲战场也很吃紧，如果像尼米兹请求的那样增援太平洋战场，万一欧洲这边出了岔子怎么办？

罗斯福经过权衡，破天荒地决定支持尼米兹。他给参谋长联席会议的每个成员都发了一份严厉的通知，坚持必须迅速向瓜岛增援，尽可能地把各种武器弹药、飞机和机组人员运上瓜岛。

就在第二师团进攻"血岭"的当天，经参谋长联席会议批准，美国海陆空军都拨出有生力量，专归太平洋舰队指挥，其中空军给尼米兹拨了七十余架飞机。

尼米兹厕金溺银，哈尔西就有得混了，哈尔西混好了，范德格里夫特只需在家里坐等财神：尼米兹派出战斗机五十架、轰炸机二十四架，直接飞往亨德森机场。

"仙人掌航空队"重获生机，现在谁都能看出机场的分量有多重了。

部署于亨德森机场的"仙人掌航空队"战斗机。虽然跑道和地面设施都比较简陋，但亨德森机场却像一根铁棒一样，把美军撬到了胜利者这一边。

整个白天，日军都把劲头使在亨德森机场上，驻拉包尔的第二十五航空队频繁出动轰炸机，对机场进行空中打击，一种被美军士兵称为"皮特斯手枪"的日军远程迫击炮同样威胁不小，它每隔十分钟就会给机场撒上一遍弹雨。

10 月 25 日是星期天，这一天也被美军称为"防空洞星期天"。起初，美军缺少反击能力，因为昨晚的大雨把机场跑道给冲坏了，战机无法起飞。不过很快，海军修建大队上场了，他们用推土机进行抢修，使亨德森机场在最短的时间内恢复了功用，星条旗再次在机场上空高高飘扬。

随着战斗机一架架飞上天空，"仙人掌航空队"摆开阵势，将猝不及防的日机杀得人仰马翻，一时间，空中到处都是摇摇欲坠的膏药旗飞机。在当天的空战中，美军"野猫"式战斗机共击落二十二架日机，创造了"仙人掌航空队"成立以来的歼敌纪录，另外还有五架日机被高射炮击落，其间，美军只损失了三架战斗机。

"野猫"实施空中大剿杀，"无畏"式俯冲轰炸机则追到海面上袭击日军舰船，它们成功地重创了日军一艘巡洋舰，这艘受伤的巡洋舰被冲上海滩，当天下午即被其他岛上赶来的美军轰炸机击毁。

可悲的昆虫

美军已经摸透了日本人的脾性，知道第二师团一准还要光顾，他们除加紧修补铁丝网，加固工事外，还尽可能地往肚子里多填充些食物，以便保持体力，应付日军准会发动的第二次进攻。

普勒在第一次进攻中受了弹片伤，不过他一直对此不以为意，后来好不容易才听从劝告，同意让医疗看护兵帮他治伤，但仍拒绝撤到医院疗伤。当一只贴着撤往野战医院标签的瓶子送到他手上时，"宽胸汉"勃然大怒："把这个该死的标签拿走，我要留下来指挥！"

要不要继续进攻，其实第二师团内部也有争议。看到左翼部队的主力在第一天就已损失大半，右翼部队进展也不顺利，玉置参谋长对战事失去了信心，他劝师团长还是暂行撤退为好。

丸山根本听不进去，不是缺兵少将吗，没关系，师团还有作为预备队的第十六联队。他给前线的那须打去电话："师团把最后的预备队给你，请于明晚发动全面进攻。"

那须在行军时就患了疟疾，此时额头发烫，高烧超过了四十摄氏度，所属部队也是被打得七零八落，不成体系。如果能充分休整，在 10 月 26 日恢复进攻，当然是皆大欢喜。

问题是范德格里夫特逼得很紧。当天一整天，美军都在用猛烈炮火对日军阵地进行射击，连身处后方的师团司令部和预备队都挨了炮弹。更重要的是，机场仍然掌握在美军手中，而且被盘活了。"仙人掌航空队"不断地在日军隐匿的丛林上空盘旋，不是投弹就是扫射，要想安安静静地拖到明天，几乎是件不可能做到的事，那须甚至担心，再过一天，他将无法有效地指挥部队。

那须用狂热的声音答复师团长："让我今晚就进攻吧！"

征得丸山的同意后，那须让人给他打了一针奎宁，并做了祈祷，希望日本老天爷能保佑他活下去继续指挥作战。对于他这样具有武士道精神的日本军人而言，死在战场上乃是理所应当，也是光荣的归属，最可怕的就是倒在病床上。

1942 年 10 月 25 日，晚上 10 点，那须以指挥刀为手杖，率领敢死队冲在前面。当敢死队触碰到铁丝网时，挂在上面的炮弹碎片再次报警，美军立马开火，从那时起，一直到第二天拂晓，炽热的火力始终不曾停歇过。

那须被步枪击中，一颗子弹打中了他的胸膛，顿时血流如注。在他受伤倒下后，第十六联队发起决死进攻，呐喊声响彻夜空："美国陆战队士兵们，今晚你们就要完蛋啦！"

普勒营以弹雨来回敬恐吓，几分钟内，日军中队长以下的指挥官便死伤枕藉，当然这个时候其实也用不着什么指挥，反正是无脑冲锋，只需端着刺刀，踏着尸体往前冲就可以了。

每当日军冲近铁丝网的时候，美军的火力喷射就达到最高潮，当日军不支撤退时，枪声又慢慢转弱。战斗过程一起一伏，极有韵律，旁人看着表都能猜得到它的步调和节奏。

第一天的受创，丝毫没有让日本人

美军阵地。莱基："我们正对面的椰树林里没有生命存在的迹象。那里只有尸体，没有活着的敌人。"

变得聪明一些：仍然是那个将倒霉进行到底的"竹茅"战术，仍然是每一次冲锋都对准同一个地点。

瓜岛多雨，雨后空中经常会出现蚂蚁状昆虫，这些昆虫的数量多得惊人，其密度之大，以至于陆战队员们必须闭上眼睛和嘴巴才能避开。可是昆虫在雨后只能存活很短的时间，当它们从空中掉下来时，纤细的尸体会落得遍地都是。

冲锋中的日军像极了这些可悲的昆虫！

本来因防线较长，美军的兵力一摊下去还显得有些薄弱，但日本人典型的呆板战术便宜了他们，往往几个人拿着机步枪，就可以对"昆虫"们起到一夫当关的作用，前沿美军管这叫"肉搏闪击战"。

陆战队员们感到奇怪，不明白日军何以对这种愚蠢的冲锋会乐此不疲，且表现得那么兴奋。

有人猜测，日军可能是事先注射了兴奋剂，可是在打扫战场时，他们从没在日本兵身上找到针头或毒品。

后来普勒审问一名日军俘虏时，专门问他这个问题："当你们进攻某一地点屡次失败时，为什么还硬要一攻再攻，为什么不寻找我们防线上的其他弱点？"

那名日本兵用一种看待外行的神态扫了一眼普勒，然后义正词严地说："这次进攻经过了百武将军的周密计划，我们绝对不能背离，也没有哪一个单位会想到不按计划行事。"

普勒听完之后立刻羞愧了，为自己一生都无法达到对方弱智的底线。

昙花一现

1942 年 10 月 26 日，清晨 5 点 30 分，普勒营已累计击退日军的六次冲锋。丸山将所有可以参战的人都压到前线，继续组织第七次冲锋。趁着部队集结，双方先展开了一番口舌之争。

在瓜岛作战的日本兵，有一半都能说英语，当然仅限于几句战场用语或口号。曾有一天晚上，陆战队闲着无聊，他们知道对面的日本兵藏在丛林里，就朝着丛林骂道："东条英机吃屎，裕仁天皇是个畜生！"

原本寂静的丛林突然爆发出来："让罗斯福见鬼去吧！"日本人的回骂一浪高过一浪，而且用的全是英语。

而这次一上来并没有开骂，而是互喊口号，日本兵大喊："为天皇讨还血债！"

美军陆战队员回应道："为罗斯福讨还血债！"

互喊理所当然地又发展为互骂，大家各自以恶毒的语言问候对方的元首，美国兵骂："东条吃屎！"日本兵就骂："罗斯福见鬼！"

骂完就开练。铁丝网前，日军的尸体越堆越高，跟进的部队以手雷开道，炸开铁丝网后拼死前进。

第七次冲锋终于打开了一个小缺口，不过只是昙花一现。这时天已大亮，不等日军继续扩大战果，空前猛烈的交叉炮火网就迎头罩了过来，日军所突破区域瞬间变成死亡陷阱，他们连挖工事的时间都没有，就被炸得血肉横飞。少数几个日本兵见势不妙，急忙沿着铁丝网空隙钻了回去，这才捡了条性命。

炮火网继续前推。幸存者争先恐后地往丛林里钻，以脱离美军火炮的射程。

那须部队的进攻被彻底粉碎。第十六联队联队长广安寿郎及两名大队长战死，这个步兵联队毁于一旦。身负重伤的那须被抬回师团司令部不久就咽了气，也算实现了他战死沙场的愿望。

差不多同一时间，东海林从右翼发动攻击，这是以分散美军注意力为目的的助攻，但左翼部队如此不争气，使得所谓的助攻也失去了实际意义。

东海林这次攻击的美军阵地，由陆战七团二营所扼守，他们所打造的防线非常坚固，只是有一个缺点，那就是"前松后紧"，最前端的阵地上只有三十名守军。

东海林所辖的右翼部队，以第二三〇联队的两个大队为主体，实力本来就不及左翼部队，第一天晚上进攻时，先头部队又受到打击，所以要对付三十个人的防御阵地，也是千难万难。

纯粹依靠数量上的优势，右翼部队冲上山坡，并缴获了两挺美军机枪，加上自己的歪把子，建立了一个机枪阵地。

日军所占据的，仅仅是整个高地的一小部分。闻知一小撮日军竟然突破了防线，范德格里夫特手下的一名参谋自告奋勇，把陆战一师指挥所里的文书、伙夫、驾驶兵、吹号兵全部召集起来，在黑暗中摸过去，一举端掉了这个机枪阵地。

东海林再无能力发起进攻。到了拂晓时候，二营发现在他们的防线内以及阵地前，一共躺了两百二十七具日本兵的尸首，山下的谷地中死鬼子更多。

听得枪声渐稀，丸山派幕僚到第一线视察战况。幕僚回来报告，两翼的进攻全部失败，第二师团损兵折将，遗尸两千五百具，三分之一的士兵和一半军官毙命。

现在预备队已经用尽，粮草弹药也出现匮乏，丸山到了山穷水尽的境地，他不得不向百武报告："进攻必须中止。"

1942 年 10 月 26 日，清晨 6 点，百武以第十七军司令部的名义，通知丸山终止进攻。

按照某些日本战史的记载，第二师团是按部队番号成建制进行撤退的，撤退时井然有序，其实这不过是一种粉饰的说法。

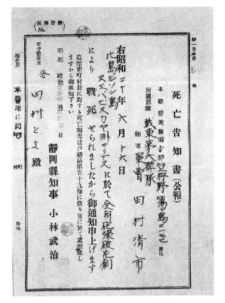

日军死亡通知单。日本拥有近百年的户籍历史，在征兵方面有着完备的手续，军人的荣誉和优抚也比较有保障。日本兵普遍作战勇敢、拒不投降以及投降后不愿透露真名实姓，与这一制度有着密不可分的联系。

应该承认，日本兵的忍耐力很强，又接受过丛林战训练，所以一般人都以为他们对丛林生活的适应能力要高于美国大兵，但事实上，一个人再能忍耐也有极限，即便受过特殊训练也一样。第二师团早已不具备刚来时候的条件，部队不仅伤亡惨重，而且缺乏必要的给养和医药，他们很快就陷入了一个比战场更险恶的环境。

撤退过程中，体力孱弱的伤员和病员纷纷倒下，没有人顾得上去拯救他们，因为人人都自顾不暇。要想活着走出去，必须拼着命紧跟大部队，否则，就只有饿死一途。

有的伤者靠自己的力量实在走不动了，又痛苦不堪，便选择了自杀，丛林里不时响起手榴弹自爆的声音，"丸山道"变成了地狱一般的白骨道。

第二师团用五天才撤出那片可怕的丛林，在这五天时间里，该师团的死亡率超过百分之五十，等于战场上的幸存者又死了一半以上。如此代价高昂的失败，在第二师团的建军史上还是第一次。

辻政信像霜打的茄子一样，先前那股无中生有，拨弄是非，到处拿人垫舌根的神气劲已荡然无存。在给第十七军和参谋本部的电报中，他伤心地承认，战败原因是轻视了美军的战斗力和火力，实属"罪该万死"。

继续进攻是不可能了，迫在眉睫的是得叫救命，辻政信如今自己也沦落成了"乞丐兵"。他语气凄切地请求百武："请把部队的备用粮秣赶紧送到前方，就算只有一点也好，眼下大米比弹药更为重要。"

落寞的川口自然还要大骂辻政信一通，只是一切已于事无补。面对惨败，川口痛不欲生："好像割了我的肠子。"

胳膊扭不过大腿

陆上的战斗已经告一段落，海军的决斗却还尚未开始。

在山本部署于所罗门群岛的舰队中，如果说有哪支舰队让他格外不满，则莫过于南云第三舰队。整整一个星期，南云可以说是碌碌无为，他像只受过惊吓的兔子一样，只要看到舰队上空有美军巡逻机在盘旋，所做的第一个动作，就是立刻率领舰队往北撤退。

来例假了你？中途岛战役时也没见你这么窝囊过啊！山本愤愤地向南云发来电报，严令"不论天气或敌情如何"，必须投入战斗。

没有山本的这份电报，南云就准备卷铺盖开溜了，因为他又看到了美机。某种程度上，现在的南云有点像美军的弗莱彻，仗打得越多，航母沉得越多，他的心理阴影就越大，也就越怕打仗。

山本倾家出战，更深的用意是要借陆军的汤下面，通过争夺瓜岛来引诱美国海军决战，南云可不这么认为，他只肯把自己放到配角的位置来思考问题，抱定的宗旨是宁可不赚，也不能折损，因此瓜岛的陆上作战一失败，他就产生了"老鸨子死粉头，没了指望"的想法。

海军来"铁底湾"是要配合陆军作战，陆军演砸了，海军就理应撤退，休整后再战，这是南云为自己找到的撤兵理由，可是在山本的电报面前，这些理由实在显得有些苍白无力。

心烦意乱之下，南云让人找来草鹿，并给他看了电报："看来只能硬着头皮作战了，我听听你有什么想法。"

草鹿首先明确，自己完全跟南云站一个战壕："说实话，我一直反对在没有把握的情况下与美军交战，那样只能重蹈中途岛的覆辙。"

说到这里，草鹿又知趣地把决定权奉还回来："但是您是司令长官，最后决定要由您做。这个仗是您指挥的，如果您果真有意南下，那么我同意您的结论。"

草鹿的态度很明朗，他也想北撤，可是胳膊扭不过大腿，有山本在背后盯着，撤不得，必须南下作战。

中途岛的惨败，把南云和草鹿的底气都打掉了大半。若是在中途岛之前，他们要是想掉转屁股往北走，连山本都拦不住，如今算是乞丐丢了打狗棒，就算是受狗的气，也只能先忍着。

草鹿特地提醒南云，现在尚未能够侦察到美军航母编队的位置，但可以肯定的一点是，自己舰队的位置肯定已被出没不定的美机发现了。

敌已知我，我不知敌。这该有多危险啊。南云、草鹿你看我，我看你，只能相互给对方打气："我们绝不能在还没有歼灭敌人之前，就先被敌人歼灭！"

草鹿随即回到舰桥，命令舰队组成战斗队形朝南搜索前进。

1942 年 10 月 26 日，凌晨 0 点 30 分，通信官向南云报告，附近出现了一架飞机，据判断，可能是美军轰炸机。

那一刹那，南云的脸色变得煞白，他望着漆黑一团的天空，一声不吭地站了足足有二十分钟。

南云不知道怎么办才好了，撤吧，就怕山本不答应，不撤吧，心里又凉丝丝的，好像中途岛那样的急风骤雨随时都会迎面袭来。

正在迟疑间，突然有两颗炸弹呼啸而下，正落在"瑞鹤"航母和"翔鹤"航母之间，从而掀起了高达百余尺的水柱。舰桥上弥漫着一股硝烟的气味，所幸炸弹全都落进了大海，航母上未有人员伤亡。

南云一下子清醒过来，他把脸转向草鹿："你先前说的话是对的，全速返航！"

草鹿也是又惊又怒，两人免不了都要在心里骂上一通山本——算命瞎子迷了路，就只会在家里充仙人，看把我们都指到什么道上去了，往前一步就是死呀！

加速完成修复的"企业"号与"无畏"舰载机在南太平洋上巡航

信号灯一个接一个地闪起微光，南云舰队迅速转向，提高航速向北撤退。相邻的近藤第二舰队得到消息后，也急忙掉头北移。

吓退两支日军舰队的是美机不假，但不是轰炸机，而是两架侦察机。

美军侦察机一向都会携带着炸弹外出执行任务，而且往往是在返航的一瞬间实施高空轰炸，这样就算炸不中，在减轻自身负荷的同时，也能给对方制造一点恐慌，而如果能够击中目标，那就是一本万利的好买卖，大赚特赚了。

两架侦察机随即往上报告，但是不知什么原因，这份至关重要的情报却未能在第一时间送达给"企业"航母。

在罗斯福决定支持尼米兹后，海军调拨了包括战列舰和潜艇在内的一批舰船给太平洋舰队。除此之外，最令尼米兹和哈尔西感到高兴的，还属"企业"号航母的提前归队。

尼米兹对"企业"船员们说："我知道，你们已被批准进行一段时间的休整，上帝都理解你们是该休息了，但是你们也知道，最近我们的舰艇和人员遭到了严重损失，我除了派你们重返战斗外，再没有增援力量了。"

一俟力量增强，哈尔西即兑现承诺，派金凯德少将率航母编队到瓜岛海域助战。

金凯德曾是"企业"号航母的舰长，并在珊瑚海和中途岛战役中指挥过一支巡洋舰分队，这是他第一次接替弗莱彻指挥航母编队。

毫无疑问，如果金凯德能收到侦察机发来的情报，他就可以先发制人地对南云展开进攻，可惜因没有收到情报，使他痛失了一次极好的战机。

侦察机的报告延迟了两个小时，才辗转送到努美阿。哈尔西一拿到电报便两眼放光，他迫不及待地向金凯德发出指令："攻击！攻击！再攻击！"

最完美教案

在收到哈尔西的指令时，金凯德仍不知道南云舰队的确切位置，他决定采用和中途岛战役时相同的战术，即在日出的条件下，派战机提前侦察，发现敌踪后再一次性实施攻击。

1942 年 10 月 26 日，凌晨 4 点 30 分，一轮红日缓缓升上海平面，灿烂的霞光映照着半边天空，预示着这将是晴朗的一天。

金凯德通过旗舰"企业"号的扬声器发出作战令："发动飞机。"十六架"无畏"式俯冲轰炸机从甲板上腾空而起，沿着海面对日军航母展开搜索。

南云在决定北撤时，也预测附近海域可能有美军航母，于是同样派出了二十四架飞机分头向南侦察。在相互搜索的过程中，两边的飞机曾经打过照面，但大家都是志不在彼，冷漠地看一眼对方后，就又各干各的正经事了。

日军搜索机随后发现了金凯德编队，飞行员立即向南云发来紧急报告："方向东南，距离两百海里，发现美航空母舰一艘和其他类型军舰五艘。"

南云和草鹿虽然都竭力避战，但只相隔两百海里的距离，想避也避不了了。到底是经历过中途岛等历次大海战的宿将，南云当机立断，命令第一波攻击队立即出击。

南云舰队共有三艘航母，分别是"瑞鹤""翔鹤"和"瑞凤"。二鹤乃珊瑚海海战时的主力航母，"翔鹤"被炸残过，现在经修复成了南云的旗舰。"瑞凤"是一艘轻型航母，与海战中沉没的"祥凤"是姊妹舰。

南云在宣布撤退的同时，便在三艘航母的飞行甲板上部署了第一波攻击队。在南云下达命令后，伴随着一阵阵震耳欲聋的轰鸣声，攻击飞机开始陆续起飞。

航母大战，哪一方的舰载机率先得手，哪一方就赢得盆满钵满，这是

晨光中的"瑞凤"号。照片中，可见当天云层很低，"瑞凤"舰首正在起飞一架九七舰攻，拍摄这张照片后不到一个小时，"瑞凤"即被击伤返航。

南云和草鹿从中途岛失利中得出的教训。没等第一波攻击队的最后几架飞机离开甲板，草鹿就让第二波攻击队紧紧跟上。

同一时间，担任侦察任务的美军轰炸机捕捉到了南云舰队。在向金凯德发出情报后，其中的两架"无畏"式俯冲轰炸机钻进厚厚的云层，避开前来拦截的"零"式战斗机，在南云舰队的上空隐蔽起来。

南云的三艘航母中，较为薄弱的"瑞凤"成为攻袭者选定的猎物，两架美机整好队形，并排着从四千米高空一路冲下。

如同俯冲轰炸的最完美教案，日军航母被美国飞行员稳稳当当地锁定在瞄准器的光圈中，两枚二百二十七公斤的炸弹朝着无遮挡的木制飞行甲板飞了过去。

"瑞凤"急忙掉头规避，但这两枚炸弹中的一枚仍命中了飞行甲板的后部，舰尾立即起火，飞行甲板被炸开一个直径达十五米的大洞。

"瑞凤"上的大多数舰载机都已出击，因此损失并不是太大，不过航母已无法回收飞机，舰长见状，只得将舰上的剩余飞机全部升空，由"瑞鹤"负责收容，然后指挥拖着熊熊烈火的"瑞凤"撤往特鲁克泊地。

南云站在"翔鹤"号的舰桥上，表情复杂地看着"瑞凤"负伤撤离，还没等全面开打，他手中的牌已少了三分之一。

南云还能故作沉稳，他的幕僚长已是紧张到上蹿下跳。草鹿从舰桥的这头走到那头，不停地对甲板上的军官进行催促，那样子，恨不得把舰上的飞机全都当成纸做的，风呼啦一吹全升到天上去。

眼前的招呼完了，他又拿起望远镜，朝"瑞鹤"上看，一看，那艘航母的动作更慢。草鹿跺着脚，命令信号旗手向"瑞鹤"打旗语询问："为什么延误？"

其实一点不奇怪，起飞准备时间太过仓促，船员和飞行员们免不了要手忙脚乱。

第二次所罗门海战结束后，南云舰队损失的舰载攻击机一直未能得到及时补充，这使现有的攻击机出现了不足，但草鹿还是把能派的都派了出去，连一架战斗机也没留下。

第一波攻击队，六十七架，第二波攻击队，五十三架，总计有一百二十架战机向东南方向飞去。草鹿站在舰桥上喃喃自语："敌人来了，就得拿起长矛……拿什么都行！"

各赶各的道

美军航母发起空中攻击的时间，比日军航母晚了二十分钟。从航母数量来看，仅南云舰队就有三艘，实力自然要超过美军，但在获悉对方的大致方位及航向后，金凯德仍以狭路相逢勇者胜的精神，毫不犹豫地从"企业"和"大黄蜂"先后派出了三波攻击机。

美军的第一波攻击机在飞出六十海里后，即与南云的第一攻击队擦肩而过。日军是没有发现美军，美军则是战机数量太少，而且也没有足够的时间和燃料来堵截对方，于是两边都直着眼睛走路，各赶各的道去了。

十分钟后，美军第二波攻击机又与日机相遇，这一波比前面一波的数量更少，一共只有十九架飞机。

打了照面之后，日军机群本来已经飞了过去，可是属于"瑞凤"的那一支觉得瓜儿要拣软处捏，便宜不占白不占，他们实在受不了这种诱惑，于是又掉头向美机发起空战。

战机在空中厮杀了一阵，互有损伤。因为心里都还惦记着更为重要的使命，所以这场空中肉搏战来得快，去得也快，双方一脱离接触，即加快速度向预定目标奔去。

日军攻击队出发较早，首先接近美军所在区域。美舰上装有雷达，按理可以先知先觉，但因出击美机与日机均在一个方位，有些难以辨别，雷达兵花了十几分钟时间才确认核实，这时与日军第一攻击队相距已不到五十海里。

金凯德沿用了过去弗莱彻的指挥体系，所有战斗机均由"企业"号航母来引导，这种方式既不准确，又不得力，加上引导官还是个新手，导致升空拦截的战斗机配置得太迟，离舰队也太近，这使日机得到了痛下杀手的机会。

"企业"号见势不妙，赶紧躲进了一片暴雨区，"大黄蜂"无处闪避，只能和警戒舰船一起，依靠防空炮火编织起的火力网进行拦阻。这道火力网并非摆设，日机要么不碰上，碰上就会像触到高压电一样被爆开，随后拖着尾巴栽入海底。

只是来钻火力缝隙的实在太多了，"舰爆"（即九九式俯冲轰炸机）不顾火力网的拦截，集中向"大黄蜂"俯冲投弹，其中一颗炸弹落在飞行甲板附近，另外两颗

激战中的"大黄蜂",此时已经有所倾斜。画面上一架九九舰爆正向"大黄蜂"冲来,从空中落下的高炮炮弹弹片溅起的水花,可以想见当时战斗的激烈程度。

虽然炸歪了,但还是伤了舰身。

"大黄蜂"遭受到的第一个重大伤害,是一名日机飞行队长造成的。他在被火力网击伤起火后,索性实施自杀式攻击,向烟囱进行俯冲,最后笔直地栽倒在飞行甲板上。只听轰隆一声巨响,机上所携带的两枚炸弹一齐炸开,舰内机库随即起火燃烧。

"野猫"机群奋不顾身地向舰爆冲去,然而几分钟后,由村田重治指挥的九七舰攻又从后方低空掠来。

村田绰号"雷击王",专攻航空鱼雷,他曾经和渊田等人一道研究如何在珍珠港实施浅海鱼雷攻击,偷袭珍珠港时,第一条鱼雷就是他射出去的。

村田在中途岛战役中受过伤,伤愈后依旧是南云麾下的擎天一柱。在第二次所罗门海战中,鱼雷机群出击过晚,未能及时攻击美舰,这使他心有不甘,此次村田极为冷静,他趁着"野猫"与舰爆纠缠的机会,亲自率领鱼雷机对"大黄蜂"两舷发起夹攻。

舰攻飞得很低,防空火力网完全顾及不到,有两条鱼雷钻进航母的主机室并发生爆炸,这两枚中的一枚即为村田的杰作。

"大黄蜂"先是停了一会儿,接着舱体便出现倾斜。不过它的悲剧并没有结束,日机对付"大黄蜂"的手段有如鬣狗撕咬狮子,每一次攻击机的数量都很有限,但却能够持续不断地进行,直到对手无力恢复,流尽最后一滴血为止。

很快又有一群日军轰炸机袭来,三枚重磅炸弹让航母完全变成了一座燃烧的火山。见"大黄蜂"已失去航行和作战能力,附近的巡洋舰迅速赶到,将它拖离战场。

日方也为此付出了不小代价。由于属于"瑞凤"的九架"零"式贪便宜,半途去攻击美机,导致南云第一攻击队的护航战斗机减少,在"野猫"拼了命一样的冲击中,日机纷纷解体或坠落,"雷击王"村田在发射鱼雷命中后,即被"野猫"凌空打爆，整个攻击队损失战机超过一半以上。

勇往直前

如果不是角色位置发生了变换，同样的场景可以原封不动地搬到两百海里以外。吊诡的是，当南云舰队发现美机接近时，两艘航母的反应竟然跟几个月前的珊瑚海海战一模一样："瑞凤"躲进了暴雨区，"翔鹤"仍然呆呆傻傻地暴露在广阔海面上，成为美机攻击的主要对象。

由韦海姆少校指挥的"无畏"式俯冲轰炸机群，包括韦海姆自己在内，其飞行员皆为参加过中途岛战役的老兵。韦海姆率领着这群老兵，竭力冲破"零"式的拦截，向"翔鹤"飞去。在第一架被击落后，韦海姆座机的发动机因过热也开始冒烟，他往左右一看，全是包围上来的"零"式战斗机。

这个时候如果韦海姆立即在海面迫降，获救的希望会很大，但美国人的战斗意志超乎想象，面对梦寐以求的攻击目标，他选择了勇往直前。

离"翔鹤"还差一截，在飞机即将停摆的一瞬间，韦海姆被迫丢掉炸弹，掉头朝海面滑翔下去，之后他把飞机稳稳地停在水面，并从座舱里爬了出来。两天后，这位勇敢的少校才被一架美军巡逻机救起。

尽管韦海姆没有能够碰着"翔鹤"，但他的举动已经大大鼓舞了其余美机，相形之下，对它们进行阻拦的"零"式战斗机则越来越焦躁，射击的偏差也越来越大。

剩下的十一架"无畏"终于出现在"翔鹤"上方的高空，它们以两机为一个编队，冒着猛烈的高射炮火，向"翔鹤"反复俯冲，真不愧这种轰炸机的"无畏"之名。

"翔鹤"笨拙地扭动着，可是怎么扭，也无法完全脱离美机轰炸瞄准器的光圈。听到炸弹不断在飞行甲板上爆炸，草鹿惊恐万状，他用颤抖的声音问轮机室："是不是又一次中途岛战役？"

轮机室不知如何作答，只简单地报告了情况："有四枚炸弹落在左舷飞行甲板，两枚炸弹落在尾部升降机附近。"

"翔鹤"陷入一片混乱，它的飞行甲板上出现了四个大洞，钢板恐怖地上翘着，

损管队在飞行甲板上对受伤的"翔鹤"号进行灭火。"翔鹤"和"瑞鹤"号同属翔鹤级航母，为日本海军在西南太平洋鏖战时的主力，由于干舷比较高，在风浪中航行时海浪打不到其飞行甲板。

露出了下面的机库。

"翔鹤"和第二次所罗门海战时的"企业"一样，因装备有先进的火控系统，加上消防人员也很卖力，所以比较经得起胡打海摔，没有即刻沉没。即便如此，它也已失去回收飞机的能力，通信联络系统近乎瘫痪。

"翔鹤"步"瑞凤"的后尘，撤出战场，掉头前往特鲁克，此后它回国修理的时间长达九个月，足见受创之深。

除韦海姆机群外，其他出击的美机机群都未能取得特别大的战果，不过这已经够南云受的了。他被迫将舰队司令部转移到一艘巡洋舰上去，同时下令由第二航空战队（即二航战）司令官角田觉治代理指挥。

这一幕与中途岛海战临近结束时的情景非常相似，要说好上一些，也就是"瑞鹤"仍能正常航行，对美军舰母的攻击还在继续而已。

让南云略感安慰的是，从截听到的美军飞行员交谈情况来看，美军共有两艘航空母舰，而根据第一攻击队的报告，其中一艘已经瘫痪。

能不能找到并击沉美军的最后一艘航母，就看第二攻击队的了。

暴雨区为"企业"号提供了天然保护伞，外面打得天翻地覆，它还一点儿没事，可是随着时间的推移，海风把雨云给赶跑了，"企业"重新暴露在光天化日之下。

在"大黄蜂"遭难后一小时，南云第二攻击队中的轰炸机群飞临"企业"上空。

这支轰炸机群由关卫指挥，关卫在第二次所罗门海战中为南云立了大功，"企业"当时受伤就是他带队"修理"的。按照原计划，早到的轰炸机群需要等鱼雷机群到达后，协同进行攻击，可是关卫等不及，没等鱼雷机群到达，便下令俯冲投弹。

要是两个机群一齐上，美军免不了要慌了手脚，一个个地上，扎马步，遮门户的时间就有了。护航的"野猫"战斗机被布置到上空的四个角，在占据有利位置后，它们连肉带骨头地一气"啃"掉了十架日机，等五架日机好不容易冲过拦截网，"南达科他"又毫不客气地把它们给打得凌空爆炸。

"南达科他"是经罗斯福特批，由海军调拨给太平洋舰队的一艘新式战列舰。这艘战列舰让人刮目相看之处，就是安装了博福斯高射炮，后者被认为是"二战"中最为有效的防空武器，打起来又准又狠。

犯了急躁病的关卫也撞上了炮口。在俯冲轰炸前的一刹那，他座机的右翼中弹起火，无望之下，他向一艘美军驱逐舰撞去，当场粉身碎骨。

百密亦有一疏，虽有战列舰的鼎力护驾，"企业"还是挨了两枚炸弹，浓烟从舰首后部冲天而起，并随风扩大，很快笼罩了飞行甲板。

"企业"起火不是第一次，机损和消防人员都有经验，发现情况不对，马上进行抢修。不到十分钟，大火即被控制，弹洞也得到了修补。

刚刚稳定心神，舰攻机群到了。

关二爷卖豆腐

缺少了舰爆机群的参与，美军得以凝聚心神于舰攻机群。十四架日军鱼雷机来袭，先后有五架中弹起火，剩余的九架分成两队，从航母左右两舷投放鱼雷。

九条鱼雷像是九只鲨鱼一样，啮着冷森森的白牙破浪而进。这是最令人心悸的时刻，躲左边，右边来，躲右边，左边来，总有一枚能射中你，在太平洋海底，如此中招的钢铁冤魂不知有多少。

"企业"号竟然挺住了，九条鱼雷，无一中的！

这叫作关二爷卖豆腐，小鬼也不敢上门，"企业"今天算是把所有好运气都扎堆扛回家了。然而危机并没有消失，"南达科他"不久发出警报：又一次进攻即将来临！

此次进攻由二航战司令官角田所策动。二航战属于近藤舰队的先

海战中的"企业"号。光看看空中令人眼花缭乱的炮火，就知道当时战斗有多么激烈了。

头部队，它只有一艘航母"隼鹰"号，攻击能力较弱。但角田的指挥风格与南云完全不同，倒与中途岛海战时的山口多闻相似，是一位"见敌必攻"的勇将，敢于冒险，也乐于冒险。

南云采取的是远距离起飞攻击队，争取抢先攻击对手的策略。角田从南云手中接过指挥权后，马上反其道而行之，他下令"隼鹰"以最大航速往东南前进，尽可能接近美舰。

单刀直入，直取险地，是为了在舰载机数量过少的情况下让飞机多飞几回，以便最大限度提高飞机的利用效率。

在距离缩短到二百八十海里后，"隼鹰"放飞了含二十九架日机的第一攻击队。攻击队长是曾参与偷袭珍珠港的志贺淑雄，志贺在目的地发现了正在翻滚的海浪中前进的"企业"，用他的话来说，中过两弹的"企业"就像嘴里叼着根骨头一样，航行时非常缓慢吃力。

在志贺机群到来之前，有着将近四十分钟的间歇，在这个时间段内，美军两艘航母的战机已经得以集结，志贺机群一露头，就遭到了它们的迎头猛击，一会儿工夫便有十架日机被打爆。

危险越大，准头越低，虽然飞机炸弹仍纷纷落下，但"企业"仅中一弹，未再有大的创伤。发现"企业"这边很难通过，日机便转头去攻击其他舰船，"企业"趁乱夺路而逃，退出了战场。

激战过后，战场上空陷入了短暂的平静，双方都在忙于回收飞机，并抓紧时间喘息。中场清点，美军的"大黄蜂"遍体鳞伤，"企业"的飞行甲板中央又出现了一个明显的长方形弹坑，机损人员正在抢修，日军的"瑞凤""翔鹤"失去战斗力，已返回泊地。

还没有到谢幕的时候，因为角田不答应。

早在第一攻击队出发后，好勇斗狠的角田便已着手拼凑第二攻击队——攻击机少不要紧，有一架算一架。

奥宫正武中佐就在"隼鹰"号上，正当他按照角田的吩咐，埋头准备的时候，天空中出现了星星点点几架小型飞机，飞机飞得很低，为慎重起见，角田向"隼鹰"下达了"对空作战"的命令。

不一会儿，小飞机开始上下波动，奥宫这才搞清楚它们都是自家飞机，不知道原来究竟属于"瑞凤"还是"翔鹤"，反正现在无家可归。

奥宫在附近没有看到完好的"瑞鹤"，他急忙在图上标出"瑞鹤"的推算方位，并将方向通知给了小飞机。

小飞机飞走后，"隼鹰"上空的日机越来越多，有三架一个编队的，也有两架一个编队甚至单独的，每架飞机都摇着机翼，表明必须紧急着舰。

这些飞机也来自南云舰队，不同的是，它们属于南云攻击队的残部，九死一生才从战场上逃回来。角田突然灵光一现：我不是缺少作战飞机吗，为什么不拿来使使？

角田甚至后悔放过了小飞机，他下令允许飞机降落，但随着一架又一架飞机挣扎着滑到"隼鹰"的甲板上，角田又有些失望了。

很多飞行员全身是血，无法动弹，显然已经受了重伤。角田只能矮子里面拔高个，他从中挑出一些尚能作战的飞行员后，委派"瑞鹤"号战斗机队长白根斐进行指挥。

已经惨兮兮的飞行员一口气不歇，就要让人家再冒一次险，这种事情也只有日本人才做得出。奥宫心有忐忑地对白根说："白根君，辛苦了，请您再飞一回好吗？"

白根只回答了一声"是"，便率第二攻击队出发了。

1942年10月26日，下午1点10分，白根机群发现了"大黄蜂"号，当时它正由一艘美军重型巡洋舰拖着在慢悠悠地撤退。

日机迅速发起攻击，六架鱼雷机贴着水面朝两艘美舰飞去。那种情况下，死一个就死一个，绑一块，全死。巡洋舰急忙砍断拖索，转向闪避，"大黄蜂"躲让不及，一条鱼雷击中了右舷舰身，甲板随即裂开了一个大口子，燃油像喷泉一样涌了出去。航母倾斜得非常厉害，舰长只得下令弃舰。

日机犹如蚂蝗叮腿，一旦咬住了就死不松口。下午1点45分，"瑞鹤"也加入嘶咬阵营，由回收飞机组成的攻击群飞临"大黄蜂"上空，这使得美国水兵离舰时，飞行甲板上又挨了一弹。

战斗已真正进入尾声，但角田就像打了激素一样，依然兴奋莫名。他率领"隼鹰"和另外两艘驱逐舰一路往东南冲去。航母速度太快，两个小跟班一路上都不断在为燃料不足而叫苦。

蜂坚强

角田除不断起飞攻击机外，就是在组织新的攻击队。不过第三攻击队要拼凑起来并不容易，原因是舰载机实在剩下不多了，回收的飞机稀稀拉拉，而且几乎每一架都中了弹，受了伤，还能再战的少之又少。

角田决心以"隼鹰"的舰首对着美军舰队，即使航母上只剩最后一架飞机也要出击，如果舰载机全部用完，就用"隼鹰"与美舰相撞。

接到攻击命令，疲惫不堪的飞行员们有的已经在脸上露出怨恨表情。作为航空参谋的奥宫只得出面做工作："这是战争呀，对敌人要不给这最后一击……"

好在日军飞行员都是天生的贱命，一听就又激动起来："我去！"

第三攻击队只有区区四架俯冲轰炸机，在攻击时，飞行指挥官煞有介事发回电报："全军冲锋！"

"大黄蜂"最著名的一张照片。在被炸弹和鱼雷严重击伤后，舰上的上层建筑已经卷曲，并被浓烟所包围，但星条旗仍高高飘扬，犹如是美国国歌《星条旗永不落》的生动再现。

此时的"大黄蜂"就像个木头桩子，一动不动地任你炸，而日机也是饿眼儿见瓜皮，争着往这座不幸的航母身上投弹。

"大黄蜂"又中一枚炸弹，然而始终没有沉没，被浓烟和大火所包围的舰桥上，一面星条旗仍高高飘扬。

暮色已近，日军再不可能作航空攻击。坐镇特鲁克的山本传令：已经掉转航向的近藤舰队向战场前进，以战列舰向美军继续发起进攻。

时间对金凯德来说相当紧迫。空袭虽然停止，但他的航母已经全部失去自卫能力，单靠其他舰船，不足以与日军对抗。

金凯德做出了撤退决定，在此之前，

他必须处理掉不可救药的"大黄蜂",以免瘫痪的航母落入敌手。两艘驱逐舰遵令发射鱼雷,所发射的十六条鱼雷中,有九条命中航母。

令人始料不及的是,中弹后的"大黄蜂"号照旧漂浮在海面上,除了火势增大外,没有任何要下沉的迹象。

当天的美军航母都很了得,"企业"号变化为"关二爷","大黄蜂"则俨然就是"蜂坚强"。

得知日军航母正迅速逼近,驱逐舰又向"大黄蜂"发射了四百余发炮弹,航母庞大的舰体被打得百孔千疮,打得船员们都要掉泪了,"蜂坚强"兀自不肯入水。驱逐舰急于撤退,才被迫放弃了进一步的毁舰行动。

与角田不顾性命的疯狂穷追不同,近藤舰队的其他舰船在追击时大多不紧不慢,犹如闲庭散步,他们从飞行员提供的报告上看到,上空仍然有美军战机,也就是说美军可能还有完好无损的航母,这要追得太急的话,不是找死吗?

动作迟缓的结果,就是除了被美军丢弃的"大黄蜂",追兵们一无所得。兽医做个二十年,也能猜到驴肚子里的病,奥宫经历过中途岛海战,知道吃过大苦头的日本海军早就有了惧战情结,大多数人像南云一样,能捞回点本钱就已经在一个劲地念阿弥陀佛了。

"在水面舰艇的指挥官中,如果再有一个角田式的人物,那么战斗结果绝不会这样。"奥宫无奈地发出了慨叹。

傍晚,近藤信竹向山本报告:"美国护航舰队已经撤走。"山本回电:"如果情况许可,请拖曳被捕获的敌航母。"

山本这时还不知道,当初空袭东京的机群即来自"大黄蜂",他只知道,如果能将美军航母拖回日本国内展览,已足以一解自己的心头之恨。

当近藤派两艘战列舰前去察看"大黄蜂"时,却发现因火势过大,根本无法接近,更别说拖曳了。近藤只能下令击沉,晚上10点,两艘日军驱逐舰各向"大黄蜂"发射了两条鱼雷,只见"蜂坚强"猛地一个翻卷,终于消失在滚滚浪涛之中。

这场自中途岛以来太平洋上最激烈的海战,由于是在圣克鲁斯群岛附近发生的战斗,因此被称为"圣克鲁斯海战"。美国海军在此战中蒙受了战术性失利,哈尔西损失了一艘航母,他用来保护海上交通线的,只剩最后一艘受创的航母和一艘战

弃舰中的"大黄蜂"

列舰了。

中途岛战役期间，美国对日广播曾把南云舰队称为"呆头鸟"，但播音员在播报圣克鲁斯海战的战况时，也不禁黯然神伤："美国海军自创建以来，从来没有像今天这样迎来悲惨的一天。"

日本方面一片欢腾。由于参战飞行员死伤太多，他们只能根据推算来总结战果，美军明明只沉了一艘航母，战报上却说至少打沉了三艘。

能击沉三艘美军航母，足以报中途岛的一箭之仇，包括草鹿在内的幕僚们个个满面春风，喜形于色。山本也非常高兴，大半夜的都睡不着觉，一个人乘着月色在"大和"的甲板上来回踱步。

东京举行了盛大的庆祝游行，人们从市中心拥向皇宫大门。裕仁天皇特意给山本发来敕令，表彰联合舰队的"勇敢战斗"，在把敕令交给军令部总长永野时，裕仁又提到了瓜岛："日美两军正在瓜岛激战，对帝国海军来说，瓜岛是一个重要基地，希望我军能尽快夺回该岛。"

第六章　／　天黑请闭眼

对圣克鲁斯海战的结果，美国军方的态度并不如想象中那么沮丧。尼米兹就希望哈尔西能打出去，不然费尽周折换将干吗？更何况，在尼米兹看来，这一战也并没有败，只是打了个平手。

他这么说有着充分的依据。联合舰队在此战中损失了一百架飞机，特别是村田、关卫等一批王牌飞行员的战死，令南云一航战的战斗力丧失殆尽，角田二航战也为之伤筋动骨。

当角田拼凑攻击"大黄蜂"的第三攻击队时，他已不得不起用年轻新手充当飞行指挥官。战后在奥宫所保管的飞行员名册中，竟有十分之七的飞行员名单被用红笔给划掉了。

金凯德尽管也损失了七十四架飞机，可是老美制造飞机和培训飞行员的速度、效率，日本人哪里能赶得上。从这个意义上来说，太平洋舰队只会越来越强，联合舰队只会越来越弱。1942 年 10 月 27 日，山本将出战的各舰队全部撤回特鲁克泊地，一方面是接受补给，另一方面，他实在也损失不起有经验的飞行员了。

联合舰队的回撤，自然有利于在瓜岛坚持作战的美军陆战队。太平洋舰队司令部在战斗日志中总结道："瓜岛总的形势并非不利。"

哈尔西抓住机会，尽其所能向瓜岛赶运各种增援力量。

老虎钳

1942 年 10 月 27 日上午，经过连续空袭和空战，"仙人掌航空队"的战机数量减少到只有二十九架的最低限度，但这不要紧，哈尔西已经掌握了所罗门群岛以东的制空权，血不够，补就是。

尼米兹说过，必要时可以调用盟军，哈尔西从澳大利亚调来了轰炸机，加上从夏威夷运进的轰炸机和战斗机，保证了"仙人掌航空队"在最短时间内满血复活。新的轰炸机不仅装有炸弹和鱼雷，还能进行远距离巡逻侦察，提前发出日军来犯的警报。

两名陆战队员正在 M2A4 轻型坦克前担任警戒。陆战队非常重视培养士兵对部队的感情，这种巧妙培养起来的感情，有效增强了士兵的勇敢和献身精神，也为陆战队赢来了"硬骨头"的声誉。

所有运输手段都被动员起来，用于装运汽油、弹药和食品。1942年10月30日，范德格里夫特获得了 M-2"远程汤姆"式一五五毫米榴弹炮，这种火炮无论在射程还是射击效果上，都超过日本人的"皮特斯手枪"。

赤的是金，白的是银，圆的是珠，光的是宝，那个阔绰，不过岛上美军并没有一点轻松的感觉。哈尔西不停地运来武器，从另一个角度证明了，虽然陆战队员们已经疲倦到要死，却还是不可能得到休息的机会，非但如此，还必须再度出击。

1942年11月1日，范德格里夫特从陆战一团、五团和七团中抽调兵力，对马塔尼考河西岸的日军发起新的攻势。这些陆战队下属的每个营几乎都和日本人交过手，驻守西岸的又是早已被打垮的日军残余，扫起来摧枯拉朽，毫无障碍。

几天后，当美军消灭日军在瓜岛西面建立的一个滩头阵地时，他们得知，日军又在东面滩头登陆，从而对瓜岛周界形成了一个新的威胁。

范德格里夫特暂时停止追击，他下令就地掘壕固守，同时派汉尼根中校率领陆战七团二营向东进发，看那边情况究竟怎样。

1942年11月3日晚，汉尼根营到达东面滩头附近。当天大雨倾盆，夜黑得可怕，但他们还是能够辨认得出停泊在海边的日舰，甚至也能听得清楚卸载的声音，只是无法估计日军的确切数目。

拂晓以后，一支日军的小型巡逻队发现了美军，开始向汉尼根营发动进攻。晚上不知道对方有多少，当日军一拥上来的时候，汉尼根才发现，其数量之大，远远超过了事先的预料。

汉尼根营的身后是一条很深的河流，万一被迂回切断，就只有被钉在滩头挨打的份了。由于无线电发生故障，无法向范德格里夫特汇报，汉尼根果断下令撤退，一直撤到马林比乌河为止。

汉尼根的决定被证明是正确的。1942年11月5日晚，日军也追到了马林比乌河对岸，但此时汉尼根已与师部取得联系。

得知登陆日军不少，范德格里夫特立刻想到要一不做二不休，将新的登陆地点铲除干净，以杜绝日军继续作大规模登陆的可能。为此他亮出了自己的老虎钳，除增援普勒营等三个步兵营外，还抽调了炮兵营、战车连、特种兵器连等近期增援来的各色部队。

几天之内，登陆日军组织的防线便被老虎钳夹到粉碎，从包围圈钻出的日本兵逃入丛林，本已卸到滩头的物资也被美军全部销毁。

陆战队从陆上赶，海空部队就从海上攻。1942年11月7日，"仙人掌航空队"轰炸了停泊在"狭道"上的"东京快车"，紧接着，图拉吉的鱼雷快艇也冒出来，对运送军队的日舰展开袭击。

有一段时间，"东京快车"白天都有，这么一打，它又被迫退回偷偷摸摸、鬼鬼祟祟的原形，只能增开晚上的班次了。

瓜岛战役进入了关键时刻。1942年11月8日，哈尔西亲自登上瓜岛进行视察。在岛上举行的记者招待会上，一名记者问："你认为日军还能支撑多少时间？"

哈尔西意气风发："这个问题不难回答，等我们把岛上的日本人全部消灭，他们也就支撑不住了。"

记者来了个打破砂锅璺（问）到底："您能不能给我一个明确的答复？"

哈尔西看了记者一眼："那么，你认为他们还能支撑多久呢？"

哈尔西没有给出消灭日军的具体时间，事实上，这个时间谁也给不出，但是他提出了打赢这场战争的方案，那就是"杀死日本佬！杀死日本佬！不断地杀死日本佬！"

这个几乎可以媲美麦克阿瑟的热血经典口号，立即登上了报刊的头条。

哈尔西没有忘记视察野战医院，慰问作战受伤的士兵们，他的到来，不仅给予前线将士以勇气，还传递了一种必胜信念，看到他，大家心里都觉得踏实了很多。

一名记者这样写道："强将手下无弱兵，由'蛮牛中将'统率南太平洋战区，我们不打胜仗才是怪事呢！"

与哈尔西的信心十足不同，驻于瓜岛的第十七军司令部则是一片颓丧之气。辻政信的直接上司、参谋本部作战课长服部卓四郎登上瓜岛进行视察，他看到以往高调到不行的辻政信蔫了——当两人握手时，服部的手还是白白嫩嫩，显示着科室人员的养尊处优，而辻政信的手却像乌鸦的爪子一样又黑又糙，显然，瓜岛战事特别是五天的丛林撤退，已经在这位仁兄的身上打上了难以磨灭的烙印。

服部与辻政信的私人关系极好，他的眼泪唰地就下来了。辻政信虽然形容憔悴，但还算健康，第十七军的幕僚已经有一半患了疟疾，无法自由活动。军司令官百武在见到服部后，嘴里口口声声"要干"，可是连服部都看得出，对方在说这些话的时候并无多少把握和信心，而且服部后来还知道，百武一直蹲在司令部不出去，对第一线的实情缺乏了解。

第一线怎样，服部去深入视察了，他感受最深的是粮食不足，军粮很难运上岛，即便运上来，也送不到第一线的最前方。饥饿的士兵们整天躲在丛林里，晒不到太阳，患有痢疾、疟疾、营养失调症的不计其数。那些后续登陆的日军在被击溃后，也纷纷逃入丛林，他们满以为找到了可靠的藏身之处，能够躲避美机致命的空袭，孰不知丛林生活比外面不知还要痛苦多少倍。

说"东京快车"增援不力，运输舰队对此叫苦连天：自从圣克鲁斯海战后，海军舰队和飞机一次也没来支援，制海权、制空权都在美军手中，"狭道"要那么好过，你来试试？

那一刻，服部想到了放弃。

无底洞

日本陆军本来对瓜岛并不特别上心，他们三度派兵，不过是要在这座遥远的弹丸小岛上狠狠教训一顿美国人，让美国人认请谁是"天之骄子"，谁是永远也无法击败的"神话超人"，如此足矣。

现实当然是完全反了过来，日军不断地被扇耳光。而为了挣回面子，参谋本部

瓜岛沙滩上被美军击毁的日军运输舰

又不得不把手边能够拉来的一切力量全都投掷进来。某种程度上，瓜岛之战已经演化成了一场狂赌，有人甚至把瓜岛比喻成了一座无底洞。

试想一下，如果能把投入无底洞的资源用到别的地方去和美军作战，完全有可能获得更大收益，这是服部曾经有过的念头。可是很快，他又被另外一个题目给难倒了：放弃瓜岛容易，如何处理在瓜岛的官兵和伤亡者？在无法占领和控制瓜岛机场的前提下，原有人员的撤退遣送，不是比夺回瓜岛的作战还要难吗？

服部纠结的内心，最后还是被他的老朋友给抚平了。辻政信是煮熟的鸭子——身子烂了嘴还硬。他对服部说，吃紧就是机会，现在美国人确信必胜，正是予以一举歼灭的良机。

辻政信还说，应该放弃瓜岛的，不是日本人而是美国人。关键是看谁更狠，如果日军的反击能够使美军放弃瓜岛，那么美军就会丧失斗志，从此以后仗就好打了。

服部向来被称为是"停在辻的电线杆上的蝉"，辻政信的话让他心花怒放，遂带着这一结论回到东京。

对服部继续争夺瓜岛的主张，在他自己的作战课上就有不同意见。战力班班长高山说，从瓜岛到拉包尔，距离有一千公里，日军在瓜岛作战，犹如用晒竿敲打星星，太不现实了，还不如在拉包尔周围建立防御线，这样至少可以在航空队够得着的地方与美军展开决战。

服部除了重申撤兵比夺岛还难的观点外，就是拿起辻政信给他的盾牌："我们吃苦的时候，敌人也在吃苦，谁能经得起艰苦，谁就能取得最后的胜利！"

高山不过是少数派，在日军大本营内，相当多的人都认为从瓜岛撤退是错误的："因为养成了撤退的毛病，后来一作战就胆怯，没有斗争到底的气魄。"

这么说的，除了陆军，还有海军，海军大约是从中途岛战役里面得出的结论，比如南云在他们的印象中就是被中途岛给打折了脊梁骨，越来越怯懦了。

在日本海陆军中，要是哪位将领跟"怯懦"沾了边，就不会有什么好下场。圣克鲁斯海战结束后一星期，南云就被山本解除了职务，仗都打赢了还要丢乌纱帽，就不能说跟南云在海战中的"怯懦表现"没关系了。

大家都唱高调，嚷嚷着不惜玉碎也要杀入敌阵，这使服部的主张很顺利地便得以通过。

研究如何进一步增援瓜岛成为大本营的主题。从 1942 年 11 月 2 日至 10 日，共有驱逐舰队六十五艘次和巡洋舰两艘次，将第三十八师团运去瓜岛进行增援，然而"东京快车"每次送来的兵员极其有限，又缺乏重型装备，以致上了岸就被美军给打掉，东西两个滩头阵地也先后失陷。

难道第二师团不能去接应或牵制一下吗？根本不可能，服部在考察后估计，第二师团的战斗力已下降到不足四分之一，一众疾病缠身的官兵们别说发动牵制性攻势了，就是他们自己手中的阵地都难以保持。

派几十只蚂蚁，不如遣一头大象，大本营经研究决定，在 11 月 10 日前后，组织一支较大的增援编队，将第三十八师团约一万四千五百人及所需的重型装备一次性送上瓜岛。

身处瓜岛的百武又开始一次次向特鲁克发电，请求海军提供护航。山本深知这种护航任务的危险性，贪多嚼不烂，如果可以，还是晚上小规模的"老鼠运输"更能让人睡得着觉，那样就算给美军逮到，损失也不致太大。

可是山本特有的那种赌徒本性，又让他有了另外一种侥幸的可能：上次栗田、三川炮击亨德森机场的成果至今历历在目，这次不如卖个面子给百武，趁此机会还可以再展示一下战列舰舰炮的威力。

自从圣克鲁斯海战获胜，联合舰队还没有再组队出击过，热灶烧一把，冷灶也要烧上一把才好。山本于是决定破天荒地用运输舰队的办法来装载陆军，同时派出护航和炮击舰队。

"东京快车"加量加价，与美军的大举增兵差不多处在同一时段。哈尔西也制定了一次性大规模增援计划，特纳将运输舰队分成 A、B 两组，这两组在驶近瓜岛时都被日军发现了，不过在海岸高射炮和"仙人掌航空队"的全力拦截下，基本上是有惊无险。

1942 年 11 月 12 日，傍晚时分，得知一支日军舰队即将来袭，特纳决定在天黑前自率运输舰队离开瓜岛，以免遭到对方袭击。为防止日军进一步炮击机场，他从护航舰队中抽出五艘巡洋舰和八艘驱逐舰，由卡拉汉少将率领，重返"铁底湾"。

特纳得到的情报很准确，山本用来炮击机场的那支舰队正向瓜岛逼近。

挺身攻击队

炮击舰队是阿部弘毅的第十一战队，这是一个高速战列舰战队，共有两艘战列舰，分别是"比睿"号和"雾岛"号。在研究作战计划时，已晋升为中将的角田认为两艘太少，他的依据是，过去栗田舰队等在夜间实施炮击，炸完了，跑道又让美国人给修好了，这次如果仍然局限于当时的出战规模，恐怕还是难以取得实效。

角田说，应该"解放思想"，打破海战陈规，把联合舰队的战列舰全都派到瓜岛去实施炮击，那样的话，或许可以"置之死地而后生"。按照他的设想，包括山本的"大和"都不应该再在泊地继续开饭店。

角田的建议是不错，但还是被山本的幕僚们一点折扣不打地给退了回来。

角田因此面带怒容，作为参谋的奥宫也十分不解。如果说"大和"因为过于尊贵和海军传统，可以暂且不论的话，为什么像"陆奥"和"长门"等其他战列舰也不出动呢？

航拍的"比睿"号战列舰。日本在昭和初期最为有名的一艘军舰，其名字来源于日本佛教圣山比睿山，加上从建造到试航都十分顺利，因此被选为天皇的御用舰。在昭和时代的几次阅舰式中，它都是专供天皇乘坐的观阅舰。

角田的主管参谋小声给出了答案："实际上燃料不足呀……"

老问题加上新困难，遂令角田无言以对。尽管战列舰未有增加，但联合舰队上下还是对阿部舰队寄予厚望，他们特地将其命名为"挺身攻击队"，有"挺身"接近瓜岛海岸线，向亨德森机场冒险实施炮击之意。令人哭笑不得的是，到"二战"末期，日本人以慰安妇来维持极为低落的士气时，竟然也把慰安妇队伍称为"妇女挺身队"。

不管怎么说，当初这个名字乍听起来还是挺威武的，只是它与阿部及其幕僚们临战前的精神状态并不匹配。奥宫跟随角田参加了战前讨论会，他感到阿部的首席参谋铃木正金神态有些反常，看上去心情不佳，仅寥寥数语，其消极情绪毕现——话里话外，不是思考怎样上阵厮杀，而是为自己将不久于人世而忧虑。

奥宫的预感越来越不好，他为即将到来的战役前景捏着一把汗，因为会上不只是铃木一个人这样，其余与会者也大抵如是，似乎没有一个人认为"挺身攻击队"能够成功。

阿部很明显受到了这种情绪的感染，一路上都很紧张，天边偶尔出现一两架美军巡逻机，都能把他给吓得跳起来。

当接近瓜岛时，天气逐渐恶化，暴雨伴随着雷鸣扑面而来。阿部舰队胆战心惊地前进，当开到位于萨沃岛西北的预定转向点时，倾盆大雨已经笼罩了整个舰队，瞭望哨无法看清萨沃岛。

阿部舰队没有雷达，黑夜中只能依靠目测来判定距离，换句话说，搞清楚萨沃岛的位置，就为了测定舰队与瓜岛的大致距离。

找不到萨沃岛在哪里！阿部傻了眼，他赶紧发电报给陆基航空队，要求出动巡逻机，以投放照明弹，指示范围，但航空队的回复是，瓜岛天气同样不好，何时恢复难以预料，晚上可能不会派出巡逻机了。

如果阿部像角田那样愣头儿青，即便在无测定目标，只能慢速行进的情况下，仍然心无旁骛地继续往瓜岛开，那么舰队在四十分钟后就能进入"铁底湾"。一旦近在咫尺，管它看得清楚看不清楚，打上几炮总能有些战果，这样回去也能交差了，偏偏阿部听到航空队都不敢动，他就怕了起来，于是下令全队做 U 形掉头，准备以天气恶劣为由返航。

因为过于惊慌，阿部虽然下令掉头，却忘记了通知统一掉头的时间，结果舰队一片混乱，跑丢了鞋的，风吹了帽的，找不着北的，不一而足。

闹哄哄地搅了十分钟，一直笼罩着海域的雨云突然退去，雾气也逐渐稀薄，"比睿"号上的瞭望哨一下子就看到了萨沃岛，接着，航空队派出了巡逻机，"瓜岛方面天气良好"。

侧拍的"比睿"号战死舰

阿部尴尬不已，只好红着脸下令舰队再做 U 形掉头，重新向瓜岛驶去。

这时"挺身攻击队"的队形已经是乱七八糟，本应在前面警戒的"朝云"等主力驱逐舰和"雾岛"都被抛在了后面，旗舰"比睿"则被一艘轻巡洋舰带领着，一路突前。

阿部对自己舰队的混乱状况毫不知情，他以为护卫驱逐舰仍在队伍前面，随时会在美舰出现时发出警报，因此还特地通过"比睿"向"朝云"传话："我现在进入阵地，你舰在前先行。"

"朝云"落后"比睿"好几海里呢，舰长看到阿部发来不知所云的电报，也只有哭笑不得这一种表情可以做了。

当瓜岛的锥形身影出现在舰队前方时，离预定炮击时间已经迟了四十分钟。除了岛上依稀可见的群山外，阿部舰队还看到了岸上点起的两处篝火，这是岸上的日本陆军所点，专为炮击指示位置。陆军的地面观察员同时来电，称他们未发现附近有美舰出没。

阿部下令掉转航向，进入射击阵地，两艘战列舰的所有主要炮台上都在填装薄壳高爆炮弹。

杀舰游戏

卡拉汉的全名是丹尼尔·卡拉汉，因为有着一头白发，且样貌和善，众人都称他为"丹大叔"。他的队伍中还有一名宿将——指挥萨沃岛海战的斯考特，两人从军衔到职位都差不多，但卡拉汉的资历要比斯考特深，所以重返"铁底湾"的舰队便以卡拉汉为主，斯考特为副。

卡拉汉在接过返回"铁底湾"的任务时，已经非常急促，他没有时间再制订一个完备的战斗方案，只能仿效斯考特在萨沃岛海战中的战法，采取单纵队队形，以巡洋舰居中，前后各配置若干艘驱逐舰。

萨沃岛海战曾出现过一个问题，斯考特的旗舰雷达性能较差，没有能够第一个发现日军。这回同样的毛病还是存在，无论是卡拉汉的旗舰，还是斯考特的座舰，都未装备新型的 SG 型对海搜索雷达。

装备 SG 雷达的是轻巡洋舰"海伦娜"号。1942 年 11 月 12 日，晚上 11 点 25 分，"海伦娜"向卡拉汉报告："发现目标！"

在队形位置上，"海伦娜"尚处在斯考特的旗舰"旧金山"号重型巡洋舰之后，卡拉汉有点不敢相信：怎么我还没看到目标，你倒先看到了？

他在无线电话里再三要求予以确认。由于无线电话频道单一，各舰都听到了，又都认为这是卡拉汉分配给自己的活，于是它们便根据各自了解到的信息进行报告，结果造成严重干扰。

卡拉汉足足浪费了十五分钟。在这十五分钟里面，他既没有下令抢先开火，也未派出驱逐舰实施鱼雷攻击。

确认目标系日舰后，卡拉汉下令编队全体右转。显然，这是要仿照斯考特在萨沃岛海战中的做法，抢先占领"T"字横头阵位。

计划总是没有变化快，编队前列的驱逐舰"库欣"号在即将转向时，黑暗中突然蹿出两艘日舰，为避免相撞，"库欣"自行左转，后面的军舰不明究竟，也跟着左转。

跟在后面的卡拉汉一看不对劲，急忙问："你们干什么？"

"库欣"舰长回答："避开自己的军舰。"卡拉汉还想继续询问，通讯网陷入了混乱，一时无法再进行控制。

集体左转之后的美军舰队与日舰混在了一起。卡拉汉没有办法，只好冒险率舰冲击前进，试图从钢铁长廊中穿插而过。

此时日机已经向亨德森机场投下了照明弹，日舰排成三列，正打算开炮，突然间，瞭望哨发现了美军舰队。

偷钱的遇上了巡更的，阿部大惊失色，他想不到天黑后还会撞见美军舰队，他以为美军舰队日落后一定会撤出"铁底湾"，原先要说怕，也主要是怕图拉吉的鱼雷快艇部队。

当得知一支美军舰队早在"铁底湾"严阵以待，而他的驱逐舰因不在警戒位置上而无法预警时，阿部不由得双手冰冷。

天黑请闭眼，从现在起，一场杀舰游戏将从天而降。假如"比睿""雾岛"主炮炮膛里装着的是穿甲弹，阿部毫无疑问会成为游戏的主动方，他可以杀到美军舰队片甲不留，但很可惜，此时战列舰的主炮炮膛里、甲板上，全是轰击阵地用的高爆弹。

先不说要给主炮换弹。就是甲板上堆着的那些高爆弹，也对自身有着致命的危险性，只要美军落下一枚炸弹，就可以带动这些高爆弹一起爆炸，瞬间将整艘舰船一毁了之。

战列舰上顿时一片忙乱，舰上的全部人员都被紧急动员起来，有卸高爆弹的，有装穿甲弹的，有将甲板上的高爆弹往库房里搬的。

当天夜里没有月光，在昏暗的夜色中，海面像墨染的一样漆黑，几乎无法分辨敌我，于是在换弹的同时，阿部又下令"比睿"打开探照灯，结果灯光正好就照在美军轻型巡洋舰"亚特兰大"号上。

"亚特兰大"号。装备十六门五英寸主炮，但在沉没前能够供它发挥的余地并不太多。

"亚特兰大"是斯考特的座舰。斯考特一看不好，不等卡拉汉统一传下命令，就下令朝探照灯射击："开火！反照射！"

"比睿"被迫关闭探照灯。"亚特兰大"的率先开火，使它成为众矢之的，遭到日舰的集中攻击。先是一条鱼雷击中舰体，毁坏了"亚特兰大"的主机，使得这艘巡洋舰只能在原地打转。随即，日军驱逐舰的排炮击中并当场炸飞了"亚特兰大"的舰桥，上面的军官除一人外，全部阵亡，斯考特亦在其中。

"亚特兰大"开始缓缓下沉，它成了这场杀舰游戏的第一个牺牲品。

酒吧斗殴

斯考特阵亡之际，正是双方军舰混杂一处之时。美军舰队被日舰夹在中间，一边是战列舰，另一边是巡洋舰和驱逐舰。

卡拉汉发出命令："奇数舰向右侧射击，偶数舰向左侧射击。"在黑暗中混战，这是一个办法，但是因为舰炮口径参差不齐，致使两侧的火力极不均衡，就跟跷跷板一样，一边高一边低，还有的军舰在它那一侧根本就找不到目标，这使得各舰无法做到集中射击。

日舰趁势反击，舰队与舰队的交战变成了舰与舰之间的单打独斗，各舰在狭窄的海峡里回旋追逐，贴身肉搏，倾尽全力朝对方开炮射击或施放鱼雷，混乱中，还不时出现向己方舰只开火的乌龙情景。按照一位美军军官的描述，与其说这是海战，不如说是在熄了灯的酒吧里发生的一场斗殴更合适。

仅仅几分钟，黑夜仿佛已经变成了白昼，原本漆黑的海面上，穿梭着一串串耀眼的黄色、红色光芒，那是连续炮击所形成的烈焰，再往下看，令人心悸的鱼雷也正穿过翻腾的波浪，在军舰中间钻来钻去。这场遭遇战的混乱及猛烈程度，在海战史上前所未有，实属罕见。

美军驱逐舰"库欣"号与右侧的一艘日军驱逐舰对攻，舰体中部被炮弹命中，航速降低。就在它缓慢航行时，一抬头，正好看到左侧的"比睿"号驶来，于是向对方连发六条鱼雷。

六条鱼雷，一条也没打中。没二话，继续拿鱼雷砸它，就在"库欣"上前欲再行攻击时，"比睿"再次打开探照灯罩住了"库欣"。

黑夜中，谁若被强光罩住，就犹如被判死刑。顷刻之间，炮火铺天盖地而来，不到一刻钟，"库欣"就中了十发装甲弹，其中一发炮弹直接击中弹药舱，令"库欣"因爆炸而直接沉没。

紧跟在"库欣"后面的是美军驱逐舰"拉菲"号。"拉菲"没有被同伴的惨剧吓倒，反正有命就活，没命就死，它迅速上前，抵近"比睿"便发射鱼雷，因为速度过快，两舰几乎撞在一起。

"拉菲"向"比睿"连射四条鱼雷，但这四条没有打开保险装置的鱼雷全都没能爆炸，并且都给大战列舰坚固的船舷给弹了回来。"拉菲"索性直接用火炮和机枪扫射舰桥，阿部和舰长都因此受了伤，首席参谋铃木正金避让不及，当场死亡——铃木的第六感确实了得，预计要完蛋，果然就完蛋了。

在过近的距离下，"比睿"号的主炮受到俯角限制，无法还击。不过"拉菲"的勇猛仍遭到了报复，多达三艘日军驱逐舰对它展开围殴，战列舰"雾岛"也加入其中。"拉菲"双拳难抵四手，发生爆炸后沉入海底。

混战仍在继续，这时美舰忽然听到卡拉汉的命令："停止开火！"

正打得眼红的舰长们莫名其妙："什么蠢命令，停火？"

卡拉汉知道各舰误会了自己的意思，连忙补充："见鬼，我要你们停止向自己的军舰开火！"

原来有美舰误击了早已中弹多处，且正在下沉的"亚特兰大"。

卡拉汉随即喊道："我们要抓大的，首先找大家伙打，那准不是我们的！"

众舰一下子就被点醒了。美舰队列中的最后一艘驱逐舰"奥巴朗"号立即转向，朝不远处的"比睿"号连连发射炮弹和鱼雷，其中一条未爆炸的鱼雷还戳坏了"比睿"的右舵。

"比睿"的上层舱室开始起火燃烧，羞恼之下，它把一股邪火全都发在了卡拉汉的旗舰"旧金山"上。

卡拉汉（左）、斯考特（右）。两位海军少将在战斗中均随船沉没，尸骨无存，为表彰他们"非凡的英雄气概和突出的勇敢精神"，被追授美国国会荣誉勋章。

"旧金山"是重型巡洋舰，"比睿"是战列舰，火力及防护能力上不成正比，在"比睿"的连番炮击下，不断有人被爆炸的气浪从"旧金山"的舰桥上掀出，他们的手足在空中舞动，犹如风中之残叶，又像是被抛弃的破布娃娃。

正在舰桥指挥作战的卡拉汉及其

幕僚全部被炸死，舰长被炸伤，战况之惨烈血腥，令背后"海伦娜"上的军官们也感受到了一种从未有过的心悸。

除"比睿"外，"雾岛"也用大口径火炮对"旧金山"进行射击，成排的炮弹落在甲板、舰桥、瞭望台上。经过弹雨的反复洗刷，"旧金山"的主炮全部被打哑，其他部位也受创严重，但是代理舰长坚持不能撤退。

以"旧金山"的伤势，早就应该撤了，问题是"旧金山"乃旗舰，它一撤，其他舰也会跟着撤，在卡拉汉、斯考特等两名最高指挥官都已经阵亡的情况下，美军舰队在这次海战中将注定以惨败而告终。

大家不甘心，他们要继续斗下去。

星球爆炸

陆战大兵莱基半夜里被惊醒了，他听到有人在嘶哑着喉咙喊："哇塞，是海战耶！我们能够看得到！快来啊，你们这些混球，快来这里看啊！"

莱基和战友们屏住呼吸，趴在山坡上像球赛观众一样观看到了这场海上血战。他们看到一会儿红得可怕的照明弹腾空而起，一会儿橘黄色的曳光弹划出弧线，在黑夜中，海面的各种光点越来越多，波及的面积也越来越大，直至照亮整座岛屿，

伴随着一声地动山摇的咆哮，一艘大型战舰发生了爆炸。这艘战舰是美军的还是日军的，是巡洋舰、驱逐舰抑或战列舰，谁也不清楚，但恐惧还是本能地涌上了观看者的心头，莱基甚至说他想到了星球爆炸和火山爆发。

随着不断的咆哮、不断的爆炸，海上杀舰游戏正愈演愈烈，任何一艘军舰都有被杀的可能，那些行动更为敏捷、出手更为果断的高手才能活到最后。美舰"海伦娜"就是这样的高手，凭借新型雷达，它犹如装了一副夜视镜，敌舰看不到的，它看得到，它看得到的，敌舰未必看得到。

虽然只是轻巡洋舰，但"海伦娜"却能颇为轻松自如地打击对手。它先是打灭日军驱逐舰"晓"号的探照灯，为"晓"的最后沉没立下大功，接着又冲到"比睿"附近，对这艘大型战列舰进行射击。

战斗进行约二十分钟后，"比睿"已威风扫地，舰桥上一片火海，连巨大的桅

楼也变成了一根火柱。它最以为傲的大炮再也不能自由操作了，而战舰一旦不能使用大炮，就不过是妨碍其他舰只运动和作战的一堆废铁。

绕过"废铁"，其他自认为更能打的高手们又纷纷突入第一线。日军驱逐舰"天津风"号杀进美军编队中间，在一片混乱的黑暗中，它发现一艘军舰也正向自己冲来，这艘军舰不断向外喷吐着火焰和浓烟，而且看样子已失去了控制，状若疯狂。

"天津风"连忙进行机动回避。起初，舰长原为一看不清来舰的上层轮廓，还以为是一艘己方驱逐舰，他一个劲地纳闷：这小子都被打到这么惨了，怎么还敢冲到火力区中央来？

定神之后，原为一才猛然醒悟，意识到这是一艘美国巡洋舰。

不错，来者是伤痕累累的"旧金山"。原为一之所以会发生误判，某种程度上也正是因为他有着与很多日本军官一样的成见，即认为对手是"贪生怕死的美帝少爷兵"，负了伤尤其是重伤后一定会狼狈逃窜。可人家其实不是这样，美国人坚持到底的勇气和韧性还居于他们之上。

弄清真相后，原为一急忙用尽平生力气大吼："开火……"

"天津风"连射四条鱼雷，但这四条鱼雷与"拉菲"向"比睿"连射时的结果相仿，由于没有事先解除保险装置，所以无一爆炸。

正当"天津风"的炮手继续填装鱼雷时，"海伦娜"突然犹如鬼魅一般出现在日舰的视野中。在听到一名军官叫喊后，位于舰桥指挥位置的原为一才注意到"海伦娜"，顿时他全身的血液都凝固了。

有雷达和没雷达，有新型雷达和没有新型雷达，这就是区别。原为一当时的反应也并非夸张之词，想想看，别人把手枪顶在你的脑门并即将扣动扳机，你却来不及做出任何反应动作，怎么可能不四肢僵硬？

"海伦娜"扣动了扳机，两

"旧金山"号重型巡洋舰，图中圆圈所标识的是该舰的中弹部位。

枚炮弹全都命中"天津风"，其中一枚几乎把原为一掀出舰桥。

阿部着实被这些可怕景象给惊着了，他不仅自己已经受伤，他所在的"比睿"也受了伤，而且不是一般的伤，这艘战列舰一共中弹八十五枚，基本失去作战和通讯能力——尽管美舰多为小口径炮弹，尽管战列舰装有厚钢板，但如此多的炮弹堆积上来，谁又能受得了。

经过持续二十四分钟的角斗，阿部匆匆忙忙下达撤退令，并放弃了炮击计划。阿部一撤，负责运输的田中舰队也只能跟着回撤，等于原定的登陆和卸货计划也一并夭折。

撤退不是说没道理，日舰的大部分鱼雷都用完了，阿部不知道对方的实力究竟有多强，再打下去心里一点底都没有，再加上他还顾虑着图拉吉岛的鱼雷快艇部队会赶来参战，顾虑即将来临的白天会招致美机空袭……

日舰一撤，美舰也马上返航。他们阻止了日舰对机场的炮击，阻击了日军登陆，仅就这两点来说，已经达到了目的，经过浴血苦战，美国海军将士用韧性为自己摘得了弥足珍贵的胜利果实。

此时的"铁底湾"已是一片火海，除了永沉海底的不幸者外，能够随各自舰队撤走的美日战舰已大多处于半瘫痪状态。不计受到重创的，美军共损失了四艘驱逐舰，其中轻巡洋舰"朱诺"号在撤离战场过程中被日军潜艇发射的鱼雷击中，舰体碎片冲天而起，"猛如一座爆发的火山"，全舰近七百名舰员殉职。

美国海军曾有规定，一家人不能被安排在同一艘军舰上服役，但这一规定并未能够得到严格执行，来自衣阿华州的沙利文五兄弟当时都在"朱诺"上服役，五兄弟也都在殉职名单中。悲剧发生后，美国陆海军立刻将战场上兄弟已全部阵亡的士兵撤回，以避免类似事件发生。1943 年，美国海军邀请五兄弟的母亲亲自命名，将一艘弗莱彻级驱逐舰取名为"沙利文兄弟"号，后来有一艘导弹驱逐舰也叫了这个名字。两艘"沙利文兄弟"号的舰徽格言，就是五兄弟入伍时的誓言："兄弟同心。"

在美国家喻户晓的沙利文五兄弟，只是美军水兵在海战中付出牺牲的代表，指挥层方面更是损失惨重，卡拉汉、斯考特及其大部分参谋幕僚都在海战中阵亡。不到半小时的战斗，就令两位饱经风霜的舰队指挥官战死沙场，这在以往的海战中也

沙利文五兄弟。珍珠港事件爆发时,老大(右一)和老二(正中)刚从海军退役半年,但五兄弟全都应征入伍,并要求将他们分配在同一艘军舰上,这艘军舰就是"朱诺"。

是非常罕见的。

第三次所罗门海战只是由此开了个头,但已有将近一千名美国海军人员殒命于"铁底湾",连战斗报告已看到麻木的欧内斯特·金上将也不由得惊呼,它是一次"空前剧烈的海战"。

日本海军方面也损失不小,除两艘驱逐舰沉没外,阿部的旗舰"比睿"号已失去自行返航的可能,山本下令由"雾岛"负责将"比睿"拖回特鲁克泊地,但阿部认为天亮后岛上的美机一定会蜂拥而至,到时"雾岛"不仅不能拖回"比睿",自己也将成为陪葬品,所以没有执行阿部的命令。

阿部留下了"比睿",等于宣布这艘残废的战列舰已被无情抛弃。

在劫难逃

半夜的海战结束,在岛上坐看风云的两国士兵仍意犹未尽。当回到掩体时,美军陆战队员仍在心里默默念叨着,这场战斗到底谁胜谁负,莱基说,如果略去海战的重要性,他们简直就像棒球迷焦急地等待公布比赛分数一样。

当黎明到来,队员们听到了机场上众多飞机起飞的马达声,他们马上明白,美军赢得了海战。瓜岛立刻成为一片欢乐的海洋,当飞机从陆战队员们身边飞过时,即使如莱基这样最喜欢调皮捣蛋的"老兵油子"也露出了真性情,他们欢呼雀跃,挥舞着胳膊,不知疲倦地向飞行员挥手致敬。

"仙人掌航空队"在天刚蒙蒙亮时就出发,战机飞了一整天,所要做的只有一件事:不停顿地追杀日军舰队中的落伍者。

"比睿"在劫数逃,军官们纷纷向舰长西田正雄建议,既然阿部已经决定不予拯救,不如将战列舰冲到瓜岛岸边抢滩搁浅,那样军舰还可以作为炮台使用,船员也可以上岸参加陆战。

西田也是个犟头犟脑的货色，倚仗着旁边有几艘日舰保护，"比睿"也还能跛着脚走上两步，他愣说军舰还有救，死活不肯将他的宝贝拿去做炮台。

海战的实践证明，只要旁边护驾的不是航母，大白天的，谁都保不了谁。当"比睿"漂到萨沃岛以北海面的时候，"仙人掌航空队"终于追了上来，战机一波一波地发动攻击，"比睿"连中数弹。

西田横下一条心，他在炮塔顶上放了把椅子，在弹雨中坐着发号施令，一副大义凛然，将生死置之度外的样子。阿部两次下令，让他将"比睿"搁浅，都在他的苦求下撤销了命令。

到阿部第三次下达严令时，"比睿"已成为标标准准的案板之肉，连金凯德的"企业"航母也加入了"小刀手"阵营。

"企业"号航母受伤后，只是在努美阿的船坞里进行了简单修补，它的前升降机还没有修好。要想修到彻底，最好把这艘大舰拖到珍珠港去，可是来不及了，哈尔西需要一艘航母去为瓜岛补给线护航。他毫不迟疑地向南太平洋舰队下达了全面战备令，并由金凯德重组"企业"编队。

从努美阿出发时，由修理舰陪伴的"企业"仍是满身伤疤，舰上的机械师、技师和海军工程兵也不停地在进行抢修。哈尔西就像在送别一个伤口还未完全痊愈的部将出征，他反复叮嘱金凯德，任何时候都不要轻易进入所罗门群岛以北海域，以免像圣克鲁斯海战时那样陷入敌舰的围攻。

"企业"确实没有越出哈尔西划定的圈子，可是它的舰载机用不着死守在家里，特别是在日舰撤退的时候。天一亮，"无畏"式轰炸机和"复仇者"式鱼雷机就成群结队地从航母甲板上飞出，协同"仙人掌航空队"，对

引导员在引导舰载机起飞。引导员举起手中的小旗子，这就是向飞行员发出起飞信号，如果他打算结束起飞作业，就放下旗子。

"比睿"展开乱刃砍杀。

不撤实在不行了，在阿部的强令下，当天晚上，"比睿"的船员全部撤离，欲与战舰共存亡的西田也被强行架走。

"比睿"完了，山本痛心之余，还想再废物利用一把，即通过"比睿"来吸引美机注意力，以掩护其他舰的撤退。可是阿部这废物点心不明圣意，他急不可耐地下令将正在燃烧的"比睿"送进了"铁底湾"的海底。这是"二战"中日军损失的第一艘战列舰，也是1898年美西战争以来美国海军击沉的第一艘战列舰。

阿部其实也没做错什么，其他撤退舰船亦未受到太大损失，可山本还是恼火不已。当阿部舰队返回肖特兰基地后，他在电话中恶狠狠地将阿部大骂了一通。

山本已经输不起了，他不再是从前那个自信到可以偶尔夸对手两句的山本了，他现在是心头一股无名火，碰到一点就生烟。盛怒之下，山本以未按原计划炮击机场为由，撤掉了阿部的职务，四个月后，阿部从海军退伍，转为预备役。

要论在战争中的表现，"比睿"舰长西田可比阿部漂亮多了，起码人家看上去更像一个正经武士，这要在过去，不仅不会受罚，没准还能得到山本的夸奖哩。可惜就是时候撞得不对，触上了霉头，山本一般无二地将他送上军事调查法庭，之后西田也像阿部一样，被转入了预备役。

炮击瓜岛机场自此成为山本的一块心病。酒病酒药医，早在阿部仓皇回撤之际，山本就已派三川组织舰队，前往瓜岛完成阿部没有完成的使命。

"企业"编队不适于夜战，哈尔西立即调遣第六十四特混舰队赶赴瓜岛，以阻截三川舰队，但第六十四特混舰队尚在三百五十海里以外，在该舰队加速赶往瓜岛海域的过程中，三川舰队已提前进入了"铁底湾"。

中了头彩

1942年11月13日午夜，三川舰队的两艘重型巡洋舰摆开阵势，向亨德森机场发射了八百九十八发炮弹，持续半个多小时的炮击几乎将机场整个犁了一遍。停在机场上的美机被毁十八架，受伤三十二架。

每一次炮击机场，都会从心理上给岛上美军带来沉重打击。陆战队员们都有着切身体验，莱基说他即使翻遍词典，也找不到一个恶毒单词来对此进行咒骂。炮击完了，他往往花半天时间都无法消除胸中的那份郁闷和压力。

在炮击机场的同时，负责运输第三十八师团的田中舰群也正浩浩荡荡前往瓜岛，瓜岛美军的处境重又变得岌岌可危。获知这一消息后，从哈尔西到尼米兹，再到华盛顿的最高决策层，个个如坐针毡，美国海军部长诺克斯回忆："太紧张了，只有在诺曼底登陆的前夜，华盛顿普遍感觉到的紧张情绪，才能够与这次相比。"

这个时候，他们其实还应该深感庆幸。就舰炮口径而言，重型巡洋舰为二百〇三毫米，战列舰则达到三百五十六毫米，换句话说，如果那晚阿部舰队能够成功炮击，机场就真的全毁了！

累累弹坑，给海军修建大队带来了麻烦，但对于类似事件，"海上蜜蜂"们早已习以为常，经过拼命苦干，到第二天太阳升起时，亨德森机场的跑道重新恢复使用。

听了一晚上的炮击，"仙人掌航空队"和"企业"航母的飞行员们像陆战队员一样气炸了胸膛，他们摩拳擦掌，咬着牙要报昨晚的一箭之仇，联合舰队的厄运来了。

1942 年 11 月 14 日拂晓，从瓜岛飞出的美军侦察机发现了正在撤退，但尚未能够撤出战斗范围的三川舰队。"仙人掌航空队"的二十架战机呼啸而出，对三川舰队进行攻击。经过两小时的轰炸，日军重型巡洋舰"衣笠"号被炸伤进水。

黎明时分，"企业"侦察机又找到了三川舰队，航母攻击队闻讯赶来，数分钟之内就将已经气息奄奄的"衣笠"完全击沉。

当三川舰队失魂落魄地逃回肖特兰基地时，死鬼"衣笠"的小伙伴们，无论是重型巡洋舰、轻巡洋舰，还是驱逐舰，舰体无不是弹痕累累。

早起的鸟儿有虫吃，一大早就在亨德森机场上空起飞的"仙人掌航空队"。

更肥的鸭子还在后面。依据田中舰群即将到来的情报，从亨德森机场起飞的另一架侦察机沿"狭道"进行严密搜索，终于发现了田中运输舰队。

在大白天冲进"仙人掌航空队"的攻击半径之内，对运输舰队无疑意味着毁灭，田中本不该自投罗网，但他错听了三川的报告，三川说，机场已经摧毁了，不用再害怕来自空中的袭击——敢情田中和三川之前都不知道"企业"航母就在附近。

田中舰群被侦察机逮住与三川舰队遭攻击，几乎发生在同一时段，所以就算三川能够在焦头烂额之际向田中通风报信，都一样不顶用。

当侦察机向航空队报告田中舰群的位置时，"仙人掌航空队"的飞行员欢呼雀跃，他们大声喊叫道："中了头彩啦！"

1942年11月14日，上午11点，从瓜岛起飞的三十七架战机飞临田中舰群上空，田中舰群立刻拉响了防空警报。

田中舰群在护航措施上比较薄弱，只有有限的几艘驱逐舰在旁护卫，见美机袭来，驱逐舰一面作蛇形运动躲避，一边以高射炮使足力气往上猛烈射击，几架美军的俯冲轰炸机中弹失控，坠入海中。

第一波攻击未见成效，在侥幸心理的驱使下，田中并未撤退，于是在一个多小时后，他迎来了第二波攻击。

二十七架美机从碧蓝天空的尽头如潮涌来，只是轰炸机投弹的命中率像上一波一样低，忙来忙去，仅对一艘运输舰造成创伤，还是轻伤。

美机攻击的低效率，让田中产生了一种虚幻感。宁可卖了悔，休要悔了卖，他选择了猛打猛冲，在水柱和爆炸声中，运输舰群继续沿着海峡向瓜岛高速突进。

下午1点45分，第三波杀将过来，二十架B-26"掠夺者"式轰炸机布满海峡上空。

作为B-17"飞行堡垒"的后续产品，B-26已升级了至少三代，在美国陆军轰炸机中属于承前启后的机种。它参加过中途岛战役，不过取得的战果并不是很大，这主要还是因为当时有"零"式战斗机拦截。

田中舰群也有几架寥寥可数的"零"式战斗机，这些战斗机全都是远途而来，有的从所罗门群岛北部起飞，有的来自北面海域的近藤舰队。"仙人掌航空队"的"野猫"战斗机以逸待劳，一口气击落六架，使得田中舰群很快失去了战机防卫。

没有了"零"式战斗机的阻挠，"掠夺者"们就像这种机型曾在中途岛中所经历过的那样，在亡命地穿过高射火力网后，用鱼叉一把又叉住了运输舰群。

田中所感受到的也许不是鱼叉，而是火红的烙铁，烙铁压进肚皮，灼伤了舰群中间最柔软的部分。美军一次性便炸沉两艘运输舰，运输舰载运的日本陆军士兵无处可逃，一会儿，海面便漂满了他们的尸体。

刚说"飞行堡垒"，飞行堡垒就来了。从美军圣埃斯皮里图岛基地起飞的十五架B-17，对田中舰群进行第四波攻击。在"零"式战斗机胆寒的情况下，这些轰炸机同样是和尚没丈母，什么都不怕，想怎么炸就怎么炸。

田中舰群一共承受了十五吨炸弹，两艘运输舰遭到重创。

最后一张王牌

1942年11月14日，下午3点30分，"企业"舰载机赶来助兴。

七架"无畏"式俯冲轰炸机蛇一样地爬下高空，朝着运输舰减速滑翔，它们看上去好像是在往海里钻，但是投完炸弹后又能及时升到空中。

落在海上的炸弹激起冲天水柱，浪花飞溅，令人惊心，落在舰上的炸弹则腾起一股又一股浓烟和烈火，因此受创的运输舰"令人作呕地倾斜着"，仿佛预示着末日来临。

空袭的美机离开后，浓烟散去，田中急忙重新集合舰只，但是因为要抢救落水人员，时间都被白白耗费掉了，只能被动地从一轮被袭转向另一轮被袭。

田中舰群所遭受的苦难整整持续了一天，美军以亨德森机场为主要基地，穿梭着补充弹药来回轰炸。运输

两架"无畏"式俯冲轰炸机从"企业"号上起飞前往攻击日军舰队

舰一艘接一艘沉没，水手和陆军士兵们纷纷从正在下沉的舰船上跳水逃生。可是海上也并非安全的逃生之地，剧烈的爆炸和浓重的血腥味引来成群鲨鱼，落水的日军士兵为海上猛兽提供了午餐兼晚餐，美机同样毫不怜悯地对漂在海面的日本兵进行扫射——说起来，这还怪日本人自己，因为是他们先破坏了战场道义和规则，别忘了，他们在得志时曾如何疯狂射杀那些放下武器的盟军士兵。

这是一幕让田中终生难忘的情景：日军士兵或烧黑或残缺的尸体随着波浪载沉载浮，鲜血把附近的海水染成了红色，"峡道"内血水滔天。

第三十八师团还未登陆，便已死伤过半。田中的眼睛里仿佛要喷出火来，他的头脑完全被愤怒和无序所占据，在根本无力抗衡的情况下，他仍督令舰群前进，执意蛮干的程度令旁人都觉得吃惊。

田中越是这样，美机越高兴，炸得也就越欢。经过前后八轮轰击，田中的运输舰被炸沉六艘，炸瘫一艘，残余的运输舰也全都浓烟滚滚。

直到夜幕降临，大空袭才结束。田中这时已经有些冷静下来，他认为"这次行动的前景很不妙"，可是在报请山本后，联合舰队司令官表现得比他还要固执。

山本电令："当晚必须登陆。"

接到山本的指示，田中留下七艘驱逐舰，让这些驱逐舰靠拢燃烧的运输舰，以救援落水的陆军士兵和水兵，他自己率领四艘驱逐舰掩护着残余的四艘运输舰，以夜幕为掩护驶进了"铁底湾"。

山本并不是让田中孤身冒险，他已经拿出了手中最后一张王牌，派近藤舰队亲自率领夜战部队南下瓜岛，在为田中护航的同时，再次炮击亨德森机场。

近藤信竹是联合舰队中资格最老的高层指挥官，在职务上又是山本的副职，现在未做任何准备，就要指挥所属舰艇如此突前作战，充分说明了局势的紧迫。

这种像是要把一颗心牢牢攥在手里的紧迫感，双方都能体会得到。预定增援瓜岛的第六十四特混舰队也正快马加鞭，疾驶而来。

当天下午，一架日军侦察机发现了第六十四特混舰队，飞行员在报告中说有巡洋舰两艘、驱逐舰四艘。而近藤舰队有巡洋舰四艘、驱逐舰九艘，数量是美军的两倍以上，另外还包括原属阿部的"雾岛"号战列舰，这使近藤认为即便美军舰队突然出现，要予以击败也没有多大问题。

可是实际上第六十四特混舰队并无巡洋舰，代替巡洋舰的是更为厉害的战列舰，被日军飞行员误认为"巡洋舰"的分别是"南达科他"和"华盛顿"号。

"南达科他"号战列舰遭到日军九七舰攻的攻击。"南达科他"是于 1942 年完工的新型战列舰，其突出特点是防空能力强，日机对它构不成太大威胁。

"南达科他"在圣克鲁斯海战中露面并受了伤，有一个炮塔无法转动，不过战事紧急，哈尔西也只能像差遣"企业"一样把它派出来。"华盛顿"与"南达科他"的经历类似，也是新近从大西洋调入太平洋。

第六十四特混舰队的软实力一样不容小觑，指挥官威利斯·李少将后来被称为美国海军最杰出的炮击和雷达专家，"海军中最聪明的智囊之一"，有如此狠辣的对手上阵，真够近藤君喝上好几壶的了。

李本来要对付的是三川舰队，但当他到达瓜岛附近时，三川已经撤退，要追击的话，距离又太远。这时有一艘美军潜艇发现了近藤舰队中的"雾岛"，随即用明码电报通知了李。

结合空中侦察机的报告，李确定有一支包括战列舰在内的日军舰队正向瓜岛开去，他迅速做出决断，要像阵亡的卡拉汉、斯考特少将一样加入夜战，并给向来擅长夜战的日军以迎头痛击，一举打破夜间由日军舰队主宰瓜岛海域的局面。

先下米的先吃饭

1942 年 11 月 14 日，晚上 9 点，李舰队到达萨沃岛，他们没有发现日军战舰，只在水平线上看见仍在燃烧的运输舰。燃烧的运输舰下面还有沉没的运输舰，在驶经沉舰时，战列舰的磁性罗盘不停地来回转动。

9 点 48 分，舰队进入"铁底湾"，瞭望哨已经看到了瓜岛山头的暗影，可仍然不见日舰队的踪影。

左等不来，右等不来，李有些急了，他决定和瓜岛的美军电台先取得联系。

李舰队仓促出航，事先没有规定好与瓜岛的无线电呼号，收到舰队电报后，瓜岛电台生怕中了日本人的计，因此回复："我们不认识你！"

李与范德格里夫特曾是英国海军学校的同学，上学时，大家给李取了个中国名字，叫"李察"。见联络发生障碍，他便主动报上自己的名号。

对西方人来说，中国的一切都显得那么遥远神秘和不可理解，取名"李察"在当时绝对是件既时髦又前卫的事，范德格里夫特哪会不记得。一说外面有个"李察"在招呼，他马上知道是自己人来了。

两边就此搭上了线，都很高兴，然而遗憾的是，范德格里夫特手里也未掌握日军舰队的最新情报。

李判断日军舰队应该还没有进入"铁底湾"，因此他率领舰队扩大了搜索范围，开始逆时针绕着萨沃岛周边转，以等待日舰的到来。

绕行过程中，萨沃岛岸上的微风吹向船队，这种海风通常都带有浓烈的腐臭味，令人惊奇的是，当天海风里竟然没有臭味，反而弥漫着一股金银花的馨香，船员们都认为这是一种吉兆。

吉兆是吉兆，只是仍然不见日军舰队的踪影。

日军能在夜战中屡屡占据上风，并非没有道理，至少在这个领域，他们有着丰富的经验和一些行之有效的战术。近藤舰队其实在天黑之后就已接近瓜岛海域，之所以李找不到，是因为近藤已将自己的舰队拆分成了近藤本队、桥本部队和木村部队，近藤本队负责炮击机场，桥本部队负责远距离警示，木村部队负责近距离警示。

经过这种大面积分散，芝麻变成西瓜，目标一下子缩小，李自然难以找到近藤，倒是近藤舰队已经发现了他，发现者是桥本部队的轻巡洋舰"川内"号。

"川内"就像那架侦察机一样，错把战列舰报成了巡洋舰。桥本部队指挥官桥本信太郎闻听对方也只是几艘巡洋舰，马上来了兴致。

兵贵神速，先下米的先吃饭，桥本将所属部队一分为二，派"绫波"号和"浦波"号驱逐舰从岛东，自率"川内"号和驱逐舰"敷波"号从岛西，准备对美军舰队实施两路包抄。

李舰队的编队方式是传统的单列鱼贯纵队，四艘驱逐舰在前，两艘战列舰在后。晚上 11 点，拖后的"华盛顿"从雷达屏幕上发现了逐渐逼近的"川内"，它二话不说，便对"川内"展开交叉跨射，在主炮塔内三门巨炮的猛轰下，海面腾起冲天水柱。

当"川内"的瞭望哨看到"华盛顿"的细长黑影时，还笃定地再次贴出了"巡洋舰"的标签，直至桥本看到水柱，整个人都呆住了。

多大口径的重炮能激起多大的浪，都是行家里手，哪能辨识不出，这根本就不是报告中说的什么"巡洋舰"，分明是战列舰，而且是日舰里面没有的那种。

桥本是个乖觉的人，一瞧实力不济，他赶紧下令"川内"施放烟幕，借着烟雾的掩护，带上两舰向北高速逃跑。

五分钟后，美军驱逐舰通过雷达发现了包抄过来的"绫波"和"浦波"，于是兜头便是一顿猛揍，双方交上了火。

"绫波"和"浦波"身后是近藤派来的木村部队，这使得两舰有恃无恐，"绫波"虽中数弹也不退却。木村指挥夜战也极为老练，他并不急于救援已经起火的"绫波"，反而利用两舰为掩护，将他的五艘战舰一字排开，以"T"字横头阵位向美舰冲来。

七艘日舰对四艘美舰，这四艘美舰又抽调自四个不同的单位，彼此缺乏了解和配合，因此很快就陷入被动之中。先是"格温"号被打瘫；接着，"沃尔克"号的舰首被鱼雷炸飞，舰体支离破碎地沉入海底；最后"普雷斯顿"号也步了"沃尔克"的后尘。李舰队仅击伤一艘驱逐舰，自己舰队的驱逐舰被击沉两艘，重创两艘，简直是一地鸡毛。

狠狠地揍他们

千里迢迢是要来打个漂亮仗，迎来的却是如此糟糕的开局，站在"华盛顿"上的李怒不可遏。人争一口气，佛争一炷香，仗可不是这么打的，他当即指挥"华盛顿"杀了上来。

看到"华盛顿"，日舰也跟先前的"川内"一样给吓住了，"长良"号率先掉头，其他驱逐舰见巡洋舰都熊了，跟着抱头就跑，受了重伤的"绫波"一瘸一拐，想跑

美军战列舰的十六英寸舰炮齐射，图中右上角的六颗弹丸清晰可见。作为 1941 年完工的新型战列舰，"华盛顿"在主炮火力、主装甲带、水平防护等各项指标上已全面超过"雾岛"。

也跑不快，眼看就要成为李斩下的第一颗项上人头。

可是突然间两艘战列舰都停止了炮击，"绫波"趁机逃之夭夭，李气坏了。一查，"华盛顿"是因为雷达荧光屏上显示的目标太多，一时无法识别敌我，枪炮官唯恐误伤己方舰艇，所以暂时停止了射击。

李又问"南达科他"号舰长："你为什么不开火？"

回答竟然也跟雷达有关："雷达电路发生故障！"

李忍无可忍："雷达有故障，你们就不打仗了？眼睛是干什么的，都是夜战，日本人看得见，我们就看不见？"

舰长嗫嚅着解释："将军，我怕误伤自己人……"

怕误伤自己人，知不知道自己家的舰已经倒了一堆了？李打断舰长："少废话，我要你开炮，狠狠地揍他们！"

李转头看到残存的两艘驱逐舰伤痕累累，便干脆让它们退出战场，由两艘战列舰进入战斗位置，"南达科他"舰长因为挨了一顿骂，知耻而后勇，一马当先地冲到了最前面。

此时逃跑的日舰也停住了脚步，近藤本队上来了。近藤将所有军舰分成四路，采用分散配置的战斗队形，迅速向美舰接近。

日本海军擅于夜战，并非虚夸之词，由于近藤采取了分兵合击的战术，给美舰的感觉是，四处都有日舰，四处都有日舰在开炮，炮手们如坠云里雾里，急切之中都不知道该往哪个方向还击才好，有的人甚至以为瓜岛日军的岸炮也参与了对他们的攻击。

"南达科他"遭到日舰围攻，并被驱逐舰射出的一发炮弹所击中，接着又有许多条鱼雷射来，幸运的是，"南达科他"为了防止与一艘燃烧的驱逐舰相撞，正在绕圈，这些鱼雷全都打偏了。

有幸也有不幸。日舰击中的炮弹给军舰造成了一个漏洞，船员们要予以修补，轮机长鬼使神差地违规拉下了总电闸，这下好，"南达科他"立即失去了全部电力供应。

雷达有故障，可以打开战斗识别灯，现在灯也没法开了。更糟糕的是，其他诸如火控、炮塔旋回装置也全部失去作用，主炮被锁死，对外联络功能完全丧失。

"南达科他"被调入太平洋战场后就一直毛病不断，船员们劝谑地称它有"祖传的小霉运"，然而这回可不是倒点霉那么简单，它已经成了漂浮在水上的一座死城。

在火光背景下，日舰都注意到了这座庞大的黑影，"雾岛"和"绫波"打开探照灯，向黑影照射过去。近藤还没有接到山本的报告，他仍以为与之作战的是美军"新式巡洋舰"，站在"雾岛"的舰桥上，他和幕僚们举起双筒望远镜察看起来。

一看，"新式巡洋舰"不仅外形奇异，而且舰桥形状也很独特……

几乎同一时刻，众人都放下了望远镜，他们面面相觑，意识到这不是巡洋舰，而是美国最新式的战列舰。

按照原先的计划，为避免遭到"比睿"号那样的重大损失，近藤是不想把"雾岛"这样的战列舰和重型巡洋舰投入搏杀的，后者将担负炮击瓜岛机场的重任。

可是眼前的猎物太肥了，最新式的战列舰，好像还陷入了困境，此时不割，更待何时。近藤立起贪念，口水都要顺着下巴掉下来了，他终于改变主意，下令"雾岛"等也趋上攻击。

刹那间，所有日舰都把炮口瞄准了，似乎谁都能从"南达科他"身上割下一片肉来。各种口径的炮弹扎着堆飞过来，炸起一簇簇夺目的火焰，不过这时候运气又奇迹般地还给了"南达科他"，炮击中，"雾岛"共发射包括高爆弹、穿甲弹在内的重磅炮弹一百一十七发，却只命中了两发。日军重型巡洋舰"高雄"号发射的二〇三毫米炮弹倒是多次命中，然而因为信管的毛病，其中大多数炮弹都没有引爆。

尽管如此，"南达科他"号还是被打得够痛，它的天线塔被打掉，六台火控雷达有四台被打坏，上层舱室也被重型炮弹击中，好几个地方已起火燃烧。

日舰都在打"南达科他"的主意，没有舰只注意另一艘战列舰的存在。就在它们群殴"南达科他"的时候,"华盛顿"一直躲在暗处窥伺战机,李这个炮击和雷达专家要显一显自己的特别之处了。

以一打三

"华盛顿"盯着"雾岛"很久了,它的主炮塔也已锁定了这个大目标,但由于是夜战,舰长担心那是"南达科他"而迟迟没有动手。"雾岛"和"绫波"不开灯便罢,一开灯,"华盛顿"立即分清了敌我。

"华盛顿"是当时美国海军中最新的主力舰,其舰龄比"雾岛"要年轻二十八年,舰上装备有 MK-3 型火炮指挥雷达和弹道计算机,这是一种先进的火控雷达系统,炮兵们只需将方位诸元输入测距仪,然后炮弹就会向日舰飞去。

午夜时分,随着李一声令下,"华盛顿"的九门四〇六毫米主炮如同滚雷一般炸响了,经过两次主炮齐射,第二次就击中"雾岛"的中部,"雾岛"的塔形上层舱室被击成碎片,并引起了惊天动地的大爆炸。

"雾岛"号正全神贯注地噬咬"南达科他"号,没有料到螳螂捕蝉,黄雀在后,还会有另一个巨无霸要暗袭它。近藤也被打蒙了,当炮弹袭来,他都弄不清炮弹究竟来自何方,只能看到舰上烈焰滚滚,钢铁的碎渣和人的肢体不断飞上天空。

"雾岛"舰长严渊三次惊慌地跑上舰桥,向近藤报告:炮手大部分死亡,舵机被炸毁,舰身在水面直打转。近藤指示他放慢航速,改用发动机操舵。

"华盛顿"向"雾岛"开火时的情景,由于目标很近,主炮仰角近乎平直。

"华盛顿"直接把雪亮的战刀刺向了"雾岛"的胸口,眼见自己的旗舰老大陷入困境,日军重型巡洋舰"爱宕"号、"高雄"号急忙放下"南达科他",掉转炮口射击"华盛顿"。

穿着青衣抱黑柱，"雾岛"自有两个喽啰抱大腿，"华盛顿"无人相帮，但它另有一套双拳敌四手的能力和办法。

"华盛顿"用四〇六毫米主炮轰击"雾岛"，用一二七毫米副炮料理"爱宕""高雄"，以一打三，犹浑然不惧，且越战越勇。在短短七分钟时间里，它向"雾岛"发射了七十五枚主炮炮弹、一百零七发副炮炮弹，向"爱宕""高雄"发射了一百二十发副炮炮弹。从瓜岛上远远望去，就好像从黑色的洞窟里钻出一条愤怒的火龙，正向四周的搔扰者喷吐火焰。

有那么一会儿，"华盛顿"的舰长判断"雾岛"可能已下沉，因此半途曾中断主炮射击，另外发射了两枚照明弹进行辨认。

一阵乱拳，打到你鼻青脸肿，再点了火看一下还有没有气。这么一瞅，还有气，不过已经是出的多，进的少了。"雾岛"被九枚四〇六毫米炮弹和超过四十枚一二七毫米炮弹击中，三座主炮塔被打坏，全舰冒出火柱和浓烟，已完全失去战斗力。

近藤将司令部从"雾岛"号转移到"爱宕"号。他下令三艘驱逐舰围到"雾岛"旁边，准备救助船员，同时自率"爱宕""高雄"继续与"华盛顿"缠斗。

三个打一个还拿不下来，两个打一个自然还是同样结局。"爱宕""高雄"向"华盛顿"连续发射八条鱼雷，无一中的，两舰重型巡洋舰累到气喘吁吁，却始终奈何不了"华盛顿"。

单从数量上看，近藤本来占有更多的优势，理论上可以使用群狼战术，但前面让人眼前一亮的布阵此时却已将优势转为劣势：由于分散配置兵力，各舰东一撮，西一撮，导致兵力无法集中在一起，能捏合一处的也就两艘重巡洋舰。

不是战舰少吗，田中舰群的三艘驱逐舰正好增援过来。见近藤阵营添了生力军，李唯恐它们攻击"南达科他"，于是主动向这三艘驱逐舰迎了过去。

对于近藤来说，田中根本就是在帮倒忙：你自己都一行鼻涕，两行眼泪的，跑这来瞎掺和什么劲？

近藤恨不得生出一千张嘴，叫田中不要过来，你保护你的运输舰才是关键啊！可是既然田中这个脑残的家伙已经做了最脑残的事，他也只得采取紧急措施，一面命令田中掉头返航，一面下命令自己舰队高速追击，务必抢到前面保护对战列舰毫无反击能力的运输舰队。

注意"华盛顿"军舰桅杆上的MK-3型火控雷达。火控雷达具有自动跟踪能力，截获目标后就能不断给出较为准确的坐标数据，从而大大提高了舰炮的测量和射击精度。

近藤一动嘴，各舰全都狂奔起来，等大家跑到田中舰群附近时，脚都磨细了一圈。

应该是抢到前面了吧？没错。再回头找"华盛顿"，却找不到了，连同曾经围攻的"南达科他"，也不见了踪影。近藤搜索半天，还是一无所获。

近藤判断，美军舰队一定是被刚才那种万马奔腾的场面给吓坏了，所以已经逃去无踪。现在他面临着一个问题，还要不要继续执行炮击瓜岛机场的任务？

继续炮击，可以，但有风险，时间接近凌晨，天亮后必然会遭到瓜岛美机的轰炸。

日本人的军事计划，一般都订得非常复杂精细，但是一旦出现意外情况，指挥官往往就会手忙脚乱，不知道如何去适应和调整。近藤也是如此，一晚上惊心动魄的厮杀，特别是"华盛顿"的威猛和对"雾岛"的杀伤，足以让他感到精疲力竭，心力交瘁，也消磨了存在于他身上的最后一点勇气和意志。考虑再三，近藤决定放弃炮击计划，率自己的舰队撤退。

容易得来容易舍

与近藤估计的相反，"华盛顿"一直都没有离开，李是把瓜岛机场的安危放在第一位的，只要近藤舰队不离开"铁底湾"，他就会死守在这里。直到雷达显示，近藤舰队正在退却，他才乘胜收兵，掩护"南达科他"离开战场。

美舰脱离战场后，满身洞眼的"雾岛"也走向了生命的终点。有人提出将"雾岛"拖回特鲁克，近藤却嫌累赘，会影响自己跑路，因此下令用鱼雷击沉。

"雾岛"舰长没有像"比睿"舰长那样充英雄，严渊三次连与舰船共存亡的口号都没有提一句。好就好在他跟对了人，事后山本虽然觉得晦气，但以近藤资格之老，不可能随便予以处分，这也便宜了严渊，使他没有像西田那样受到严责和调查。

1942 年 11 月 15 日，凌晨 1 点 25 分，"雾岛"沉入"铁底湾"。这是日军在三天内连续损失的第三艘战列舰，也是美西战争以来美国海军用战列舰击沉的第一艘战列舰。

与"雾岛"的沉没相比，近藤的撤兵决定显得更加自私和愚蠢，他忘记了自己的首要任务之一就是要护卫运输舰队，他既不能在天亮到来之前炸平机场，又不敢留下来与田中舰群相始终，都不知道这位老兄大老远地跑瓜岛干什么来了，难道就为了送艘战列舰给对手做礼物？

在海战爆发时，运输舰队一直潜伏在萨沃岛北面海域，田中按捺不住性子，派三艘驱逐舰前往助战，并不是好表现什么，而是他急于看到近藤将美舰击溃或赶走，然后炮击机场，掩护他的四艘运输舰登陆。

看到近藤舰队不管不顾地扬长而去，田中急得直瞪眼——尽管美舰也撤了，运输舰暂时不会受到威胁，可他得抢在天亮前卸载完毕呀，天一亮，"仙人掌航空队"铁定要实施轰炸。

天亮前能卸完吗？怎么可能，人员和物资那么多，登陆艇又那么少。

现在的运输舰队可谓进退失据，进，卸不完，退，也只来得及退到铁底湾，一样难逃灭顶之灾。

田中的幕僚长出了个主意："实在不行，让运输舰抢滩吧！"

抢滩也就是把运输舰搁浅在瓜岛的登陆点，这样即便天亮前卸载不完，剩下的陆军部队和物资也可以凭运气上岸，当然它的代价是，四艘运输舰将注定有来无回。

田中不清楚山本的态度："特鲁克方面能同意吗？"

幕僚长一脸苦涩："不管怎样，我们总不能等死呀，救人要紧。"

田中仍然犹豫不决："一艘运输舰都没带回去，我怎么再见山本司令长官？"

幕僚长急了："干吧，将军，再犹豫就没时间了！"

看到幕僚长绝望到眼泪都流了下来，田中觉得不妨一试，他向特鲁克发去电报，请求允许运输舰抢滩上岸。

山本还不知道近藤已放弃炮击机场，他果然像田中所顾虑过的一样，断然拒绝了这一请求：你以为造一艘运输舰那么容易，"贱里买来贱里卖，容易得来容易舍"？

山本不同意"贱卖"四艘运输舰，一艘也不舍得，可是只有近藤知道，到了这个时候，舍得不舍得都是一码子事。他扔掉山本的复电，转身便向四艘运输舰的舰长下令："快速靠岸，卸下部队"，随即全速向登陆点冲去，搁浅后马上便进行卸载。

时间已被浪费得太多，到日出时，尽管大家忙到要口吐白沫，但卸下的人员物资仍然有限，一共只有两千名士兵、两百六十箱弹药和一千五百袋大米。

也就在这个时候，瓜岛美军的大口径岸炮开始发话，重炮炮弹不断落在运输舰周围，使卸载陷入停顿。紧接着，"仙人掌航空队"如约而至，一群群的美军轰炸机和鱼雷机飞临海岸上空。

要说那近藤也真不是个东西，他自己溜了号，却让田中增援他的三艘驱逐舰去追赶美舰，弄得田中仅有一艘驱逐舰可阻击美机。

田中成了被群殴的对象，除岛上、天上的进攻外，一艘停泊于图拉吉港的美军驱逐舰也赶了过来，连连向田中的驱逐舰施放鱼雷。田中躲得了上，躲不了下，避得了左，避不了右，一枚炮弹击中甲板，甲板上的水兵死了一地。

因为违令抢滩，田中得了一个"顽强者"的浑号，可是面对继续下去只能为运输舰陪葬的下场，他也心有不甘，于是便施放烟幕，抛下运输舰逃掉了。

驱逐舰尚有舰炮，运输舰什么抵抗武器也没有，等于是手无寸铁，因此接下来的情景，直接转为单方面屠杀。美机贴着运输舰的烟囱投掷炸弹，四艘抢滩登陆的运输舰全都成了怪模怪样的废铁。

美机对废铁没有丝毫兴趣，它们不再进攻日舰，而是大批大批地向滩头投掷燃烧弹。

滩头一片大火，田中好不容易卸载成功的弹药物资化

遭到美机攻击后，四艘日军运输舰在搁浅燃烧。

为灰烬，士兵也瞬间被无情的火焰所吞噬，最后形成的尸体全都奇形怪状，狰狞可怕，他们有几个抱在一起的，有坐的，有立的，还有的临死前尚伸出双手在呼救。

战争的无比残酷和冷血，令在低空拍摄照片的美军飞行员都感到悚然心惊，不敢再往下多看一眼。

历时三天的第三次所罗门海战至此画上了休止符。仅仅是就增援瓜岛这一最基本的意图而言，山本也没有能达到目的，他只将十吨物资和两千人的陆军士兵送上岸，其所派出的护航部队损失却高达百分之七十，包括两艘战列舰在内的十多艘军舰永沉"铁底湾"，联合舰队由此大伤元气。

更令山本感到不安的，莫过于"华盛顿"用于击沉"雾岛"的MK-3型火控雷达，战争实践表明，使用这种性能先进，精确度极高的雷达确定方位，即使是在夜间也能做到首发命中。

原来美国的军事技术已经发展到了这种程度，山本再也不敢轻易拿自己曾经引以为傲的战列舰去送死了，战列舰全都被他调出了所罗门海域，这也同时意味着大规模增援不再具备可能。哈尔西就此评价战局发生的变化："在此之前，他（指日军增援部队）一直随自己的意向挺进，在此之后，他只能随我们的意向撤退了。"

瓜岛战役胜利的曙光已然来临。尼米兹直截了当地表示，经过第三次所罗门海战，瓜岛战役的重要阶段已经过去，他同时赞誉为南太平洋舰队带来新气象的哈尔西："智勇双全，神机妙算。"

就连一直对海军有怨言的范德格里夫特，也第一次毫不保留地赞扬了海军。他给哈尔西发去电报："敌人已遭到毁灭性的失败，感谢李昨晚的大力援助，感谢金凯德将军。"

华盛顿高层亦大受鼓舞，海军部长诺克斯在接受报界采访时说："瓜岛战役是我们的一个决定性胜利，从此所罗门群岛南部诸岛将不受威胁。"

罗斯福擢升哈尔西为海军四星上将，并得到国会批准，他在卡拉汉、斯考特的追悼会上公开宣称："这次战争的转折点终于来到了！"

第七章 / **你们就是英雄**

日军在第三次所罗门海战中的失败，令第十七军东山再起的计划遂成"画饼"。1942年11月17日，百武发布命令："今后不再进行夺取机场的大规模作战，全体转入持久战。"

　　百武不敢乱动，范德格里夫特稳坐钓鱼台，在大批援军到来之前，也不再主动出击，瓜岛进入了相互对峙的平静期，此时对于日军来说，对他们构成真正威胁的已不是岛上的美军，而是补给的难以为继。

　　维持补给正在变得越来越难。1942年11月18日，日军的水上侦察机发回情报，确认美军在瓜岛南部又建立了六个飞机场，配备有数百架飞机，而日本陆军航空队的飞机则越打越少，一共只剩下了三十架，就这三十架，要进行空战的话，也得从很远的布干维尔岛起飞。

　　换句话说，美军已经完全掌握了所罗门群岛中大部分岛屿的制空权，在这种情况下向瓜岛运送补给，要想不成为美机的猎物，只有两种办法，一是快一些，争取在晚上就把"东京快车"的车程给搞定；二是贼一点，跑到海底去运，让飞机即使在白天也发现不了。前者是投入高速驱逐舰，后者是动用潜水艇。

　　于是，日本海军的驱逐舰群白天就像出租汽车一样，全部集结于肖特兰湾内，等到夜幕降临，立即载运补给物资向瓜岛开去。驱逐舰再高速，卸货的速度再快，也不可能正好在天亮前赶回基地，这时候就看各人的造化了，船员们把美机轰炸称为"班机"，看到"班机"，他们就在海面旋转航行，左避右闪。

　　长此以往，很多驱逐舰练出了一手高超的避弹技能，某位舰队指挥官还把驱逐舰的回避动作描写得绘声绘色，说它就像日本人举行盂兰盆会时，男女和着歌曲和音乐跳的民间舞蹈。

　　虚构和美化，难以代替运输过程中的艰险，而"东京快车"所带来的杯水车薪也很难真正解决岛上的给养缺乏问题。1942年11月22日，当今村均到拉包尔上任时，更趋恶化的瓜岛局势一下子就把他的心口给堵住了。

往墙壁涂泥坯

瓜岛战役的连续惨败，令日军大本营内一片郁闷，对能否在瓜岛与美军相抗，也有更多人提出了质疑。

争论许久，大本营还是决定再试一次，也就是投入更多更大的兵力，看看能否夺回瓜岛。依照这一宗旨，参谋本部紧急组建了第八方面军，下辖从中国战场调来的第十八军以及百武指挥的第十七军，第十八军负责接替第十七军在新几内亚群岛的防务，以便第十七军可以腾出手来，集中精力在瓜岛作战。

经参谋总长杉山元推荐，今村均被任命为第八方面军司令官，负责指挥整个南太平洋战场。今村有指挥爪哇战役的战功，他在日本陆军将领中号称"儒将"，也有人吹捧他是陆军中山本一样的人物，大本营推出他来，毫无疑问是想找一个救火队长的角色。

走马上任之前，天皇特地宣今村进宫听旨，并且一见面就夸奖他："今村，朕知道你在爪哇干得不错。"

今村赶紧说："陛下过奖了，卑职尽职而已。"

上司夸下级往往是为了更好地在后面抽鞭子，裕仁随后就把谈话引入了正题："你知道朕为什么紧急宣召你吗？"

怎么能不知道呢，接到任命，今村已经研究了瓜岛战局。研究过之后，他的一个脑袋顿时变成了两个大：那是个烂摊子，烂到没有重新收拾的可能，所谓不断增援，也不过是往墙壁涂泥坯，去了一层再涂一层，可是明眼人都能看出，泥坯就是泥坯，不管涂多少层，都解决不了根本问题。

这种火如何救得了呢？面对天皇，今村更加不敢拍胸脯、打包票："我对瓜岛战事了解甚少，恐怕难以胜任……"

瓜岛的摊子已经烂到了何种程度，裕仁的心里同样明镜一般，宣召今村，就是要在给他打气的同时，从精神和心理上把给他钦定了，让他不能再有犹豫和彷徨，以便在危急关头替皇室分忧解难。

"一想到我第十七军官兵正在受苦，朕日夜不安，所以请你分忧！"

天皇把话说到了这个份儿上，今村就算有辞职的念头，也只能自动打消："请陛下放心，我当竭尽全力。"

裕仁马上抓住话头："你什么时候去？"

今村一下子愣住了，催人如催命，任命状也才刚下来，哪有这么急的。

裕仁眼角里突然泛出了泪光："今村，我的官兵正在瓜岛备受苦难，朕希望你日夜兼程，火速前往解救他们。事情紧急，连一天时间都是重要的。"

今村看出，天皇这不是在演戏，是真到了走投无路的境地。他急忙诚惶诚恐地答道："是。"

为了这个"是"，今村匆匆赶往拉包尔，不出所料，迎接他的是一大堆坏消息，除了第三次所罗门海战的失败，还有百武的一把鼻涕一把泪。

驱逐舰和潜水艇的组合，远远无法满足前线的需要，只能让瓜岛日军的实际补给维持在定量的五分之一到三分之一。长期营养不良，使得日军官兵的体力消耗殆尽，战斗力弱到不行，岛上的第十七军共有一万九千七百人，能打仗的一万人都不到。

天皇都知道第十七军在受苦，今村当然也能体会到岛上那些人的艰难，他因此致电百武，要求再忍辱负重几天，他保证马上向瓜岛运送援军和补给。

今村手里已经集结了尽可能多的援军和补给，不过要是没有海军的运输及护航，它们永远也到不了瓜岛。发完电报，今村就和联合舰队联系，说岛上的人都快饿死了，海军不能见死不救，必须尽快派出运输舰队。

山本的回复是，联合舰队刚打完一场恶仗，亟须一段时间休整，而且若派运输舰队，就必须让航母编队护航，可是航母都已开回日本国内大修去了，

由驱逐舰队组成的"东京快车"

光靠其他战舰无法与美军航母相抗衡。

回国大修的航母，是指圣克鲁斯海战中受重创的"翔鹤"和"瑞凤"。几次海上鏖战，都让山本意识到了自身航母在技术上的缺陷，这次他下令不仅要修好创口，还要安装雷达以及其余对空射击兵器，这样修理时间自然就延长了。

航母必须配置舰载机。曾参加一线作战的四艘航母，"翔鹤""瑞凤"，加上"隼鹰"以及也在特鲁克修理的"飞鹰"，合在一起，总共需要添置两百一十九架新飞机。以日本的航空制造能力而言，这是一个足以把他们的腰压弯掉的惊人数字。

与硬件相比，软件方面更令山本头疼不已。太平洋战争爆发前，因为经费限制等原因，日本海军训练飞行员一直执行少而精主义，即宁精勿滥，宁少勿多。每年一千五百人报名应试，仅几百人能过关，然后航校还要按照"剔除莠草"的原则，进行严格到苛刻的层层筛选与淘汰，毕业时留下的只有一百人。

也就是说，即便有十年累积，日本海军航空队能攒下的飞行员也不会超过千人。南太平洋上的海空大战，往往一战就能损失近百名飞行员，这样的损失速度，远远超过了航空队的人员囤积量。

中途岛战役结束后，南云的机动部队仍有一半以上的老飞行员健在，但经过南太平洋作战，有经验的老飞行员几乎全死在了海上。

在有经验的死了之后，经历过哪怕一次战斗的都能搁上一个"老"字了，这些"老"的年轻飞行员被全部集中到了"隼鹰"，由此导致"翔鹤""瑞凤""飞鹰"都没有损失，可是甲板空空，异常冷清。

日军飞行员坂井三郎通过自己的切身体会，认为如果战前日本政府能给海军再增加一些经费，或者海军修改一下苛刻的选飞条件，日本在太平洋战争中的境遇就会好上很多。

现在不需要坂井提醒，日本海军自己就下手修改选飞条件了，不然前线就得不到飞行员的补充，然而这时又出现了另外一个极端：在新补充上来的飞行员当中，不仅看不到多少王牌苗子，还菜鸟充斥。

究其原因，恰恰也是日本海军高层的急功近利。

死亡岛

过去日本航校里曾有许多高水平教官，但在太平洋战争爆发后，其中的大多数都被硬拉到战场上去了，并像其他老飞行员一样以最快的速度奔向死亡之途。

这些教官都完蛋了，飞行训练的质量和成效可想而知。坂井亲眼所及，战争时期拿到毕业照的飞行员，其水平远不如战前航校所开除的那些学生。

当然时间紧也是一个不可回避的问题。若放在平时，航校毕业的学生先要用一年时间在陆军航空队进行实习和训练，之后才能当航母飞行员。这个规定眼下是无论如何难以执行了，到航母来开舰载机的菜鸟们，飞行时间大多不满两百小时，别说开到海上角斗，基本训练都很难过关。

舰载机 ABC 的头一条是着舰训练，即如何在航母的飞行甲板上降落。坂井没有参与过海上作战，但他也学过着舰。按照他的体会，这是一项特别难以掌握的技术，他反反复复地练了一个月，才终于学会。

坂井是精兵教育出来的王牌，他都如此，战时菜鸟们更不用说了。新成立的一航战配属了三百名飞行员，其中至少有一半人要用两个月时间才能做到勉强着舰。

犹如婴儿学步，舰载机飞行员要是不会着舰，就等于不会走路，而在他未学会走路之前，旁边的大人无论怎样帮扶，也无论怎样心急，都不能代替婴儿。作为联合舰队的大家长，山本自然比别人更了解这些内幕，退一步说，就算他不给航母装雷达，让航母提前出来为运输舰队护航，都保不了运输舰的镖，非但如此，连航母有没有命能逃得回来，也还是个未知数。

在飞行甲板上做起飞准备的日机攻击队

今村以为自己衔皇命而来，够有面子，没有料到山本毫不客气地拒绝了他的要求，不仅如此，对方甚至连"东京快车"也给一并叫停了。

山本的绝情并非不可理解。

比如潜艇部队本来是一支重要的战略力量，进可攻，退可守，使用得当，甚至能击沉美军航母"黄蜂"号，现在搞起了运输，可以说是从根本上颠倒了其真正用途，有人讽刺是在"用剃刀砍柴"，这直接导致潜艇部队的战绩江河日下。

潜艇船员们也想不通，一接到命令，人人神态沮丧："哎，今天又是运输。"然后才慢腾腾地钻进潜艇。

如果说让潜艇卸下鱼雷装罐头，充当"潜水运输队"，山本尚能容忍，他最不能忍受的是，为了运点罐头，潜艇极可能有去无回：三十八艘日军潜艇参加运输，已有六艘被图拉吉港的美军巡逻舰或鱼雷快艇所击沉，舰上人员无一幸免。

被迫跳着"盂兰盆舞"，当"出租汽车"使的驱逐舰更可以说是大材小用。这些驱逐舰的初始设计目的，是用于舰队决战中的"渐减作战"，也就是最大程度消耗对方有生力量，因此其主炮及鱼雷的火力较强，航速也很快。

每一舰种在设计和建造方面都不可能做到面面俱到，什么好处都揽下。日军驱逐舰的攻击力强，然而防护薄弱，并不适用于护航行动，虽然暂时看来损失还不算太大，可往后去谁知道呢，山本叫停"东京快车"，无非是要防止驱逐舰和潜艇继续受到损失，从而给今后的海战带来影响。

山本无疑只会站在自己的立场权衡得失。陆军可不会这么考虑，在他们看来，海军已经吝啬到大白天都不肯借没油的灯盏了。今村憋了一肚子的气，但他对此又无可奈何，为了解决百武的燃眉之急，只好临时决定派陆军飞机空投粮食。

这既是无法之法，又确确实实是一个馊得不能再馊的主意。先前的情报已经准确无误地表明，美军控制了所罗门海域的制空权，大白天的，甚至连只海鸥都别想逃过美军飞行员的监视范围。

日机日出而行，经历长途飞行后，常常还未到达目的地，即遭美军战斗机的拦截。与美机交战后被击落，那算是幸运的，最不幸的，是摆脱追击，但所携带的油料也已耗尽的日机，等于是自己埋葬了自己。

即便有侥幸飞到瓜岛上空的，慌乱中所投下的粮食，也极少能落到地面日军的营盘里，大部分下系粮食袋的降落伞不是飘进美军防线，就是被亨德森机场的高射炮火所摧毁。

百武以为今村来了可以改变处境，却没想到反而雪上加霜，11月22日以前应该送来瓜岛的大米，到 11 月 23 日还没有看到。

饥饿代替美军的反击，成为瓜岛日军的天敌。没有粮食，身体强壮者尚可靠挖草根充饥活下去，身体虚弱者就绝无生存下去的可能。越来越多的人染上了疟疾和痢疾，人们成批成批地倒下，横七竖八地躺在营房和阵地上。他们像雏鸟一样张大着嘴巴，用尽最后一丝气力哼哼着要东西吃，这时候哪怕是往他们嘴里塞一口野菜，这些人就能心满意足地闭上双眼。

自瓜岛战役开始，这座小岛便有"死亡岛"之名，现在它更加名副其实了。一名士兵在日记中写道："不见明日的战友与日骤增，他们永远告别人世，饿死的士兵都在夜晚上天堂了。"

神秘的黑夜无情地吞噬着生灵，也在啃咬着百武的心，他在发给今村的电报中哀诉，岛上日军平均每天要饿死百人，而且有增无减。若照此情况发展下去，范德格里夫特完全可以不战而胜，因为不消多长时间，第十七军主力就会自行瓦解和消亡。

今村惶惶不安，急忙将这一情况上报给东条，希望大本营能出手干预，直接督促海军派出运输舰队。

东条也感觉非常棘手，海军的困难显而易见，即便硬逼着海军出动护航，再到哪里组织这么多运输舰仍是个问题——在第三次所罗门海战中，派到瓜岛的运输舰全都已经有去无回。

瓜岛海域的盟军运输船队遭到空袭时的情景。水面上的烟柱并非飞机炸弹所造成，而是被击落的日军飞机，可见日军虽然也试图切断对方的补给线，但收效甚微。

实在没有运输舰，就必须征用民用油船。日本占领东南亚后，主要用民船来将东南亚石油及其他资源运回国内，但海陆军都需要征用民船，民船渐渐变得不敷使用。

日本本身资源贫乏，就算加班加点造船，也没这么多钢材。东条被逼得没法，只得求援于德国，希望取得五十吨船舶和一百万吨钢材。交涉了一个月，电报也不知发了多少封，德国只肯给一万吨特殊钢材，与日方的需求相去甚远。

东条为此大骂希特勒，说希特勒真不够意思，给一万吨钢材还不如什么都不给，这哪里是轴心国同盟，狗屁都不如。

在缺乏外援的情况下，若把民船调给今村做运输船，今后拿什么来运南方石油？更可怕的是，要是调来了油船，会不会还像上次那样给"铁底湾"铺路？

此外，岛上有近两万日军，按照需求，起码还得追加三十七万吨物资，筹集起来亦是不易。

几个不易一加，大本营就对今村说了不。

瓜岛的日军饿得死去活来，今村关于尽快增援的承诺却像是扔进了东洋大海，始终无法兑现，百武气得三尸神暴跳，五脏气冲天，求援电报一封接一封地发往拉包尔。

今村曾告诉百武，会把第十八军的两个师团派来瓜岛增援，百武便在电报中吓唬对方："待你增援的两个师团抵达，本人怀疑岛上还有几人生存。"

今村被夹在中间，他能做的，也就是把百武的电报再原封不动地转发到东京，让大本营看着办。

大本营看过之后的态度还是漠然置之，什么也不干，这可把陆军参谋本部给惹火了。

该前进还是该后退

辻政信已经回国，他的报告首先在参谋本部内掀起波澜。仗打了这么长时间，参谋本部的很多参谋对瓜岛战役的真实情形仍了解甚少，经辻政信一讲，才知道仗打得那么激烈，已经超过了以往陆军在东南亚的任何一次战斗。

"士兵饿到连怎么把饭盛来，都要竭尽全力。"

"两个月，士兵都见不到一点太阳。"

"疟疾、痢疾患者，露骨荒野者数千。"

……　……

辻政信以喜欢且擅长煽情著称，可是"死亡岛"用不着煽情，就是直通通地白描，足以让他那些坐办公室的同事们惊到目瞪口呆。

辻政信说，按照这种兵力消耗来估计，即便不打仗，瓜岛日军在这两个月内也已经自动消耗了三分之一的兵力。参谋们一听，都急得跳了起来：照这么一说，日本已经处于兴亡的边缘，那还等什么，快点增援啊。

海军"消极怠工"，大本营又不作为，这令参谋本部群情激奋。按照一名参谋的看法，派今村去拉包尔，就是要谋求转机，现在这个希望还大不大，如果不大，应该如何摆脱困境，该前进还是后退，这些大本营都应该在慎重考虑后拿个对策出来，怎么能坐家里闷声发大财呢。

"该前进还是该后退"，参谋本部的实际想法仍是"前进"，正如这名参谋在日记中写的："如果在瓜岛败北，我们肯定将在太平洋战争中失败。"

参谋本部遂向大本营提交计划，要求必须向海陆军增添六十二万船舶吨位，以应瓜岛之需。东条的首席军事顾问、陆军省军务局长佐藤贤了听说后，一下子急了起来。在一次军政首脑非正式聚会上，他对东条说："就目前的形势，国内再不能抽调民用船只了，否则撤我的职好了！"

东条听闻，立即厉声训斥："你想拆我的台吗？"

东条纯属色厉内荏，话里面就透不出多少底气，佐藤哪能听不出来，他毫不相让："若要将战争坚持下去，我们别无选择。"

东条马上软了下来："你是说放弃瓜岛？"

佐藤斩钉截铁："参谋本部应该放弃夺回瓜岛的打算。即便是现在就撤，可能也已经晚了，我们早该作此决断。"

天皇下过要求夺回瓜岛的谕旨，东条也多次在天皇面前拍过胸脯，保证军队能够夺回该岛。首相可怜巴巴地看着佐藤，还想从顾问嘴里扒根救命稻草出来："假如我们再坚持一下呢？敌人也非常困难。"

见东条仍心存幻想，佐藤干脆把肚子里的话竹筒倒谷子一样全倒了出来："没有必要。美国人掌握着制空权和制海权，皇军在瓜岛的阵地是难以守住的，假如再拖下去，瓜岛战役只会成为消耗兵力和运输舰的消耗战，我们还得损失多少运输舰啊！再这样下去，我们就不会有取得战争胜利的机会！"

佐藤还扳着指头给东条算了一笔账："日本年产仅四百万吨钢，如果如数交出参谋本部要求的船舶吨位，起码得削减一半产量，国力就差不多垮了。"

东条被说得冷汗直冒，他对佐藤道出了自己的难处："你知道，要撤退是非常困难的……"

佐藤说："如果首相同意，我来做工作好了。"

东条怕贸然提撤军，会遭到参谋本部的抵制，他因此嘱咐佐藤："一定要妥善从事，不要激怒参谋本部。"

佐藤也虑及了这一层："您放心，我们先不提撤军的事，只把陆军所提出的吨位给陆军，迫使他们自己觉悟。"

自己觉悟，也就是令其知难而退的意思。东条依计而行，答应拨给陆军二十九万的船舶吨位。

东条、佐藤以为满足了陆军，参谋本部就不好意思提反对意见，孰不料参谋本部也很精明，他们所要求的海陆军船舶是一揽子计划，都是为瓜岛战役服务，少了没法干哪！

东条本想用这种办法，倒逼参谋本部放弃瓜岛作战，画虎不成，反而惹得参谋本部的高官们怒气冲天："我们不给今村船舶运送兵源和物资，他拿什么去打美国人？"

参谋总长杉山元不便直接出头，参谋次长田边盛武、作战部长田中新一等人便站出来，嚷嚷着要是政府不让步，就发起倒阁行动。

迫于军方压力，东条只得召集临时内阁会议，答应再追加九点五万的船舶吨位。可是参谋本部仍不满意，会议刚结束，田边次长便打电话叫佐藤到他官邸去做解释，为什么内阁追加的吨位如此之少？

大闹天宫

陆军省管后勤，参谋本部管作战，围绕着船舶的配给额度，这两个机构的矛盾早就已经激化。佐藤知道田边找自己没什么好果子吃，但参谋次长相召，又不得不去。

刚走进田边家的门，就听见屋里有人高声叫骂："都是军务局捣的鬼，佐藤来了我非揍他不可！"

进屋一瞧，都是参谋本部的高层军官，有七八个人呢，都在喝酒，一边喝酒一边叫骂的是作战部长田中新一。田中是一个易于冲动，性情暴烈的少壮派军官，也经常说些不着边际的大话，比如川口支队登岛作战前，他就曾夸口说："派这样的部队，一定可以歼灭美国海军陆战队，把他们的兵器全部夺过来。"

佐藤想想惹不得这样的人，幸好田边在一群刺头里还算温厚型，又是他出面相召，于是便向田边敬礼："将军，我奉命前来解释。"

话音未落，包括田边、田中在内，屋里的人竟异口同声地发出质问："佐藤，你为什么和我们过不去？"

佐藤嗫嚅着："这是内阁的决定……"

"浑蛋，你敢辩解。"田中双眼通红，把酒杯都摔碎了，他那样子如同是猫儿见了鱼，一心要将军务局局长给囫囵吞下肚去。

佐藤见势不好，一边嘴里嘀咕着"你喝多了，清醒了再说"，一边就想拔脚溜走。

田中哪里肯放，他拔出军刀，大叫一声"站住"，便拦住了佐藤的去路。

几名军官害怕真弄出人命，急忙上前按住田中，把他的军刀夺了过来。田中就像一颗已经出膛的子弹，忽地一下挣脱阻拦，上去就朝佐藤脸上来了一记重拳。

话说人佐藤也是一员武将，如何能吃这种哑巴亏，马上耳光响亮，结结实实还了田中一巴掌。佐藤是少将，田中是中将，两位战将把客厅当作战场，扭打在一起。

其他军官来了兴致，他们不但不拉架，在田中讨便宜之处，还高声为其呐喊助威。佐藤心虚气短，急忙找准机会将对手推开，带着满脸血痕快步逃出了田边的官邸。

田中到底是喝多了酒，佐藤逃跑，他也抓不住，可这口气还没出够哇。他于是又借着酒劲，在午夜时分闯入了陆军省次官木村平太郎的家里。

一见木村，他就指着对方的鼻子，骂他胆小怕事，不愿为天皇卖命，为什么区区一些船舶吨位，都不能追加呢。

木村见他醉了，也不敢跟他讲理，只能服软道歉，并答应一定面见首相，满足参谋本部的要求，好说歹说，才将这位醉鬼劝回家。

第二天一早，田中的酒醒了，他竟然又跑到内阁企划院总裁铃木贞一家里胡搅蛮缠，铃木正在温柔乡里，被田中闹醒后，十分火大，两人大吵一通。最后还是铃木的秘书将田中给拉走了。

田中装龙似龙，装虎似虎，一个大闹天宫，把诸神搞得心惊胆战。铃木先前也一直反对军方征用民船，但他更怕因为这么一点公事，整天被参谋本部盯死，因此便与田边次长达成协议，答应继续追加船舶吨位。

倒是东条本人坚决不同意这么做。田中借酒撒疯，向政府示威，让他这个首相兼陆相十分难堪，而且如果是"会叫的孩子多吃奶"，必然人人效仿，你就算是把他东条当奶牛，也应付不了这么多的需求。

信人调，会丢瓢，东条板起脸，他让军务局通知参谋本部，内阁的决议决不可改变，"不管怎样，陆军只能得到内阁决定的吨位数"。

陆军参谋总长杉山元和他的下属基本上是穿一条裤子的，现在一看，东条动了真格的，他赶紧召开参谋本部各部部长紧急会议，决定集体前往东条官邸进行力谏。

自然还是要靠田中开炮，但杉山也担心万一田中控制不住自己，惹出麻烦不好收场，所以临行前他特地叮嘱副官种村："如果作战部长再吵架，你就把他给我拉出去。"

晚上，杉山和部下们来到首相官邸，要求东条予以接见。东条的秘书见了他们之后老大不快，并以东条已休息为由拒绝禀告。

参谋本部的人今天来了就没想走，东条不肯接见，他们就往外面的客厅里一坐。木村、佐藤接到通知，已提前在客厅等候，佐藤和田中相遇，那正是仇人相见，分外眼红，两人面对面盘腿坐着，都恨不能用目光将对方杀死。

客厅充溢着一股肃杀氛围。躲在里屋的东条没有办法，只好穿着和服出来接见。

铁桶输送

田中一马当先，见到首相也是横眉冷对，他代表参谋本部，要求东条重新考虑他们的要求。

东条到底是首相，政治家的涵养还是有的，无论田中的口气怎样咄咄逼人，他都慢声细气地加以强调："政府已经做出决定，只能这样办，请诸君从大局出发，支持内阁的决定。"

东条越是冷静，田中越是不爽，他反而更喜欢和佐藤作对，两人拳拳到肉，多过瘾，像东条这样的，硬跟你耍太极，才真正可恼可恨。

两人你一言我一语地争论了半个小时，眼瞅着田中的嗓门越来越大，调子也越来越高，终于，他控制不住自己的情绪，吼道："你准备怎样对待这场战争，嗯？这样下去，我们要失败的！你不支持我们，是不是成心想让瓜岛争夺战失败？"

东条霍然变色："你有什么资格谴责内阁，放肆！"

田中脑袋一歪："你不称职，就该下去。"

东条脸上的肌肉立刻呈抽搐状，他用手往屋外一指："你给我出去。"

"八格牙路，你真他妈是个浑蛋！"田中已完全管不住嘴了。

"你……敢骂上司！"东条忍无可忍，猛地站起身来，"你这是用的什么骂人的话，我命令你出去，立刻！"

看到东条的态度转趋强硬，整个客厅陷入一片死寂，众人面面相觑，谁也不敢出声。种村急忙从前厅走进来，抓住田中的胳膊将他拉了出去，田中还要挣扎，种村告诉他："这是参谋总长的命令。"田中这才不言语了。

杉山替田中道了歉，会谈不欢而散。第二天清晨，东条重新召见杉山，对他严厉斥责："一个作战部长竟敢谩骂陆军大臣，真是岂有此理，参谋本部不能容许有这样的人存在。"

训了一通杉山，东条的气也消了。参谋本部是他的娘家，又是陆军权力中心，真把关系闹僵了，他这个首相兼陆相的日子同样不好过，于是他又用缓和的口气对杉山说："政府会重新考虑征用船舶的问题。"

当天，东条和杉山做成了一笔交易。杉山同意"自整家风"，田中被关十五天禁闭，并调任南方军总司令部。东条则答应，如果明年一到三月，参谋本部的船舶损耗量超过预定量，将由大本营予以补充。

参谋本部牺牲一个田中，换来东条的承诺，同时也拉近了海陆军之间的关系。海军听到陆军为了帮他们争取船舶，竟不惜全体出动，给东条施加压力，自然也觉得是欠了对方一个莫大的人情。

参谋本部和海军省、军令部坐到了一起，经过一番协商，双方提出了一种彼此暂时都可以接受的办法，这就是"铁桶输送"。

铁桶输送是把粮食、药品、弹药装进类似汽油桶一类的铁桶中，但只装一半，以便使其能在水中浮起，之后加以密封，一百多个为一组，用麻绳系一起，把它们吊在舰舷两侧。

夜幕降临，驱逐舰出发前往瓜岛，到达瓜岛近岸水域后即将麻绳砍断，并在天亮前经"狭道"北上返航。铁桶在潮汐中漂向瓜岛，按照事先约定，岛上日军会派几个人游到铁桶处，抓住绳子将铁桶拖到岸上，其方式就好像是电视里面的拔河比赛，不过是无声片的那种，而且"拔河比赛"必须在十五分钟内结束，否则就可能遭到美机的轰炸。

从1942年11月25日至30日，联合舰队每天派出一艘驱逐艇进行"铁桶输送"。让拥有"长矛"鱼雷的军舰抛弃打仗本行，来继续干跑运输的副业，这件事无疑还是令船员们感到憋屈。只是想到岛上作战人员正在不断病死、饿死，也就无人出言抱怨了。一位曾先后担任过二十八次运输任务的驱逐舰舰长感叹："我到底为什么要参加海军，自己始终也搞不清楚，但是，每当我想到拴在这粮食桶上的绳子就是瓜岛将士们的生命线时，我只好忍耐着干下去。"

每天一艘次的"铁桶输送"仍然载运量有限，无法满足岛上日军所需，相比之下，美国大兵们的日子则要好过得多。

曾经，莱基等人也备尝艰辛。在补给不继的那段岁月里，他们没有蚊帐，即便用毯子裹着脑袋，仍无法完全躲避蚊虫的叮咬，包括莱基在内的许多人都因此得过疟疾。

行军途中休息的美国陆战队官兵。很多陆战队员在生活中都是很难相处的人，其中不乏"色鬼、酒鬼、强盗、骗子"，相互之间为了抢东西还会拳脚相向，但他们自己对此并不介意，甚至引以为豪，认为如果不这样率性而为，就不配成为一名陆战老兵。

当然还挨过饿。饿得最狠的时候，他们密谋要杀死一只经常从掩体坑道旁穿过的老鼠，以便弄顿鲜肉吃，可是老鼠跑得太快，几乎是一闪而过，大兵们则饿得头昏眼花，根本抓它不住。到了后来，那只老鼠的胆子越来越大，索性也不闪了，每天都绅士一样慢慢悠悠地从射击孔前踱过。

现在美军基本上告别了这一生活，蚊帐、粮食、药品、弹药，该有的陆陆续续都有了。像莱基这些无法无天的家伙，光填饱肚子已经不过瘾了，陆战队员常常会以"偷"的方式，从食品仓库拿到各种好吃的，也会以"骗"的方式，登上在铁底湾抛锚的美军军舰，喝上几杯美味的咖啡。

对岛上日军而言，其对手仿佛置身于天堂，而他们就好像被打入了十八层地狱。在日军防线内，食品已极度匮乏，别说老鼠，就连抓到的四脚蛇和蚊子都成了美味佳肴。

哈尔西不仅向瓜岛运来补给，也源源不断地提供援兵。在新到的援兵中，有一支非常有名的战斗部队，正式番号是美国海军陆战队第二突击营，一般人都称之为"卡尔逊突击营"，这支部队很快成为瓜岛日军继饥饿之外的另一个噩梦。

美版八路军

卡尔逊突击营的威名首先来自他们的头——卡尔逊中校。卡尔逊是一个比"宽胸汉"普勒更具传奇色彩的陆战队英雄，这位牛仔很爱打仗，曾参加"一战"并获得法国政府颁发的军功奖章。

"一战"结束，赋闲在家的滋味着实无聊无趣，卡尔逊又再次应征入伍，加入了美国海军陆战队。他和普勒一样，曾在尼加拉瓜打过山地丛林战，但对他一生影响最大的，还得数其后的中国之行。

当时太平洋战争尚未爆发，中国的抗日战争却已打得如火如荼。以海军部观察员身份来到中国的卡尔逊，先后被蒋介石、毛泽东、朱德等国共要人接见，并两次得以深入晋察冀边区进行考察。

晋察冀是敌后模范抗日根据地，考察过程令卡尔逊也大开了眼界，他对八路军的游击战、小兵团作战以及"思想教育"的能力备感惊异。

卡尔逊有过"一战"经验。"一战"看似规模宏大，但对普通士兵而言，也无非是打枪打炮，你打过来，我打过去。士兵们像机器人一样，整天蹲在战壕里，脑子都不用动，用卡尔逊自己的话来说就是"枯燥得很"。

游击战可不是这样，那是用脑子打仗，非常合乎卡尔逊的心思，他看得心花怒放，对晋察冀司令员聂荣臻说："你们这种搞法，实在有味道，很有斗争艺术，这是我从来没见过，也是从来没有听说过的。"

卡尔逊认为，八路军已发展出了一整套军事战术，它与中国其他任何军事力量，比如说国民党军所采取的战术都是迥然不同的，当然对外国军队来说也相当陌生，可也正是这样陌生的战术，才能发挥奇效。

珍珠港事件爆发后，已经回国的卡尔逊立即上书罗斯福总统，要求给他一些人和枪，以参加太平洋诸岛的登陆作战。罗斯福满足了他的要求，任命他为美国海军陆战队第二突击营营长。

突击营是陆战队中的精锐，强健的体格、良好的心理素质以及敏锐的反应，均是突击营挑选士兵的必备条件。除此之外，由卡尔逊一手组建的突击营还具有特殊之处，那就是该营从训练到姿态、外观，受八路军的影响都很大，几乎就是一支美版八路军。

早在山西抗战时，卡尔逊就近观察过阎锡山的晋军部队，发现士兵精神和纪律，也不知为什么而战，有如一盘散沙，这跟处在同一战场的八路军形成鲜明对比，经过"思想教育"，人家打仗时那叫一个团结。

卡尔逊深受启发，他在晋察冀根据地看到过一种工业合作社，便把部队团结协作的精神归纳为"工合"精神，"工合"由此成为突击营官兵的座右铭。

作为八路军游击战术的超级粉丝，卡尔逊指挥作战非常灵活，从不拘泥于形式。有人打比方，说假如常规的陆战突击营是表演大型歌舞剧，卡尔逊突击营就像是在跳狂热的摇摆舞，毫无规律和套路可循。

有一点是谁都无法否认的，这些跳摇摆舞的"卡尔逊突击兵"相当能打，甫一出场的马金环礁战役，就足以让所有质疑者自动闭嘴。

那还是陆战一师登陆瓜岛的时候，为了转移日军注意力，尼米兹特地派遣卡尔逊突击营，对吉尔伯特群岛中的马金环礁实施了牵制性突袭。

为了适应与日军的近战肉搏，美军也建立了大刀队，这是大刀队在接受训练。

卡尔逊突击营乘坐两艘潜艇，于拂晓时悄然登岛。在卡尔逊的指挥下，突击营分数路发动进攻，不仅歼灭两百多名日军，还摧毁了大部分军事设施。奇袭成功之后，卡尔逊又按照八路军"打了就跑"的原则，迅速率部撤离。

在马金环礁战役中，卡尔逊突击营只折损了几十人，可谓是以极小代价取得了较大胜利，它也成为太平洋战争中美国海军陆战队的一个经典战例。

卡尔逊突击营在 11 月初时就已登陆瓜岛。当时尚有仗可打，范德格里夫特正在组织兵力摧毁日军的滩头阵地，不过卡尔逊的运气不好，等他兴致勃勃地赶到作战地点时，前面的部队已经在打扫战场，准备收工了，他一场也没能赶上。

大仗赶不上，小仗也能凑合。卡尔逊从范德格里夫特手里讨到一个差使，专门找日军主防线以外的残部开练。

在近一个月的时间里，"美版八路军"像他们所崇尚的八路军那样，几乎踏遍了瓜岛上最为险恶，其他陆战队也从未能够企及的地方。在丛林中，突击营碰到过各种编制的日军残部，一碰上，马上就以惊人的速度予以奇袭歼灭。

一个月后，卡尔逊率部返回美军主防线以内，到这时为止，突击营已完成十二次奇袭战，总计杀死四百多名日本兵，而自己只战死了十七人。

只要不晦气到被卡尔逊突击营逮到，主防线内的日本兵根本就不想动一动。他们每天要做的事情，就是一边晒太阳，一边抓跳蚤，大部分人担忧的也不是飞来的子弹，而是山上的四脚蛇都快吃光了，今天该挣扎着到哪里挖野菜……

金凯德法则

小打小闹仍然解决不了问题，见美军还没有发现"铁桶输送"的奥秘，联合舰队决定投入更多驱逐舰，来提高补给的规模和数量。

1942 年 11 月 29 日晚，由田中率领八艘驱逐舰组成"铁桶系东京快车"，拖带一千一百个浮桶和少量部队，自肖特兰岛起航。

到 1942 年 11 月初，夏威夷情报站已经能够破译日本海军的最新密码，同时美军侦察机也发现日军舰船白天在肖特兰集结，综合两方面情报，哈尔西判断日方可能会组织规模较大的增援行动，他决定派一支巡洋舰和驱逐舰编队前去截击。

率队出击的人选原为金凯德，但这时金凯德另有任用，代替他的是赖特少将。赖特舰队奉命由圣埃斯皮里图岛出航，经过六百八十海里路程前往铁底湾。

1942 年 11 月 30 日，天气非常恶劣，海面白浪滔天，云层电闪雷鸣，一架美军侦察机发现了行进中的田中舰群，然而在雷电干扰下，赖特没能收到它所拍发的电报。

在肖特兰，潜伏着一名"海岸监视者"。他数了一下军港内日舰的桅杆数目，发现大约少了七艘驱逐舰，于是立即向美军舰队报告。正是通过他的情报，赖特确定，有日军舰队当晚也会前来赴约。

第一个入场的是赖特舰队，他们由萨沃岛北面驶入"铁底湾"。赖特的前任金凯德吸取美军在夜战中的教训，规定若参与夜战，必须使用舰载水上飞机进行侦察，以便及早发现敌人，必要时，甚至不惜空投照明弹。赖特先派一架水上飞机降落在图拉吉港，但田中舰群并非从图拉吉岛一侧经过，所以赖特没有收到敌情报告，要再派水上飞机进行侦察，又碰到海上没风，飞机也未能起飞。

就在赖特舰队入场后二十分钟，田中舰群拖着长长的"大辫子"，从相反方向，也就是萨沃岛西面进入了"铁底湾"。

最初，大家谁都不知道谁，赖特苦等日军舰队，却不晓得对方已经逼近。田中东溜溜，西看看，确认附近没有美舰后，便向岸上接应的陆军发出信号，让对方点上篝火，准备在看到火光后投放浮桶。

这时乌云笼罩着海面，周围漆黑一团，几十米外什么都看不清，但是肉眼做不到的，雷达却能做到。晚上 11 点 6 分，赖特的旗舰"明尼阿波利斯"号巡洋舰从雷达上发现了日舰。

金凯德曾经要求，在未查明敌情之前，决不能盲目接近敌人，也不可以用单纵队队形接敌，但在战斗警报发出后，美舰就向右转向四十度，变换成单纵队，以相逆航向与田中舰群迅速接近。

"金凯德法则"的另外一个内容，是发现攻击目标后，驱逐舰应首先对敌舰实施鱼雷攻击。赖特也没有这么做，原因是铁底湾除了美军舰队外，并不全是日舰，时常还会有从图拉吉港驶出的巡逻舰出没。赖特怕误伤己舰，他决定亲自到雷达室一探究竟。

从雷达荧光屏上可以看出，一支舰队正向东南方向航行，图拉吉虽有美军巡洋舰，但不可能是舰队形式。

战场最容不得犹豫，稍一耽搁便会失去良机。田中舰群最前端的"高波"号驱逐舰也发现了美军舰队，它马上打亮信号灯发出警报。黑夜中雾气弥漫，田中的旗舰"长波"号驱逐舰没有看到警报，还在自顾自地投放浮桶。

美军先头驱逐舰"弗莱彻"号见日舰信号灯一闪一闪，急忙请求发射鱼雷。赖特倒是已经辨别出了敌我，可是在海岸和山影背景的影响下，他所看到的雷达荧光屏上，图像一直模糊不清，这使赖特认为两军相距尚远，匆忙发射鱼雷的话，非但把握不大，还容易打草惊蛇，因此迟迟没有下达攻击命令。

雷达是个好东西，但如果你只相信雷达，连自己的眼睛都不信了，又会走到另一个极端。"弗莱彻"的鱼雷官眼睁睁地看着"高波"迎面而来，又不能开炮，急得直嚷嚷。舰长科尔中校不惜打破无线电静默，对赖特说，"弗莱彻"正处于鱼雷攻击的最佳时机，再不发射鱼雷，就不是打得着打不着的问题，而是得跟日舰相撞了。

赖特仍然不信，迟疑了好一会儿，他才允许前卫驱逐舰发起攻击。

就在指挥官迟疑不决的时候，两支舰队高速对开，"高波"号飞速从"弗莱彻"的旁边驶过，"弗莱彻"痛失良机。

跌足的并非只有"弗莱彻"，"高波"亦然，正忙着投放浮桶的田中也没向他们下达攻击令。当两舰交错而过时，双方的炮手都无法开火，只能双眼喷火地望着对方，并伸出拳头相互恐吓。

待接到赖特的命令，驱逐舰集体转身，"弗莱彻"连发十条鱼雷，其他舰也跟着发射了十条鱼雷。

当鱼雷射出时，田中的旗舰"长波"号还在放浮桶，突然瞭望哨发现了美舰，紧接着便有两条鱼雷直奔而来，水兵们吓得乱成一团，唯有舰桥上的田中冷静视之。

田中屡次蹈入险地，特别是第三次所罗门海战末尾的那一次，对他打击很大，战后他直言，自己对失败负有重大责任，并且预言，能否再次攻克瓜岛以及为之展开海战，是通向胜利之路的三岔口。

也许对田中来说，早在运输艇抢滩登岸的时候，他就应该死，现在是多余活着的，所以当危险袭来时，他并不像普通水兵那样惊慌失措，而是冷冷地盯着鱼雷，随时准备与自己的战舰共存亡。

田中摆出了视死如归的架势，幕僚们也稳住心神，学着主帅纹丝不动。

说来也怪，一秒过去，两秒过去，三秒过去，预想中被鱼雷击中后引发的大爆炸并没有发生，一个水兵睁开眼睛，看到近在咫尺的那两条鱼雷已经停止蹿动，缓缓沉入水中。

鱼雷自动沉没了，"长波"号上一阵欢呼。被死神放了一马的田中急忙询问其他战舰的情况，发现幸运眷顾的不仅是"长波"，而是整支舰队：由于双方舰船速度都很快，且相对位置变换迅速，美舰发射的二十条鱼雷竟然无一中的。

美军编队的方式是驱逐舰前卫，巡洋舰居中，此时日军驱逐舰已到达美军巡洋舰左前方，见鱼雷攻击毫无成效，赖特抓起无线电话大喊："开始炮击，开始炮击！"

旗舰"明尼阿波利斯"号率先打出照明弹，带领着其他巡洋舰进行猛烈射击，鱼雷射空的四艘驱逐舰也纷纷加入炮战。

美军弹药中没有消焰剂，舰炮发射时的火光恰好暴露了自己的位置。"长波"上的瞭望哨七七八八一点，向田中报告："发现敌军巡洋舰五艘，驱逐舰四艘。"

火炮闪光就是鱼雷射击的最好坐标。有着丰富夜战经验的田中岂会放过这一机会，他下令各驱逐舰掉头，高速接近美舰，进行鱼雷攻击。

"高波"号问，能否以炮对炮，用火炮对美舰进行还击。

老到的田中回答："除非绝对必要，否则不许暴露目标。"

"高波"拿到授令，一马当先冲在前面，先是冲破美军驱逐舰的拦截线，然后迫不及待地向巡洋舰发射鱼雷。

豆芽菜打不了捆，没规没矩，一艘驱逐舰竟然也要在巡洋舰群面前逞个人英雄。

孰知各巡洋舰雷达的荧光屏上，都早已显示出"高波"号的位置，在躲过鱼雷之后，它们集中火力对这艘胆大妄为的日舰展开阻击。

"高波"迫不得已，只得开炮自卫，但这样一来，田中所说的"暴露目标"就成为事实，美舰即便不用雷达也能轻而易举地瞄着它打了。

"高波"号中了十余枚炮弹，舰面大火腾空而起，不得不落荒而逃，"明尼阿波利斯"见状发力猛追，将"高波"打得浑身是洞。"高波"尽管跟跟跄跄地逃出了战场，但因无力自救，最终仍沉入海底。

不发光火药

"高波"是日舰中唯一一个中招的。

美军五艘巡洋舰猛烈射击，炮弹就像密集的火球一样在日舰前后左右纷纷落下，但它们穿来穿去，无一受伤。

让赖特感到格外不解的是，除了拼命还击的"高波"外，其余日舰一直都保持着沉默，并不用炮火进行还击。

对此疑惑不解的不仅是赖特，一名驱逐舰舰长在望远镜里看到巡洋舰大炮齐轰，却不见敌舰踪影，迟疑着无法下达开炮命令。值班军官确定了目标位置，他还满腹狐疑地问道："如果是敌舰，它为什么不还击？"

值班军官的回答很无厘头："日本人可能发明了一种不发光的火药！"

赖特不会相信"不发光火药"的说法，可是眼前的情景的确无法解释。这是怎么一回事呢？难道对方是一支运输舰队，大部分是毫无还手之力的运输舰？

赖特命令驱逐舰插上，就近擒杀这些"运输舰"，同时对巡洋舰进行屏护。

但他错了，错在不掌握夜战的决窍，以及对日军"长矛"鱼雷的远程威力还缺乏足够了解。田中看到美舰不退反进，不禁大喜过望，于是再次下令各舰一边撤退，一边继续发射鱼雷。

在转向撤退的过程中，田中的旗舰"长波"一口气射出了所有鱼雷，其他日舰也迅速甩掉浮桶，向美舰施射。

日舰没有新式雷达，但是官兵对夜战均训练有素，鱼雷射击技术精湛，而美军

巡洋舰仍保持着原来的航向和航速，精确
瞄准并不困难。

旗舰"明尼阿波利斯"号率先中雷，
在山崩地裂般的大爆炸中，舰首被两条鱼
雷整个炸掉，在舰桥上指挥作战的赖特也
受了伤，青色杀手再次显示出它极强的杀
伤力。

紧随旗舰的"新奥尔良"号也跟着倒
了霉，鱼雷钻入左舷舰首，前部弹药舱被

"明尼阿波利斯"号，舰首被鱼雷打掉后，就成
了这副糟心样子。

引爆，舰首和一号炮塔全毁，这艘巡洋舰顷刻之间便完全丧失了战斗力。

美军舰队完全乱了套。除"火奴鲁鲁"号以外，其余巡洋舰都至少被一条鱼雷
击中。伤势最重的是"诺思安普敦"号重型巡洋舰，它的舰尾甲板上到处都是正在
燃烧着的柴油，舰长只得宣布降旗弃舰。

田中本欲趁火打劫，对受伤的美舰实施炮击，但这时他看到有几架美军水上飞
机飞到日舰上空，唯恐有失，便立即打消念头，率部脱离战场，并沿"狭道"遁逃。

日舰已去，美军还不知道，几艘受伤未沉的巡洋舰朝着日舰逃去的方向猛追，
炮手们杀红了眼，看到前面有两艘战舰，便劈头盖脸地一阵猛轰。

驱逐舰也在追击，突前的是"拉姆森"号和"拉德森"号。发现身后炮弹连连，
"拉姆森"号舰长连忙用无线电话呼叫："不要自相残杀！"

话音刚落，"拉姆森"已中一弹。舰长一下子明白过来，知道旗舰"明尼阿波
利斯"在受创之后，已无法接收电波，你就是在无线电话中喊上一千遍，一万遍，
也是枉然。

沟通渠道已被阻断，急于报仇又两眼一抹黑的巡洋舰们，才不管亲戚朋友冬天
夏天的，就是一气儿轰。在这种情况下，被自己人击沉了也是白沉，"拉姆森""拉
德森"号赶紧打开战斗识别灯，同时开足马力驶离巡洋舰的火力范围。

跑到一角落，两兄弟一边喘着粗气，一边互相安慰，忽然"拉姆森"上的瞭望
哨报告："前方发现敌人设置的大量浮雷！"

"拉姆森"舰长听后大为不解。你说"铁底湾"得有多大呀，日本人的浮雷再多，

又能铺多少面积，靠这种办法来逮美舰，不啻于守株待兔的海上版。

又一想，现在黑灯瞎火，后面的友舰还不知道，万一真的碰上浮雷非同小可，于是他下令排雷。

排雷兵坐着小艇下去，战战兢兢地捞起一条"水雷"。一看，并不是什么水雷，只是铁桶，而且是装着粮食的铁桶。

舰长恍然大悟，知道日本人究竟在搞什么玩意儿了，这些浮在海面上的铁桶随即遭到摧毁。

因为此次海战发生在投放浮桶的塔萨法朗加角海域，所以日方称之为塔萨法朗加角海战。从双方在海战中的表现来看，日军仅以自损一艘驱逐舰为代价，便将美军巡洋舰击沉一艘，重创三艘，称得上是海战艺术的精彩表演，也证明日本海军在夜战这一领域还没有失去它原本具有的优势。

反过来，美国海军在战术指挥上存在的缺陷，尤其是夜战能力的薄弱则再次暴露无遗，为此，尼米兹提出了"训练，训练，再训练"的口号，他还同时承认，日军在战斗中"有能力，有耐性，有勇气"。

望眼欲穿

田中虽在塔萨法朗加角海战中取胜，但他实际没有完成预定任务，不仅所携带的铁桶没有一只被送上瓜岛，还暴露了"铁桶输送"的秘密。

捣的鬼再圆，也有露馅的一天，美军航空队开始紧盯"狭道"，时刻防范日军驱逐舰和"大辫子"的出入。另外，"东京快车"又不能停，否则瓜岛上的日军就只能坐以待毙了。

1942年12月3日，田中再率十艘驱逐舰，拖带一千五百个浮桶前往瓜岛。下午，就在驱逐舰即将驶入"狭道"时，一架美军侦察机跟了上来，田中脑袋里嗡的一声，侦察机不会无缘无故出现，其身后必然还有大批轰炸机。

田中一边派护航日机驱赶侦察机，一边下令舰群高速前进，争取在天黑前驶出"狭道"。天遂人愿，直到舰群接近"狭道"出口，仍未有美机前来截击。

似乎那架侦察机的出现只是一个偶然，田中松了口气，但是很快他就发现自己有些高兴过早——轰炸机还是来了，而且不是一架两架，是一大群。

其实田中前脚离开军港，肖特兰的"海岸监视者"后脚就把情报传了出去，"仙人掌航空队"一气派出十五架"无畏"式轰炸机，并由侦察机预先报知田中舰群的位置。

侦察机找到了田中舰群，但在护航日机的追赶下，情绪有些紧张，以致报错了方位，结果导致轰炸机飞过了头。

发现出错，轰炸机又回头反追，追上后即对日舰展开俯冲轰炸。护航的"零"式战斗机想要护主，被"无畏"后面的"野猫"一口咬住，厮杀之中，一时也顾不得再支援战舰。

"狭道"出口处的海域较为开阔，日舰左躲右闪，尚有足够的回旋余地，只是拖着"大辫子"转来转去，却也十分不便。田中见势不好，急令日机救援。

四架"零"式从"野猫"所布防线杀出，冷不防地将两架美军轰炸机打下了海。因为受到这一干扰，轰炸机所投炸弹大多失了准头，只击伤日军驱逐舰一艘。

空战不能分神，"零"式一分神，被"野猫"趁势击落三架，不过这时天色已晚，随着夜幕笼罩海面，美机失去了再次攻击的可能，只得鸣金收兵。

田中舰群强行突破美防线，于午夜时分到达塔萨法朗加角，在投放浮桶后，亮起了信号灯。

岸上的人早就望眼欲穿。组织"拔河比赛"的是参谋本部情报部参谋杉田一次，他和辻政信一道登岛，辻政信走了，他还留在岛上。

杉田已经几天没吃到粮食了，只能以青蛇、四脚蛇果腹。第十七军司令部派他来负责接收粮食，也算是一种格外照顾。上次没有捞到浮桶，这次上司特别关照："务必弄到一些粮食，司令长官也快断粮了！"

百武是快断粮，下面的人是从很早很早起就断粮了。出发前，跟随杉田的小泽军曹刚弄到一只水耗子，看到杉田那饿得软绵绵的衰样，小泽便大方地从中分了点肉给他。

杉田能吃青蛇、四脚蛇，唯独不敢吃老鼠。老鼠肉进嘴，他差点没恶心到吐出来，最后想到不吃东西就没力气划船，才硬撑着从喉咙里咽了下去。

在杉田、小泽后面站了六七百人，全是等着"拔河"和捡米下肚的。看到大海深处亮起信号灯，众人急忙将事先准备好的小船推入水中，争先恐后地朝浮桶划去。

小船数量有限，不可能大家都上，抢不到的人就只能恨自己薄命了。

看到十几艘小船划了出来，驱逐舰上的信号灯开始闪个不停，意思是："我们已经完成任务，祝你们成功。"

闪完，田中舰群马上掉头返航，一分钟也不敢多耽搁。这让小泽愤愤不平："奶奶的，连敌人的影子都没有看到，就跑了。"

杉田已经抓到了浮桶的绳索："别自找倒霉，敌人要是来了就不好了，赶快往回划吧！"

"拔河比赛"等于是和大海较劲，海浪汹涌澎湃，铁桶又漂浮不定，抓住绳索和往回划都不是一件容易的事。按照老规矩，"拔河比赛"必须在十五分钟内结束，留在岸上的人看得着急，有人已经忍不住大喊起来："快，要快！"

杉田突然听到头顶传来"嗡嗡"声，他的心立刻变得冰寒雪冷，因为他可以听出那是美机发动机的声音。

胜利是春药

天还没亮呢，这到底是怎么一回事？

要问原因，还得怪田中露了"铁桶输送"的底。"仙人掌航空队"白天逮不住舰，晚上就来灭桶了。

天黑固然是事实，但美机可以放照明弹啊。随着照明弹不断放出，美军轰炸机从云层中俯冲下来，炸弹毫不留情地砸向小船。落在杉田后面的几艘小船当即就被炸飞了，成为碎片的浮桶与人体的残肢断臂一起浮在海面，随波漂荡。

杉田所在的小船也被掀翻，等杉田浮出水面时，船已经沉了。小泽更惨，他的一条腿被炸断，随后便被汹涌的海浪卷走。

十几艘小船全都被炸沉了，杉田和其他人一起，抓住绳索，勉强拖着浮桶上了岸。

看到有浮桶靠近，在岸边等待的士兵们一拥而上，争着从被炸坏的桶里抢粮食，而且抓到生米就往嘴里塞，全然不顾上空的照明弹进出，轰炸机仍然在寻觅猎食目标。

一颗炸弹下去，便能了结一堆人。海岸上尸体和大米横陈，让侥幸得以逃生的杉田目不忍视。

田中在塔萨法朗加角卸下一千五百个浮桶，瓜岛日军只抢回三百一十个，其余尽为美机炸毁，一道化为飞烟的还有参与"拔河比赛"的三百多个日本兵。

这笔账当然不能算在田中头上，毕竟他是把活给干完了，浮桶也一个不少地放了下去，至于瓜岛日军拿得到拿不到，不是他的问题。

1942 年 12 月 7 日，田中率八艘驱逐舰，拖带一千两百个浮桶，启动了第三趟"铁桶系东京快车"。

鉴于塔萨法朗加角已被美军锁定，田中特意换了个地点，改为在埃斯帕恩斯角投放浮桶。一切顺当，田中也自认为得计，但就在舰群转身返航时，美军鱼雷快艇如鬼魅一般杀到，其射出的鱼雷正好命中"照月"号驱逐舰的弹药舱，"照月"断为两截，人员纷纷落水。

"照月"此次被田中作为旗舰使用，他从舰桥落海，头部中弹受伤，差点就没命了。幸好旁边还有幕僚和其他军官，一些人七手八脚地把他拖到别的驱逐舰上，然后匆匆逃离。

在田中舰群身后，美军鱼雷快艇打开探照灯，从容地将一串串漂浮的铁桶击得粉碎。

日军反败为胜的希望，就像这些铁桶一样成为碎片。当天是珍珠港被袭一周年，在为此举行的记者招待会上，记者请尼米兹预测一下战争的结局，尼米兹慨然回答："我不想用日期来回答这个问题，但我可以用地图回答你。"

他站出身来，指着墙上的地图宣布："当日军在地图上所示的地方被穷追猛打、无处躲藏，其有生力量也被摧毁时，战争就结束了。"

胜利是春药，尤其是不断的胜利，会让指挥官像变了个人一样。想想尼米兹刚坐上太平洋舰队司令的宝座时，面对记者是怎样一个窘境，如今竟然也口若悬河，掷地有声了。

1942 年 12 月 8 日，瓜岛日军的日记里记录："米早已吃光了，就是椰子也快没有了。"

吃光了米的第十七军还得在岛上熬上些日子，陆战一师则要与这座"死亡岛"说声告别了。12月9日，他们开始与陆军第二十五师换防，范德格里夫特向陆军移交了指挥权。

　　当时有谣言说，陆战一师是要回美国过圣诞节，后来证明不是，只是撤往澳大利亚休整。即便这样，对陆战队员们来说，也已经不错了。

　　莱基所在的陆战一团二营最后一个撤离瓜岛，时间是1942年12月14日，自登岛以来，他们饱受了长达五个月的折磨，之前每每都以为有人会来接替换防，但是又一次次失望，甚至绝望。

　　在无数个黑暗的日子里，莱基和他的战友们都曾这样问上司："我们什么时候离开瓜岛哇？"

　　上司是个中尉排长，同样一脸迷茫："你问我，我不知道。"

　　有人得了疟疾，前额滚烫，排长让他到医务室看病，那士兵摇摇头："不去。"

　　排长很奇怪："为什么不去？"

　　士兵说："去了有什么用呢？他们只会给我点阿司匹林。如果我发烧确实很严重，他们只会把我和其他重症发烧者放在同一个帐篷里。他们不会让我回家，他们不会带我离开瓜岛，没有人可以离开，所以去了也没用。"

　　排长承认他说的是事实："没错，我想你说得对。"

　　士兵越说越伤感："我告诉你，没有人会离开这座岛，即使进了松木盒也不行。"

　　排长低下了头："你说得没错。我们在这儿不是有公墓吗？"

　　莱基有过这样一种感觉，那就是他们已经被抛弃了，正如那

瓜岛上的美军伤员被飞机运走。在部队得以被调走之前，老兵们内心都渴望受些诸如腿断、胳膊折之类的"小伤"（当然不能是要自己命的那种），从而明正言顺地离开战场，到后方享受人们的注目礼以及免费的酒水。

名发烧的士兵所言，也许永远不可能走出这座小岛，也无可能返回故乡。在美国国内，人们只会日复一日地看电影，听八卦，没人在乎他们，他们将会成为可悲的被牺牲品——不是牺牲，而是被牺牲。

当然，再闷再苦，陆战一师就是陆战一师，这些勇士从未让岛上的日军好受过，在他们面前倒下的日军数量，在整个太平洋战争中无出其右，以至于过了一年之后，东京广播电台还称陆战一师为"瓜岛屠夫"，听说"瓜岛屠夫"到来，日本人无不闻风丧胆。

现在终于要离开了，在载送他们的舰船上，陆战队员问一位水手："你来这里之前，有没有听说过瓜岛这个地方？"

水手立刻嚷了起来："见鬼，当然听说过瓜岛了，还有海军陆战队第一师，妇孺皆知呀！你们出名了，回到国内你们就是英雄。"

陆战队员们不知道说这句话的水手是何时离开的，因为他们很快就把脸别转了过去——即便到这个时候，硬汉们也不想让别人看到自己已经泪流满面。

原来人们自始至终都没有忘记他们，无论是否离开，他们都不会成为被牺牲品。

暗藏玄机

直到陆战一师完全撤离瓜岛，"查理洗衣机"仍时不时地前来光顾，地面上，第十七军也仍在虚张声势。它们提醒美军，日本人对这座小岛还未完全死心。

陆战一师换防后，瓜岛上的美军以陆军第二十五师和陆战第二师为主体，已逾四万之众，"仙人掌航空队"也增加到两百架飞机，称得上是兵强马壮。从范德格里夫特手中接过指挥棒的，是陆军第二十五师师长帕奇少将，他并不知道岛上的日军已丧失进攻能力，一直以为对方有可能再次发动垂死进攻。为此，他向哈尔西建议，以攻代守，主动向日军发起大规模进攻。

哈尔西基本同意帕奇的想法，不过同时做了限定，要求美军不能走得太远，只需拿下直接威胁机场的日军外围主阵地即可。

帕奇的第一个目标是控制奥斯腾山，从山上可以俯瞰"铁底湾"及机场，日本人只要愿意，就能将运输舰卸载、美机起落的情况尽收眼底。1942 年 12 月 17 日，美军用重炮猛轰日军阵地，掩护陆战二师的一个营攻入奥斯腾山。

陆战队一路向前，沿途只有个别狙击手制造麻烦，上去一打，也是闻风即溃，这大大鼓舞了陆战队员的自信心，脚上就不愿意停了。

当深入丛林，局面大变。

驻扎于奥斯腾山的是冈明之助率领的一个联队和一个炮兵中队。冈明部队在岛上待了很长时间，对地形已经非常熟悉，当美军进攻时，他们没有建立连续的抵抗线和有组织的纵深阵地，而是步步退守，引对方进入自己的圈子。

陆战二师刚刚登岛不久，就像最初的陆战一师一样，缺乏丛林战经验，大家以为丛林战和阵地战一样，平推过去就行。不料进入丛林深处后，就好像踏入了迷宫，光听到子弹呼啸，却不知道对方究竟藏在哪里。

日军非常善于利用地形进行伪装。在密林里，深谷中，反斜坡上，以及其他美军炮火难以企及的地方，他们常常只要往那里架一挺机枪，就能打得迷迷糊糊的美军找不到北。与此同时，冈明还派出穿插部队深入美军后方，并切断了其补给线。

轮到冈明发飙了。日军炮兵中队上阵，用猛烈炮火挡住美军的正面迎击，穿插部队则从后面包抄。美军溃不成军，一个营死伤过半，最后只得在一处山坡上构建起临时防线。

日军并不就此罢休，他们像蝗虫一样从四面八方发起冲锋。这些日本兵在打死打伤美军后，往往会先在对方身上搜抢食品，抢到之后就狼吞虎咽。对食品的渴求，又进一步激发了他们嗜血的欲望，美军的大部分阵地遭到分割包围，日军甚至冲进营部，乱枪打死了美军营长。

残余美军被压制在一座山沟里，已经危在旦夕。帕奇得报后吃惊非小，急忙派出"仙

在丛林中进行扫荡的美军，等待他们的仍然是危险，危险，危险。

人掌航空队"前去营救。美机抖擞精神，通过俯冲轰炸，将山沟周围的丛林夷为平地，日军被迫退却。

紧随而来的飞机空投了一个营，但援军所能做的，也仅是将先头的残部救出，无法再往前推进，反而日军躲在山洞里，仅凭手榴弹，就将进攻的美军炸得人仰马翻。

经过这次挫折，帕奇感到不能轻敌。1943年1月2日晨，美军二攻奥斯腾山，帕奇投入了多达四个营的兵力，在战术上也进行了调整，改原先的单路攻击为多路攻击。冈明顾此失彼，炮兵中队的大炮一会儿调到东，一会儿调到西，由于调到阵地上时，美军已近在咫尺，炮手只好压低炮口进行平射，相当于是在和美军士兵拼刺刀，许多炮手耳朵都被炮声震出血来。

冈明部队眼看就要顶不住了，幸好这时有他们的援军自美军背后赶到，杀得美军阵脚大乱。冈明见势，忙拨出兵力实施反冲锋。

美军被前后夹击，陷入了与第一次进攻时一样的困境，帕奇又再次调动"仙人掌航空队"。二十架"无畏"式轰炸机一到，弹雨一扔，地面掀起的尘土漫天飞扬，日军被炸得趴在地上抬不起头，自然也不敢再往前拥。各路美军趁势会师一处，筑起工事与日军相持。

帕奇不再轻易出击，瓜岛战事的焦点从岛内移至岛外，移到了补给和反补给上。

就在哈尔西琢磨如何彻底掐断"铁桶系东京快车"时，一架巡逻侦察机所汇报的情况引起了他的重视。这架侦察机在飞经一座叫蒙达岛的小岛时，看到岸边停泊着许多装载机械设备和工兵的运输舰，飞行员正想降低高度进行观察，马上遭到椰树林中高射炮的射击。

凭借直觉，哈尔西感到林子里一定暗藏玄机，他当即派一个轰炸机中队再次前往侦察。轰炸机中队一般无二遭到了高射炮拦截，它们强行俯冲投弹，然后在拉包尔方面的"零"式战斗机赶到之前，完成空中拍照并迅速返航。

照片冲洗出来一看，哈尔西不禁大吃一惊。树林上方装有伪装网，在伪装网被炸毁后，下面露出了房屋和未竣工跑道。

原来这是一座新建机场！

最后的晚餐

哈尔西不能不承认对手出了一个妙招：蒙达岛距离瓜岛不远，假如这里建成机场，不仅亨德森机场将受到严重威胁，美军的海上运输线也会被切断。

能出此招的，自非联合舰队司令官山本莫属。表面上，山本对增援瓜岛表现得漠不关心，其实他同样很煎熬，特别是当了解到第二师团第十六联队的大部分官兵都来自其家乡长冈时，内心更是受到了很大刺激。

第十六联队近乎全军覆灭，当即死在战斗中的也就算了，那些还活着的生不如死，才是真悲哀。到了这种时候，山本更能真切地体会到海陆军那种唇不离腮，腮不离唇的关系，反正是一根绳上的蚂蚱，要死都得死一块，谁也落不到好去。问题是他能有什么好办法拯救瓜岛呢？航母那边舰载机的着舰训练都没过关，根本无法开过来护航。让驱逐舰群不顾危险，实施"铁桶系东京快车"，已经是他能拿出的最大本钱了。

陆军方面不会理解山本的苦衷，他们只会认为海军见死不救——盐也照样咸，醋也照样酸，到什么时候都脱不了你们身上那股自私自利的小气劲。

知我者，谓我心忧，不知我者谓我何求。山本"心情郁闷，忧思深远"，在给友人的信件中，直言："诸多难事，并非来自敌方，而是出于我们自己的内部。"

有人私下里称山本为"舰队的第一古董"，其实"古董"早萌退意："我已相当疲惫，深感力不从心。如果在非战争年代，早就应该有人接替我的职务了，而现在依然杳无音信。"

想退，退不下来，就算是力不从心，也要勉力为之。山本苦思良策，既然航母暂时无法出动，何不向美国人学习，重新打造一个不沉的航母？

经过一番挑选，山本决定在蒙达岛建造机场。为了确保不被美军发现，他把机场设在一片茂密的椰树林里，施工人员每移走一棵树木，就在原址拉起一片伪装网，上面铺满椰子、棕榈的树叶。美军飞行员在进行高空侦察时，如果不仔细观察，很难发现地面在修跑道。

可是若要人不知，除非己莫为，偏偏还是让哈尔西发现了。对此心腹之患，"蛮牛"又怎么会等闲视之，他立即下令对兴建中的蒙达机场予以摧毁。

首先飞临蒙达岛上空的，是"仙人掌航空队"。由于日军高射炮非常凶猛，"无畏"式轰炸机在俯冲投弹时无法准确命中目标，轰炸未对机场造成多大破坏。

两天后，十八架"飞行堡垒"从圣埃斯皮里图岛出发。这回下的全是大饺子，成吨的重磅炸弹落在跑道上，机场上一片火海，日本人无奈之下，只得改在夜间突击施工。

以后美军白天出动轰炸机，晚上出动水上飞机，不断对机场实施打击，而山本也还以颜色，派出"零"式战斗机对施工进行掩护。到 12 月中旬为止，蒙达机场的主体工程已接近完工，大批"零"式战斗机进驻机场，并按照山本的计划，反过来对亨德森机场进行轰炸，来往于海上运输线的美军舰船也因此遭到袭击。

中小规模打击，还不足以摧毁蒙达机场，蒙达机场有进一步成为第二个瓜岛的可能，哈尔西又使出了新的雷霆手段：由"野猫"战斗机护佑，四十余架 B-26"掠夺者"式轰炸机对蒙达机场展开大规模攻击。

自从大批"零"式战斗机进驻蒙达机场以来，有了仗腰子的亲戚，机场人员都以为可以高枕无忧了，因此当美机铺天盖地杀到时，他们颇有措手不及之感。四架"零"式战斗机刚刚飞离跑道，即被包围上来的"野猫"机群打下了海。

日军的大部分高射炮手都跟飞行员一样没睡醒，在他们进入阵地之前，"掠夺者"就对跑道和停机坪上待飞的日机来了个集体点名。在这次攻击中，日机共被击落和炸毁二十六架，只有隐藏在伪装网下的八架战斗机得以幸免。

眼看着美机离去，地勤人员一边自认晦气，一边推开跑道上的飞机残骸，准备让残余战斗机飞上天空。让他们万万想不到的是，刚刚离去的仅为第一波，第

正在做突击准备的 F4F"野猫"式战斗机。"野猫"是太平洋战争初期美国海军所装备的主要舰载战斗机。由于速度和灵活性皆处于劣势，若一对一角力，"野猫"并非"零"式的对手，不过好在它的生存能力很强，凭借坚固的结构和可靠的质量，常常能在"零"式的利爪下安然逃生。照片中，可以清楚地看到"野猫"机徽外圈的环带。

二波紧跟着就来了。

在凄厉的防空警报声中，一众人等只得重新拉上伪装网，然后钻进防空洞等挨炸。

第二波美机攻击队来了之后，还没炸出到他们的兴致起来——机场上就一片火海，该炸能炸的目标基本上都炸完了。

城门失火，殃及池鱼，停泊在蒙达岛的十几艘运输舰这下遭了殃。美机拿它们开涮，横过来竖过去，不大一会儿工夫，就把大部分运输舰都给炸沉了。

攻击还没有结束。日落之前，圣埃斯皮里图岛起飞的"飞行堡垒"也来逛了一圈，与第二波攻击队一样，飞行员也找不到攻击目标，又不愿意将炸弹原样带回去，就将炸翻的跑道来了个二次耕作，从头到脚再犁一遍。

美机成了所罗门群岛上空无所不能的上帝。在令蒙达机场面目全非后，它们在第二天又对"铁桶系东京快车"所投放的铁桶进行轰炸。田中舰群投放的一千两百个铁桶，岛上日军只捞起一百多个，其余全被飞机炸毁了。

随着蒙达机场的被袭，日机几乎在瓜岛上空绝迹。"仙人掌航空队"得以大行其道，美机每天都在日军防线上空盘旋、低飞、扫射、投弹，尽管帕奇不再发起大规模地面进攻，日军官兵却还是被打死打伤很多。

对于岛上日军而言，药品跟食品一样珍稀，没有药品，军医只能用海水来给伤员治疗化脓的伤口。大批伤病员躺在阴暗的帐篷里，任由绿头苍蝇嗡嗡作响，蜂拥而来。有人只剩最后一口气了，便大张着嘴，当苍蝇飞进口内时，一下子将其咽进肚里，这叫临死前"最后的晚餐"。在这种情况下，伤病员们的死亡是能够预期的：能站的，可以活三十天；能坐的，可以活二十天；躺着小便的，可以活三天；不能说话的，可以活两天；不能眨眼的，凌晨即死。

每一天都有人死去。未死的人则个个面无人色，他们的头发好像婴儿一样稀疏，牙齿能掉的也都掉得差不多了。

瓜岛日军已彻底陷入绝境。日本举国震惊，在提到瓜岛战况时，天皇哀哀戚戚地承认："日本帝国在瓜岛的战争中遇到巨大困难。"为了挽回国运，他亲自前往伊势神宫祈祷参拜。

得知这一消息，山本非常不安，以致"满头乌发，一夜皆白"，他必须想尽一切办法为天皇分忧。

你推我搡

美机对蒙达机场实施大规模轰炸后一周，一艘美军潜艇潜至蒙达岛海域，对机场进行侦察。浮出水面后，艇长发现附近海面又停泊了一些运输舰，机场跑道也有修复迹象，跑道上已经有飞机在不断起落。

那么重磅的连续轰炸仍然没有能解决根本问题，山本还在捣鼓他的不沉航母，哈尔西对此深以为虑："必须出动舰队炮击蒙达机场了。"

参谋长布朗宁觉得出动舰队有风险："如果被日军侦察机发现，舰队势必会遭到日机和日舰的联合阻击。"

哈尔西握拳要打，通常就不肯再缩回来，他想到了和"美版八路军"卡尔逊一样的主意："恐怕日军指挥官不会相信，对方舰队敢在他们飞机战斗活动半径之内露面吧，为什么我们不效仿'东京快车'，在晚上出其不意地打了就跑呢？"

布朗宁略加思忖，献上一计："十天后，我们要运送增援部队去瓜岛，护航舰队完成任务之后，可驶往蒙达岛炮击机场。"

这样做的好处是，即便日军侦察机在白天发现这支护航舰队，也很难判断出它接下来的动向，可以收到奇袭效果。

哈尔西连声称赞："好主意！"

十天后，美军第六十七特混舰队护送运输舰队前往"铁底湾"。按照布朗宁的方案，舰队俟护驾结束，即突然转向，向蒙达岛驶去。凌晨1点，美舰成单纵队接近机场，炮手们依据雷达准确地测量出了炮击距离。

三轮舰炮齐射，将停机坪上的日军战斗机全部轰成了碎片。日军高射炮指挥官昏头昏脑，还以为又是美机空袭，下令打开探照灯搜索天空。此举弄巧成拙，灯光恰好为美舰射击指明

自由航行于"铁底湾"的美军驱逐舰

了方位，炮弹顿时如雨点一般落入机场，等日军炮手弄清楚威胁来自海上时，跑道早就被夷为平地。

不到一个小时，特混舰队发射了一五〇毫米炮弹三千颗，一二〇毫米炮弹一千五百颗，蒙达岛烈火熊熊，连树木都被炮火连根削平，蒙达机场再不可能重生了。

山本的蒙达机场计划是日本人挽救瓜岛的最后一点希望，机场的完全毁灭，让这一点点希望也化为灰烬。

药医不死病，日军在瓜岛已经病入膏肓，没药可治了，明眼人都能看得出来，但东京方面，从东条内阁到海陆军各部门，谁都不愿意从自己口中最先说出撤退这两个字。

陆军省兵务局长田中隆吉曾鼓足勇气，私下对参谋次长田边说："必须迅速放弃瓜岛，否则今后的战局将有发生重大破绽的危险。"

田中举例说，假定南洋资源地的防备本来需三年才崩溃，如果反复进行这种"愚劣的作战"，那么只要一年就会崩溃。

田边起先还和颜悦色，听到此处立刻大怒，指着鼻子教训田中："你身为陆军省的主管局长，却说出这样消极的意见，太不知耻！"

田中被骂得满脸通红，一句话也回答不出。这时距离参谋本部"集体死谏"又过了一些日子，瓜岛战事每况愈下，犹如扶不起的阿斗，对此，身为参谋本部二把手的田边又怎么会毫无领悟呢。可问题是，如果参谋本部首先提出要撤退，就得为此负责任，还有，该如何向天皇交代呢？

这田中挨骂也是活该，你说要放弃瓜岛，为什么不直接对着东条和天皇说？非要转弯抹角地试探参谋本部的意思，田边是何等角色，岂有轻轻松松几句话，就被拿来当枪使的道理。

一方面是无人肯担责，另一方面是瓜岛战事危如累卵，海陆军就只有你推我搡，争着把压力往对方肩头上卸。

研究瓜岛战况的海陆军首脑紧急会议还没开上半天，两边就已经吵得不亦乐乎。围绕运输舰队能否突破封锁线增援瓜岛，陆军说可以，海军说不可以，双方各执一词，却都难以说服对方。

海军军令部作战部长福留繁见难以定论，便提议："要么就在地图上进行一场战术演习，看看我们是否能够突破封锁？"

代表陆军与会的，是参谋总长杉山和辻政信。辻政信属于得了一些颜色就会开染房的主，杉山别人不带，只带他来与会，当然是因为他到过瓜岛前线，熟悉前线情况，于是这小子一扫原先的颓丧之态，又变得神气活现起来。他不无嘲讽地反驳福留："你不要吞吞吐吐了，海军不派护航舰队，运输舰又怎么能够突破封锁？"

福留犹如被人劈面扇了一掌，脸上的表情十分复杂："我们的战舰有限，陆军应该理解。"

让陆军理解？理你个蛋！杉山脱口而出："海军是否竭尽全力，大家都心里有数！"

陆军大佬开了腔，海军掌门也不能不表态，军令部总长永野支持部下："做地图演习好了，结果证明一切。"

"我看没有必要，"辻政信立刻顶撞道，"关键是要赶快作出决定，解救岛上的部队。拖延一天意味着什么？要饿死一大批人的！"

海军的说话方式跟陆军有所不同，喜欢慢条斯理，一句一句地跟你论证，辻政信却和闹事被贬的那个田中一样，没这绕来绕去的好耐性。在谁都没有料到的情况下，他突然就爆发出来，挥舞双臂对海军高官们大喊："如果是这样，你们还是辞职的好！"

海军方面都呆住了，就听辻政信继续数落，他把海军军令部称作"东京饭店"，把联合舰队称作"大和饭店"，他还虚构情节，称自己在前线坐驱逐舰时，"所有海军指挥官都对我说，'东京饭店'和'大和饭店'的老爷儿们应该到这里来，看看我们该进攻哪里，这样也许他们就理解整个战局了。"

辻政信这一削，令军令部内直接主管作战的作战课课长富冈定俊再也按捺不住，他猛地站起："你说什么？难道所有驱逐舰的舰长都是胆小鬼？请收回你的话。"

辻政信要的就是有人能和他对咬，马上接茬儿："你到过前线没有？目前那边的情况你了解不了解？"

富冈没有到过前线，可他也不是一盏省油的灯——你辻政信前线是去了，但打过胜仗没有？还不是一塌糊涂，灰头土脸地跑回东京来了。

两人跟泼妇骂街一般，互揭伤疤，言语也都变得越来越尖酸刻薄。辻政信说没有武器弹药和粮食给养，怎么可能打胜？你们海军倒是把陆军送上岸了，却不给武器弹药和粮食，"这好比是把人送上屋顶，又抽走梯子"。

富冈哼了一声：谁说我们没给粮草辎重？问题是那座坑太深，填到何年何月是个头？

辻政信立马反击：又没向你们多要多少，这么说吧，如果海军能提供敌人一半数量的物资、给养，瓜岛一战就能打赢，可是"到现在，我们只拿到百分之一"。

正吵得难分难解，没完没了，一份调查报告的到来，让所有人都闭住了嘴。

皇帝的新装

这份报告的作者是参谋本部作战课的井本熊男。辻政信回国后，到处扬言只要大力增援，日军一定能打赢瓜岛战役，杉山、田边等人表面深以为然，其实心里也有些没底，于是他们任命井本为前线特派观察员，专程到瓜岛前线了解实情。

动身之前，井本仔细研究了瓜岛局势，认为辻政信的判断是错误的——如果辻政信在报告中所说的情形是真的，日军遭受到了如此大的消耗，瓜岛还有什么坚持的必要呢？

在飞往拉包尔的途中，井本拜访了他在陆军大学时的教官、联合舰队参谋长宇垣缠，想听听他的想法。宇垣是早就觉得瓜岛撑不下去了，可是又不好明讲，只好提一堆困难，无非是联合舰队拿不出更多战舰与美军硬拼，以及运输舰队通过封锁线十分困难，云云。

接着井本又拜访了第八方面军司令官今村。今村的态度跟宇垣如出一辙，讲到打仗，就是苦哇，难啊，

驻扎在拉包尔的日军"零"式战斗机，可以看见后面的山峰。

仿佛是刚刚往嘴里倒了一罐子的盐，可是一聊到要不要撤军，就像按了停止键，今村马上便缄口不言。

井本终于明白了，都想撤，但都怕担责任。

过去井本也跟参谋本部的其他参谋一样，成天高谈阔论，张口闭口"从瓜岛撤退是错误的，应该不惜玉碎杀入敌阵"，这时他才感到那有多么脑残，他在报告中坦承，对瓜岛落败负有责任的，首先是包括参谋本部、陆军省、军令部在内的大本营，大本营在计划、指导此次作战时，"缺乏洞察力，不仅眼光短浅，而且不能体察第一线的实情和苦心"。

报告末尾，井本大胆直言，必须尽快把部队从瓜岛撤出，"只有出现奇迹，才能夺回该岛"。

人跟人相比，智商相差得实在不多，大家的差距，不过就在敢不敢、能不能讲真话上面。当井本揭穿"皇帝的新装"时，辻政信低下了头，福留、富冈松了口气，杉山、永野默默无言。

海陆军双方一致同意撤军，让夹在中间的东条也从困局中解脱出来。第二天，裕仁天皇主持召开御前会议，杉山、永野先汇报瓜岛战况并作检讨，接着东条便送上撤退方案请天皇审批。

忙乎半天就交上来这个，裕仁天皇看也没看撤退方案，他冷冷地把脸转向永野，面无表情地问道："朕想重复一下，美国人凭什么迫使我们撤退，好像是他们一直掌握着制空权？"

永野说没错。天皇又问："那么，我军为什么不能夺回制空权呢？"

永野的回答很技术，他说这是因为海军航空队缺少前进基地。天皇的大脑里灵光闪现："我们不会在附近岛屿上重建一个机场吗？"

永野咧了咧嘴，这主意又不是没人想过，比如山本的蒙达机场，可不已经毁了吗，要再重建一个机场，"至少要一两个月时间……"

天皇很认真，"据朕所知，美国人只需要几天就可以了！"

原来皇帝用的是美国算法，永野一时哑口无言，急得满头大汗。

裕仁扔下恨不能钻地洞的军令总长，问杉山："工兵部队不能改进施工速度吗？"

杉山连舌头都打起了结："这个……这个……"

天皇很明显地不高兴了，一个劲地催促着两大军头回答问题。万般无奈之下，杉山不能不说实话："陛下，卑职只得表示遗憾，我们的机械设备有限，竞争不过美国人。"

要让军头们讲真话，都得把他们逼到悬崖边上才行。见杉山终于说出了口，永野赶紧补充道："我们的工兵大部分是用人力施工。"

裕仁不懂打仗，但盘问的东西却不少，整整两个小时的问答时间，把杉山和永野弄得坐立不安。

其实天皇是知道前线打不下去的。诚如杉山、永野所言，日本国力有限，从机场建造到飞机制造、船舶制造都是如此，就算是工兵、工人日夜加班干，要想超过美国庞大的工业生产能力，也无疑是一场注定要失败的竞争。

如果要继续增援那座受到威胁的岛屿前哨阵地，就得耗尽日本的兵员、飞机和船只的后备力量，换句话说，局部失败将可能扩大为全面失败。这里面的利害关系，裕仁又怎么可能想不清楚呢？他之所以非要这么盘根问底，啰里啰唆，无非是心里觉得不爽，也因此不肯让手下好过罢了。

一家一顿，谁屁股上的板子都少不了，杉山、永野这罪受的。眼看着两大臣已被整得面如土色，生不如死，天皇才提高声调："好吧，海陆两军都尽力了，朕同意撤军。请你们尽最大努力去完成撤军任务，绝对不允许再出现类似的失误。"

一辆美军吉普车行驶在瓜岛的丛林中

裕仁拂袖而去，临走时，他撂下了一句话："我们从瓜岛的撤退是令人遗憾的。"

1943 年 1 月 4 日，日军大本营正式下达瓜岛撤军计划。

撤军计划下达之时，岛上日军已经到了山穷水尽的地步。在"东京快车"、铁桶输送、"铁桶系东京快车"相继夭折后，给养和援军都显得越来越渺茫，百武亲自给东京发去电报："粮食已经吃尽、官兵饿了很多天，无法抵挡敌人攻势。第十七军请求冲进敌阵，宁为玉碎，也不在自己的掩体中饿死。

百武要与美军同归于尽，美军却不给他这个机会。1943 年 1 月 9 日，陆军第二十五师开上奥斯腾山，与陆战二师换防，大量物资也运上阵地。帕奇称得上是兵精粮足，但两攻奥斯腾山给他留下了教训，为减少伤亡，他不再急于死拼猛攻，而是采用紧逼围困的办法，让对方坐以待毙。

冈明部队要冲过来，美国大兵根本就不与之正面交火，直接用飞机大炮与之对话。日军冲不上去，又得不到一点补给，被迫靠吃昆虫、青蛙、蜥蜴，甚至于啃皮带度日。在日军阵地内，尸体堆积到无法走路，暂时还活着的士兵，就好像冬眠的动物一样，和已化成白骨的骷髅同枕共眠⋯⋯

冈明部队属于瓜岛日军中的一线部队，他们都成了朽木，其他部队的状况可想而知。再不撤退，第十七军就真的要被抹去了。

地狱景象

海上大撤退不是件容易的事，山本调动了他在南太平洋的所有资源，竭力确保日军通过海上封锁线。1943 年 1 月 15 日夜，执行撤退任务的十艘日军驱逐舰冲破鱼雷快艇的拦截，在埃斯帕恩斯角靠岸。在参谋本部的井本率领下，舰上装载的一千名士兵冒着滂沱大雨登上了瓜岛。

刚一上岸，井本就被眼前的景象给惊呆了：海滩上躺满无人照顾的伤病员，他们中的大多数已经死去，腐烂的尸体发出阵阵恶臭。

井本在调查时并未登上过瓜岛，所有关于瓜岛的情况都是通过别人介绍，听的时候已经感到震惊，没想到真实场景更加惨绝人寰。在死尸堆中，井本好不容易找到一个活的，向他打听前往第十七军司令部的道路，那人有气无力地说："你沿着尸体一直走下去就到了！"

按照他的指点，井本和新来的士兵们走入了丛林，他们每向前迈进一步，几乎都会碰到一具日本兵的尸体，这些尸体姿态各异，有躺的，有趴的，有靠树根坐着的，还有直接把自己吊在树枝上的。

意大利著名诗人但丁在名著《神曲》中，描述过地狱景象，现在它就逼真地展现在井本眼前，看得他心惊肉跳、毛骨悚然。

终于到达了第十七军司令部所在地,所谓司令部,也就是一些破烂的帐篷。在这里,井本首先碰到了一位熟悉的军官,对方邀请他到自己帐篷里休息了一晚。

第二天早晨,井本在高级参谋小沼治夫的带领下,拜访了第十七军参谋长宫崎秀一。见到井本,宫崎喜出望外:"感谢你带来给养,拉包尔方面决定什么时候发起进攻?"

井本颇有些尴尬地告诉宫崎:"恐怕今村司令长官放弃进攻了。"

宫崎瞪大了眼睛:"为什么?"

井本搓着双手:"这是大本营的命令。"

"那下一步怎么办?"

井本只有老实作答:"从岛上撤退。"

"绝对不行!"陪同井本的小沼忍不住插嘴,"那不等于我们彻底失败了吗?"

井本无语可答,帐篷内陷入了一阵难堪的沉默。

过了一会儿,宫崎才打破沉默:"日本陆军还从来没有败退的先例,我们必须战死沙场,保持皇军的光荣传统!"

看到参谋长站在自己这边,小沼也带着一股愤怒的情绪说道:"我已下令部下死守阵地,前方将士大多和敌人搅在一起,想撤下来也不那么容易。"

容易不容易都要撤。1943年1月17日,井本面见百武,将大本营的撤退命令告诉了他。百武听后什么话都没说,也不再理睬井本,只是一个人闭着双眼沉思。

宫崎等人的态度已经让井本万分为难,现在百武又这个样子,让他一时间不知如何是好。实在没法,井本只得拿出今村签署的撤退令:"我理解军长的心情,但这是天皇陛下的旨意,谁都不能违抗!"

百武不是要酷,是难以抉择,他睁开眼睛,用一种恳求的语气对井本说:"中佐,不要逼我,再给我一段时间考虑一下好不好?"

百武既如此说,井本便暂时退出了帐篷。不久,有美机飞来轰炸,他急忙跑进防空洞躲避炸弹,在这期间,百武一直没有离开过帐篷。

当井本再次走进帐篷时,他看到百武端坐在帐篷中央,看来他不是怕挨炸,而是怕炸弹炸不着他,可惜的是,美国人不够通情达理,并未予以理解和成全。

井本连忙说："请将军尽快给我答复，今村司令等着回信呀。"

百武已经考虑好了："请转告方面军司令部，一切失败的责任由我个人承担，第十七军将接受命令，从瓜岛全面撤退！"

第十七军开始做撤退准备，而美方对此并不了解，帕奇的战术仍是逼而不攻。

逼而不攻，难受的自然还是日军。一名日本兵在日记中记录道："六个月不知肉味的人们如饿鬼般吞咽了四脚蛇，咀嚼了槟榔，抢食了水苔，吃得肚子鼓胀胀的。没有火种了，都是生吃的……"

美军正在做火鸡大餐。这顿大餐的食谱里不仅有火鸡，还有土豆泥、面包，甚至是冰激凌，被美军士兵戏称为帝王餐，其"奢侈"待遇与他们的对手形成天壤之别。

帕奇也不会一直不攻，他在积蓄力量，等待最好的时机。1943 年 1 月 22 日，哈尔西陪同海军部长诺克斯、太平洋舰队司令尼米兹视察瓜岛。尼米兹对岛上的情况很是满意，与他上次视察相比，岛上部队的设备和条件有了很大程度的改善，亨德森机场已成为一座相当大的全天候机场。士兵也不再形容憔悴，新近换防上岛的士卒们个个身体健康、精神振奋，帕奇开玩笑地说："如果您（指尼米兹）再颁发一次奖章，相信没有人会再吓得昏过去了。"

没有一个人看出日军在撤退，他们商量的，是如何进一步部署兵力，向瓜岛上的日军发动大规模进攻。

截至 1943 年 2 月 1 日，岛上美军已达到五万人。俘获到的日本兵也日益增加，他们都是身体极度衰弱，不具备作战能力的士兵。从俘虏的口供和缴获文件中，帕奇得知，凡是还有行动和作战能力的日军，包括奥斯腾山的冈明部队，都在向埃斯帕恩斯角集结。

他以为日军集结于埃斯帕恩斯角是为了负隅顽抗，完全不知道对方在打着另外一个主意。

太平洋上的"敦刻尔克"

帕奇做出南辕北辙的错误判断，并不奇怪。日军大本营将此次撤退行动命名为"开代号作战"，除少数有关人员外，行动内容对内对外一律严格保密，连百武得到信息，也是让井本口头通知，而不是通过可能泄密的电报。

海陆军花了数周时间进行计划和准备，并实行多方紧密配合。在岛上，百武仍然装出积极作战，甚至是反攻的架势；在空中，今村出动陆基飞机对瓜岛进行长途轰炸；在海上，山本出动联合舰队来转移美军的注意力，总之，绝不让对方看出这是在撤退。

从1943年2月2日到2月7日，山本派驱逐舰群三赴瓜岛，每次美军都认为是在为瓜岛日军提供增援。经过三个晚上的快速撤运，岛上一万两千名饿得半死的官兵被全部运出了瓜岛，其顺利程度大大超出原先的预料，被日方称为是太平洋上的"敦刻尔克"大撤退。

运送过程中，山本共投入二十艘驱逐舰，他最初估计可能要损失其中的一半，但结果无一受损。除了驱逐舰目标小、速度快，美机很难捉住目标，以及山本派出大批飞机护航等因素外，应该说，与驱逐舰两个多月来一直充当"出租车"，练出了躲避空袭的技巧也有很大关系。

此前就有人觉得驱逐舰这一"出租车"作用不能浪费，主张建造不装鱼雷和大炮的驱逐舰，索性专门用于运输。事实上，他们已经进入准备设计阶段，只是因为大本营突然决定从瓜岛撤退才停了下来。

几乎在日军撤退的同一时间，蒙在鼓里的美军向埃斯帕恩斯角发起了大规模进攻。埃斯帕恩斯角附近遍布崎岖山地，一旦被日军据为阵地，困兽犹斗下给美军造成的伤亡绝不会小，因此帕奇预计未来将面临艰苦的战斗，美军最早也得于4月1日才能全部清除岛上的日军。

帕奇制订的作战方案，是以钳形攻势出击。他在下令美军主力沿北海岸向西推进的同时，另派一个新来的营乘小艇从埃斯帕恩斯角西面登陆，这支生力军营登陆后，立即向东挺进，以便切断岛上日军同海上的联系，达到将其封锁在丛林内，聚而歼之的目的。

1943 年 2 月 9 日，东西两支美军会师，但是他们只在一座小村庄里俘获了几个日军狙击手，缴获了一些被遗弃的武器和被打坏的登陆艇。早在两天前，日军主力已经金蝉脱壳，从美国人的手缝中溜掉了。

太平洋上的"敦刻尔克"大撤退连尼米兹都被骗倒，真相大白后，他也由衷地认为日军的撤退行动确实策划得不错，称得上是伪装巧妙，行动果敢。

不过就当时来讲，能够结束这场旷日持久、极其艰辛的战役，对双方来讲都是件求之不得的事。帕奇扬扬自得地给哈尔西发电报："瓜岛上有组织的抵抗已告结束。"

哈尔西以美国人特有的方式回电："当我派出一个傻瓜作为瓜岛的裁缝时，全没想到他竟能这么快就剥下敌人的短裤。谢谢并向你祝贺。"

百武从瓜岛撤出的是成建制部队，得不到消息的游兵散勇被遗弃在丛林里。如果说瓜岛日军曾被打入十八层地狱，这些士兵就是处于最低层的一群可怜虫，为了能活下去，他们饥不择食，虫子、野鼠、蝎子吃光了，就煮皮带、皮鞋、皮钱包，直到烹食同类……

美军完全控制瓜岛后，组织了一支特种搜查队，到丛林里去搜查日军残兵。特种搜查队深入丛林后，发现里面已基本没有生人的气息，他们满眼看到的，都是丢弃的钢盔、破烂的军服以及一堆又一堆的白骨。

终于找到了两个活人，不是日本兵，而是两个瘦得如同木乃伊的从军慰安妇，问她们是怎么活下来的，她们承认，开始几个月吃树皮和椰子，后来就只能靠吃一些死人肉维持生命了。

即便是从瓜岛撤出的日军，也不过是一群群刚从地狱爬出的活鬼，看上去全都像骷髅一般，连胡须、指甲和头发都停止了生长。有人用诗句来描述这些死里逃生者："面容憔悴像傻瓜，两眼失神似白痴，泪水在倒流，满腔怒与愁。"

在整个太平洋战争中，瓜岛战役要算是用时最长的一个，地面上的战争一共拖了六个月之久，但到战役后期胜负就已确定，日军其实是在做着无谓的伤亡。担任瓜岛防空部队总指挥官的中村榛三记录下了临死部下的心声："现在我很高兴为国捐躯，这本来是男子汉平生的愿望，没有可悔恨的。可是，这究竟是一场什么战争呢？这是一场完全超越战场常识，世上不应该有的悲惨战争！"

瓜岛战役中被俘的日军

瓜岛战役由"所罗门争夺战"演变成"所罗门消耗战",后来又升级为"所罗门吸血战",它原先军事上的优势被完全磨钝了,随之而来,失败的迹象也越来越明显,

多次指挥"东京快车"的田中赖三说:"毫无疑问,随着争夺瓜岛之战的结束,日本失败的命运已是在劫难逃。"

身处后方的渊田美津雄也禁不住哀叹:"战争前途本来一清二楚,但又不能不打……奇迹始终没有出现。"

军事史学家称瓜岛战役是"太平洋上的斯大林格勒战役"。正如斯大林格勒战役让苏军获得大翻身一样,美军同样凭借瓜岛战役夺取了太平洋战争的战略主动权,从此便出现了美攻日守的总趋势。从这个意义上说,瓜岛战役让太平洋战争发生了根本性转折。

为了争夺瓜岛,美日双方都付出了沉重代价。美军有六万人参战,阵亡一千六百人,四千两百人负伤。前后登陆瓜岛的日军共有三万六千,死亡及失踪一万四千人,病死九千人,被俘一千人。这些数字,尚不包括盟军和日军在支援作战中损失掉的海空军人员。

对于参与瓜岛战役的美军来说,瓜岛已不是一个地名,而更多的是一种感觉,伴随这种感觉的,是海面上殊死的激战,是丛林中残酷的厮杀,是围绕山岭此起彼伏的缠斗。

战争给许多身临其境者打上了记忆的烙印,让他们即便在和平年代,耳边也常常会响起子弹凄厉惊悚的啸叫,炮弹震耳欲聋的爆炸,以及战友临死前的呻吟和呼号。

地狱点之役结束之后,大兵莱基曾和战友结伴去岛上的美军墓地扫墓。军人墓与平民墓不同,人们会把圆圆的铜制子弹头压到地里,排出墓主人的名字,每座墓前的十字架上面都会钉一个阵亡士兵的军籍号码牌，一些十字架还会挂一只饭盒，饭盒上刻的是属于士兵的墓志铭。

墓志铭言简意赅，可以看出每个士兵的生前个性，比如，"他是一名真正的海军陆战队员""他是个大个子，他有着宽广的心胸""越是艰难他越是高兴"。

有的墓志铭是诗文，这种诗文大概也只有美国大兵才能写得出来："他进入天国后，会对圣彼得说，又有一名陆战队员向您报道，长官，我在地狱服役期满！"

当莱基将目光从墓地移开时，他看到了远处的平原和山丘。同来的战友发了一句感慨："空地还很多啊。"

"那是肯定的。"莱基回应道。

现在，瓜岛墓园的空地大概不会再无限延伸了，但是在其他地方，在太平洋战场的更多角落，他们还必须时刻做好为自己书写墓志铭的准备。

第八章 / 谁才配活着

当瓜岛被反复拉锯之时，西面千里之外，美澳联军也正在丛林山地里与日军作血肉搏杀。指挥美澳联军的，是西南太平洋盟军总司令官麦克阿瑟。

日本有海陆军矛盾，美国其实也有，甚至早在"二战"以前，美国海陆军之间的关系就极其糟糕，双方为了争夺有限的资源配合，同样是争到脸红脖子粗。曾官至陆军参谋长的麦克阿瑟当然了解这些，所以他的提议是，索性大家都不要再争了——由他出任太平洋战区的最高指挥官，本战区的全部海陆军由其一手包揽。

可怜矮墙浅屋的，也就这么一点人马，都让你承包了，别人干吗去？海军方面当然不答应。欧内斯特·金以海军作战部长的身份站出来说话，他说，日本是一个岛国，对日作战就是一场海上大决战，要统一指挥，也得由一位海军将领挂帅，怎么能让陆军将领来发号施令呢。

这场争论在美军高层闹得沸沸扬扬，莫衷一是，若不及时平息，极可能会弄得像日本海陆军那样不可收拾，最终影响到太平洋战事的进程。

要说谁家灶里都不可能没烟火，打个架，吵个嘴，乃至磕磕碰碰都是再正常不过的事。美国军政内部不是不打架，不吵嘴，但它好就好在有一个非常灵活高效的协调和干预机制。英美联合参谋部得知后，立即召开紧急会议，最终决定将太平洋战场一分为二，分为太平洋战区和西南太平洋战区，尼米兹负责太平洋战区，麦克阿瑟负责西南太平洋战区。

看上去一人一半，童叟无欺，可是当麦克阿瑟接到华盛顿的指令时，他的第一反应却是"一点红从耳畔起，须臾染遍了双腮"，整个人完全被激怒了。

不胜利勿宁死

幕僚用醒目的色彩，在地图上标绘出了范围。往东看，是尼米兹的地盘；往西看，是英军的区域；只有中间狭长的一亩三分地——澳大利亚以及被日军占领的菲律宾，才是麦克阿瑟的。

麦克阿瑟向来目空一切，以美国军界独一无二的巨擘自居。据说艾森豪威尔在出人头地后，曾被一名妇女问到，认不认识麦克阿瑟，艾森豪威尔笑着回答："我不但认识他，而且还在他的指导下学过戏剧呢！"

连艾森豪威尔都给他拎过包，当过小弟，麦克阿瑟还能看得起谁，更不用说资历较低的尼米兹了。让老麦万万没有想到的是，在他孩子似的嘬了半天嘴之后，不但未捞到一颗糖，反而原有的蛋糕也被尼米兹切去了一半。

麦克阿瑟，凭着在军界奋斗几十载，摸爬滚打几十年的自信，老麦恨不得在所有人面前都说上一句："你们呢，得听我的！"

坏人，真是一群坏人！盛怒之下的麦克阿瑟在接见新闻记者时，直接开火："最凶恶的敌人不是在前线，而是在我身后的华盛顿。"

记者就怕无猛料可采，听到之后如获至宝，马上将这句话列为新闻稿的头条标题。

面对记者，麦克阿瑟洋洋洒洒地数落起来，他说华盛顿一直藏着一个和他做对的"海军阴谋小集团"，这个"小集团"曾剥夺了他在菲律宾的增援部队，又使他失去了担任太平洋战区最高统帅的机会，真正可恶。

骂完了"小集团"，麦克阿瑟还不过瘾，又对主持这次战区划分的几个要人一并进行了攻击，从美国总统罗斯福、陆军参谋长马歇尔到英国驻华盛顿的军事首脑迪尔爵士，都没能逃过他的唾沫星子。

进入实际操作后，麦克阿瑟发现，他的指挥权也受到了限制和约束。比如，他虽然是西南太平洋盟军总司令官，可下面的海陆空军还各有司令，并非直接一把抓。又如，凡是作战计划，麦克阿瑟必须向马歇尔汇报请示，而如果与太平洋战区的尼米兹发生冲突，还得将矛盾提交参谋长联席会议解决。

麦克阿瑟非常郁闷，他再次提出太平洋战区的"统一指挥论"："不统一指挥，

美军飞行员。飞机机身上的美女图像很有趣，二战期间，美军飞行员特别喜欢此类"创作"，这也是他们在作战之余放松自己的一种办法。

在逻辑上、理论上，甚至在常识上都不能自圆其说。这样做的结果是使力量分散，增加了伤亡和费用。"

麦克阿瑟的调调，当然是醉翁之意不在酒。如果华盛顿回应说统一指挥可以，但要让尼米兹来统一指挥，他更得气到爆肝，所以谁也不理他，任由这位陆军上将像狮子一样在司令部内跳来跳去。《时代》杂志对麦克阿瑟的处境作了很好概括，称他是"一位坐冷板凳的英雄"。

既然躺地上撒泼打滚都没用，麦克阿瑟也只好先忙正经的。这时他的当务之急不是收复菲律宾，而是保卫澳大利亚，挡住日军的南下势头。

让老麦直接负责澳大利亚防务，最高兴的莫过于澳大利亚人。当初麦克阿瑟刚刚踏上澳大利亚土地时，即被朝野上下视为救星。澳大利亚是英联邦成员，英国是它的宗主国，但英军力量有限，且自顾不暇，所以澳大利亚只能把抵抗侵略的希望，放在与美军联合上。

为此，澳大利亚总理柯廷不仅力挺麦克阿瑟出任西南太平洋盟军总司令，还自始至终给予他以极高礼遇。柯廷的热情和信任，让一度陷于沮丧情绪中的老麦大受感动，他用手搭着柯廷的肩膀说："总理先生，你我一定要通力合作，坚持到底。你照顾后方，我操纵前线。"

柯廷也是一性情中人，激动之余，他紧握住麦克阿瑟的双手："我早就知道，选您为最高统帅准没错儿。"

在第二天柯廷专为麦克阿瑟举办的欢迎宴会上，麦克阿瑟当众表达了他的决心："我今晚在这里，向各位明确表示我们军人不知失败的精神，这就是'不胜利勿宁死'！"

澳大利亚寄厚望于麦克阿瑟，陆军部专门召开防务会议，由陆军部长本人向麦克阿瑟介绍一项名叫"布里斯班"的防务计划。

"布里斯班"由澳军总参谋部制订，他们认为，以现有兵力很难保障澳洲的所有领土，因此主张放弃澳大利亚北部、西北部地区，以澳大利亚中部的布里斯班划线，依托山脉屏障与日军决战。

按照这一计划，占澳大利亚四分之三的地区都将拱手让给日本人，而且在布里斯班防线的背后，就是澳大利亚的主要城市和居民点。因此，很多人也对这一计划持有异议，有建议将防线推前一点的，有主张索性把防线南移，移到悉尼甚至墨尔本一线的。

麦克阿瑟在聆听陆军部长介绍时，始终一言不发，直到对方询问他的意见时，他才站起身来，一字一句地说："先生们，既然诸位让我发表看法，那么我要说的是，澳大利亚的防线应该跨过北面的海峡，到新几内亚去。"

"保卫澳大利亚的前线就在新几内亚！"当麦克阿瑟说出这番话的时候，就意味着"布里斯班"不是修修补补，而是要全部推倒重来。

澳军总参谋部算是白忙乎了，但没有人对此抱有怨言，因为人们都知道，当此危急关头，只有麦克阿瑟才能引领美澳联军走向胜利的彼岸。

"天佑"计划

"布里斯班"注定不会入老麦的法眼。在他看来，即便"布里斯班"能侥幸取得成功，从长远来讲，也是一项非常失败的计划，其结果将使澳大利亚成为一个被无限期围困的岛国，当周围全是海洋，还怎么往前攻呢？

菲律宾战役在让老麦吃足苦头的同时，也给他上了一堂生动的战略课，告诉他，在狭小空间是多么难以起死回生：从中央平原退往巴丹，再从巴丹退到科雷希多，最后是一个都没守住，直至被人家赶进大海。

不胜利勿宁死，我还要尽早返回菲律宾，岂能再入窠臼？麦克阿瑟对自己的参谋长萨特兰说："我认为，他们弄的这玩意儿，是一个消极的防御计划，让我们重头干起吧！"

新几内亚岛是太平洋第一大岛，麦克阿瑟要利用其东部巴布亚半岛境内的崎岖山脉为屏障，截击日军南进。巴布亚远离澳大利亚大陆，可避免其城市和居民点受

奔赴空中战场的两架"野猫"战斗机

到侵扰，对麦克阿瑟的新作战方案，澳大利亚的一般百姓毫无疑问是乐于接受的，感到困惑的主要还是澳军高层，他们行家的眼光，看出这一方案虽好，却还存在许多难以逾越的困难和障碍。

麦克阿瑟在方案中说明，他要在巴布亚东部修建为步兵提供支援的战斗机和重轰炸机基地，要将战略物资从澳大利亚后方转运到前方，要进行地形勘测，还要沟通与当地土著居民的关系……

巴布亚东部地形极其复杂，到处都是人迹罕至的未开发丛林，且不说计划内容做得到做不到，就说日本人眼看要攻到家门口了，你还来得及？

太冒险，也太大胆了。麦克阿瑟的决策不仅让澳军高层内的一些人不甚放心，也完全出乎日军大本营的意料之外，他们根本不相信麦克阿瑟敢于进兵新几内亚，日本海陆军满不在乎地保证，就算麦克阿瑟碰巧闯了进来，日军也完全可以不费吹灰之力地再将其驱逐出去。

日本海陆军早就在打新几内亚的主意了，当初海军的"MO 行动计划"，就是准备在巴布亚东部实施两栖登陆，一举占领新几内亚南部的最大军港莫尔兹比港（以下简称莫港）。

珊瑚海一战，日军运输舰队被迫返航，日本海军从海上登陆莫港的行动宣告流产。接着是中途岛大战，美日双方集中兵力于中太平洋，山本和联合舰队显然已顾不得新几内亚的这个军港了。

中途岛战役结束后，美国海陆军都开始策划反攻，尼米兹制定了"瞭望塔行动"，麦克阿瑟为能早日打回菲律宾，提出了一个更激进的设想：直捣拉包尔。为此，他向华盛顿要求调拨两艘航母、五百到一千架飞机以及三个一流的陆军师。

如果美国政府的全球战略是"太平洋第一"，麦克阿瑟就有戏了，但在"先欧后亚"的前提下，华盛顿方面根本就不可能满足麦克阿瑟的这一"奢望"。

海陆军资源都有限，整个太平洋舰队一共也没几艘航母，所以"瞭望塔行动"采取的是渐进方式，主张先夺取图拉吉，再伺机反攻拉包尔。另外，大家也都看出来，麦克阿瑟绕了个圈，又想做太平洋战区的老大了，海军岂能答应。

眼瞅着两边又要吵起来，陆军参谋长马歇尔急忙居中调停。调停的结果，"瞭望塔行动"成为正宗之选，但麦克阿瑟也有份参与，具体

美军丛林侦察作战小队

的划分是，海军指挥攻占瓜岛和图拉吉岛，麦克阿瑟指挥攻占莱城直至拉包尔。

莱城是巴布亚半岛西北海岸的一座重镇，珊瑚海海战前就被日军占领，实际已成为日军进攻莫港的先期据点和主要物资储备点。麦克阿瑟对这次分配还算满意，他将"瞭望塔行动"与进兵新几内亚的方案重合在一起，并把莱城北面的布纳划入了自己的观察范围。

所谓巴布亚的崎岖山脉，指的是欧文斯坦利山脉，这座山脉绵延三百公里，像脊梁一样横亘于半岛，隔绝了南北交通。日军要翻越欧文斯坦利，从莱城直达莫港，没有别的捷径，只能走科科达小道，而这条小道就在布纳西南三十英里开外。

1942 年 7 月 10 日，麦克阿瑟派一个六人小组对布纳进行侦察，这个小组发回的报告表明，科科达对防守莫港确实举足轻重。麦克阿瑟由此制订了"天佑"计划（又称"天意行动计划"），打算向科科达小道秘密派去三千名澳军，与当地的民兵共同赶修出一处简易机场。

作为"瞭望塔行动"的一部分，"天佑"计划原本是要与登陆瓜岛同步实施的，即陆战一师于 8 月 7 日出发，澳军也于这一天拔营，但没想到的是，日本人先动手了。

为时已晚

自日本海军登陆莫港的行动失败后，参谋本部就决定由陆军单干，从陆地上攻

占莫港。1942年7月18日，第十七军司令官百武晴吉在拉包尔码头，送别了他所派出的南海分遣队。

运送南海分遣队的舰船大批集结于拉包尔码头，这一异常情况引起了澳大利亚侦察机的注意，同一时间，"卡斯特"破译队也证明拉包尔的日军行动异常。

"卡斯特"（又名"贝尔康南"）隶属海军，早在麦克阿瑟指挥巴丹战役时，它就通过破译的日军密电为守军提供各种情报。随麦克阿瑟到达澳大利亚后，这一情报机构建立了新的总部，继续为麦克阿瑟服务。

"卡斯特"密码破译员的水平和效率，只有夏威夷情报站才能与之相比。麦克阿瑟对"卡斯特"的重视及信任程度，也与尼米兹对夏威夷情报站的态度类似。他接到情报后，马上命令美澳空军从空中进行拦截。

美澳空军的飞行基地离新几内亚很远，"飞行堡垒"奉命到达后，没能在海面上发现日军舰船的影子，当然更谈不上进行轰炸。

具体负责"天佑"计划的美军指挥官判断，从拉包尔出发的日军可能会在布纳登陆，他建议应提前执行"天佑"计划，向布纳紧急空运部队。

日军要进入新几内亚，不一定非要在布纳登陆，而且登陆后立刻翻越欧文斯坦利山脉，将面临后勤保障不力、通信联络不畅以及地形复杂等一系列困难。就盟军这方面来说，短时间内也组织不到足够的运输机来运送部队，运去的部队过少，又起不到作用，非但如此，稍有不慎，还可能打草惊蛇，暴露"天佑"计划的目的和企图。

在酷热中行军的日本兵。日本陆军对新兵的训练非常严酷，每天要武装行军四十公里，无论酷暑还是严寒都不例外，有时部队还要三天三夜不吃不睡地隐蔽前进。

基于这些考虑，在轰炸机截击未果后，麦克阿瑟没有及时采纳部下的建议，警卫布纳海岸的，只有少量澳大利亚民兵。

1942年7月22日，经过五天海上航程，南海分遣队到达布纳海面，几轮炮火突袭加上步兵抢滩，岸边的民兵便被驱散。

日军真的从布纳登陆了，麦克

阿瑟急忙下令"飞行堡垒"改向，但为时已晚。

南海分遣队的战斗部队由堀井富太郎指挥，称为堀井支队。几天之内，堀井支队的一万三千多官兵和一千多名随军担架手全部登陆完毕。

堀井从布纳登陆，为的就是穿越科科达小道。不过到这个时候为止，从麦克阿瑟到科科达的守军，仍无人意识到日军会钟情于此——科科达名为小道，其实连单个人畜都难以通行，更不用说大队人马和辎重了。

普通日军士兵也许会望而却步，堀井支队却不会，它的官兵全部都是在东南亚打出来的老兵，有丰富的丛林作战经验。堀井派出一支先遣队前往科科达，先遣队的士兵除枪支和随身物资外，还另外携带一把大砍刀。

开路过程中，日本兵主要用大砍刀劈砍树木，砍到整个人精疲力竭，力不能支地倒下为止。一个人倒下，另外一个人即刻替补，像机器一样周而复始地运转。

等前面开辟出一条道路后，后面的部队就会将野炮和机枪等重武器予以拆卸，然后交给民工搬运，以此确保大部队一寸寸地往前推进。

负责保卫科科达小道的是澳大利亚指挥官欧文中校，发现日军沿道而来，他急忙指挥部属撤退。1942 年 7 月 29 日，五百名澳军士兵和巴布亚民兵撤过摇摇晃晃的铁索桥，铁索随之被砍断，铁索桥坠入湍急的河水之中。

堀井支队的反应非常迅速，他们很快又架起一座浮桥。通过浮桥之后，日军一边放声高歌，一边对澳军穷追不舍。澳军撤都撤不及，欧文当天便在激战中以身殉职。

澳军的士气在不断涣散，不仅涣散在主官的阵亡，还涣散在日本兵肆无忌惮的歌声以及身后骤雨似的枪炮声中。

堀井支队并不是单纯尾追，他们还绕过澳军守住的几个孤立据点，像一群有魔力的蚂蚁一般，从密林山坡上抄近路，不断骚扰和威胁着撤退部队的前锋。这是日军在马来西亚和缅甸战场上屡试不爽的战法，澳军对此几乎毫无免疫力。

这里是巴丹

"天佑"计划还没来得及实施，就断掉了翅膀。堀井支队的狂飙突进，澳军部队的节节败退，都似乎昭示着犹如当年巴丹、科雷希多那样的可怕后果。澳军高层中的悲观人士已经做出令人沮丧的结论：新几内亚失守在即，日军将很快渡过海峡，入侵澳大利亚。

"布里斯班计划"呼声再起，一些人开始重新讨论退守"布里斯班防线"的问题。麦克阿瑟被大大激怒了，风不摇，树不动，说来说去，还是失败主义在作怪，同时也表明大家伙对我还不够信任，那怎么能打好仗呢？

他对澳大利亚新闻界发表讲话："我所领导的事业已经失败了一次，我要尽最大的努力避免第二次失败。"接着，他又和柯廷总理通了电话，要求总理出面，明确制止澳军高层有关退守的言论，否则的话，就将辞去总司令一职。

麦克阿瑟太知道维护军心民心的重要性了。巴丹战役时，他信了华盛顿方面的话，远走澳大利亚，结果守军就在"老麦老麦真窝囊……"的传言中一败涂地，这样的坑，他绝不会重复去跳。

澳大利亚人纷纷南迁，麦克阿瑟偏偏反其道而行之，他将西南战区司令部和妻儿老小一家都搬到了北部城市布里斯班，以显示自己的意志和决心："我们将在新几内亚保卫澳大利亚！"

在美国军界，麦克阿瑟有着政治家一样的演说才能，这是他在公开场合比尼米兹显得更有魅力也更受欢迎的原因之一。到了非常时期，老麦没有荒废他的这种才能，他大量发表演讲，在鼓舞士气的同时，也争取舆论对他的支持。

新几内亚战场上的盟军士兵

在记者招待会上，面对五十多位手拿笔记本、肩背照相机的各国记者，麦克阿瑟起先还在椅子上正襟危坐，但很快就恢复原形，一边在地板上踱来踱去，一边应付自如地回答着记者们的各种问题。

记者问他，对新闻媒介怎么看。麦克阿瑟说我是一名老新闻检查官，大家一愣，接下来就听到了他们想听到的："不过我的主要目的不是扣发你们的新闻，而是为你们提供新闻。"

"您觉得在战争期间，新闻的真实性重要吗？"

麦克阿瑟："我认为在战争期间，更应该尽可能地提供准确新闻，人民必须知道真实情况，必须懂得为谁而战。"

"您对澳大利亚当前的局势怎么看？"

麦克阿瑟："请你们告诉澳大利亚人民，在大战前夕，我们必须挺住。谁才配活着？只有那些不惜为国捐躯的人才配活着！"

麦克阿瑟毫不意外地获得了他所需要的东西。从柯廷总理为首的政府高层到一般民众，都不约而同地站到了他这一边。

"这里是巴丹！"西南战区司令部回答所有电话，都使用这句开头语，众人的斗志被再次激发出来。

1942 年 8 月 6 日，麦克阿瑟将在巴布亚半岛的美澳军统一编为新几内亚部队，其任务是防止日军的进一步渗透。不过新几内亚部队兵力薄弱，用于防守欧文斯坦利的仍然只有两个澳军营。

除兵力上处于劣势外，澳军的补给也很困难，通过小道的人力输送和少量空投难以满足其需要。数天之后，官兵们的体质即因缺乏食物、睡眠不足而迅速下降，紧张的战斗和行军更令他们疲惫不堪——所谓行军，实际上是在不断地后退，以缩短补给线。

似乎没有任何东西能够阻挡日军翻越欧文斯坦利山脉了，但麦克阿瑟不这样想。

欧文斯坦利因其险恶，美日双方均称之为"魔鬼山"。这座"魔鬼山"跟谁都不是亲戚，它对美澳军固然不客气，可也不会对日本人格外开恩。在同样恶劣的自然条件下，堀井支队受的罪不会小，而且他们孤军深入，补给线会越拉越长，相反，澳军的补给线在越缩越短，长此以往，澳军应该比日军更能坚持。

老麦始终抱有一种乐观主义情绪。他的部下后来回忆道："在那段沉重的日子里，麦克阿瑟的四个字对我来说，就好像增加了一个中队的飞机，这四个字就是'乔治，干吧'（乔治是这位部下的名字），麦克的这个态度孕育着成功和胜利。"

到 8 月下旬，"卡斯特"破译队送来的一份情报，证明麦克阿瑟的乐观绝非出于盲目和做作。

故弄玄虚

新几内亚战场上的澳军。澳军的大多数服装、装备以及所有武器都是英国式的，但大多制造于澳大利亚，与英国的原版货之间存在细微差别。

如果日本人只看到美澳军累到半死，那是"丈八的灯台，照得见别人，照不见自己"，在这条短命的小道上，人家或许只是半死，他们却已经到了"不活"的边缘。

越接近"魔鬼山"，路越陡峭难行，同时由于离出发基地布纳渐行渐远，在补给线被拉长后，日军的物资供应也变得困难起来。堀井支队的一名士兵在日记中写道："这儿的太阳火辣辣的。部队在没有道路的丛林中行进，丛林不堪形容，我们口渴想喝水，肚子里也空空的。"

"卡斯特"破译了一份堀井发给百武的电报，这份电报把日军举步维艰的情况都一五一十地透露出来。"有魔力的蚂蚁"正在逐渐丧失他们的魔力，捏着电报，麦克阿瑟大受鼓舞。麦克阿瑟身边的部下幕僚，很多是跟着他一道从菲律宾撤出来的，称为"巴丹帮"，他们对丛林作战之苦可谓刻骨铭心，听到日军着了丛林的道，也无不感到解恨："这下该轮到小日本鬼子好受的了！"

"卡斯特"并非只拿到这一份情报，在他们破译的另一份更为重要的电报上，显示日本海军正要派兵登陆米尔恩湾的拉比，并占领拉比机场。

麦克阿瑟在拉比建有三座机场，那是他准备将来轰炸拉包尔时，给航空队作为中间停留基地的。假如这些机场落到日军手里，后果将极其严重。那样的话，日军轰炸机就可以威胁到莫港、瓜岛直至麦克阿瑟在布里斯班新建的空军基地。不仅如此，米尔恩湾本身还是一个比莫港都优越的良港，距离莫港又近，从米尔恩湾出发，日军可以轻而易举地对莫港发动两栖登陆作战。

不过从破译的电报上，麦克阿瑟却发现，日本海军严重低估了米尔恩的防御力量，他们判断拉比守军只有两到三个连，所以派出的登陆部队并不雄厚。

这是一个能让人笑到眼睛没缝的好消息，麦克阿瑟立即将刚从北非调回的澳军第七师第十八旅调至拉比。

澳军第七师下辖三个旅，该部是澳军中的第一流部队，训练有素、久经战场，在北非战场上连德军名将、"沙漠之狐"隆美尔都不敢轻视。除第十八旅外，一千三百名美军也奉调进入拉比，使当地的总兵力达到九千五百人，其中六千五百人为纯战斗兵。

米尔恩湾常年笼罩在薄雾和降雨中，盟军的兵力集结并没有被日军察觉，而所有这些调兵行动也都在高度保密的情况下进行，以便不让日本人知晓其密码已被破译。麦克阿瑟电令拉比的盟军指挥官，让他不要过早"炫富"——能让日本人觉得你确实身虚力亏，方为大功一件。

包子刚放到蒸笼上，不能马上就卖，放长线才能钓大鱼。老麦的故弄玄虚，果然使日军上了当。1942 年 8 月 25 日下午，在巡洋舰和驱逐舰的护卫下，日军运输舰队逼近米尔恩湾。

三座机场上的"飞行堡垒"早已做好准备，但是那天突如其来的暴风雨掩护了日军，盟军战机只阻止了其中一部分人马的登陆。当天晚上，在林昭次郎的指挥下，佐世保第五海军特别陆战队的一千一百七十名官兵得以上岸。

日军登陆点是一片夹在陡峭山壁和大海之间的狭窄海滩，又正值暴雨，部队展开困难。第二天早晨，天气转好，可以展开了，日军迎来的却是盟军轰炸机的空袭，轰炸机炸毁了大部分给养，并重创一艘运输船。

随日军登陆的，还有两辆轻型坦克，这两辆坦克未受损伤。日军便趁晚上摸着黑向机场逼近，防守机场外围的是澳军，由于缺乏反坦克武器，他们只得往机场方向后撤。

日军正冲得起劲，结果坦克不争气，履带陷泥里去了。一干人等干脆扔下坦克，争先恐后地往机场跑道拥去。

美军的机枪和反坦克炮正在那里等着呢，开阔的跑道打起来很是顺手，日军扛不住，被迫又撤回丛林。

盟军士兵和他所缴获的战利品

这是麦克阿瑟所布的一个陷阱，一天天过去，日本人逐渐明白过来。在岛上，日军陆战队实际处于一比十的数量劣势，怎么可能攻得上去？林昭一着急，头脑发热起来，于是故技重施，一个"万岁突击"，冲上去一群活人，倒地上一堆死人，再"万岁突击"，还是活人变死人……

日本海军陆战队的残暴程度并不亚于陆军。林昭向士兵们下达了"格杀勿论"的命令，之前因伤被俘的澳军士兵全被捆在树上，一个个用刺刀戳死。林昭想用屠杀战俘的办法来恫吓澳军，结果这种所谓的"心理攻势"适得其反，反击过来的澳军官兵发现之后，怒火填膺，反而激起了空前的战斗勇气，他们一路猛冲猛打，势不可当。

日军连丛林都没得待了，一直被赶到滩头登陆点，两名指挥官毙命，虽然还保有三分之二的军官和五百六十名士兵，但其中只有两百人有战斗能力。

林昭赶紧向拉包尔方面发出急电，要求予以增援。这时百武却接到参谋本部的指示，让他优先考虑瓜岛——日军大本营已经认识到，他们无法同时支持在新几内亚和瓜岛进行的两场大规模作战，于是决定牺牲新几内亚的作战优先权，林昭的急电只落得个无人问津的下场。

直到四天之后，仍旧由佐世保海军陆战队派出的七百七十名援兵才终于到达拉比，不过这添油式的一点点兵力，对改变战局可谓毫无助益。经过一周的激战，林昭部队打到弹尽粮绝，仍未能撕开盟军的防御阵地，只好乘驱逐舰撤离。

日本海军陆战队抛下了六百多具同伴的尸体，在追击过程中，"飞行堡垒"还击沉一艘日军驱逐舰。"敌人落入圈套，结果是很悲惨的"。麦克阿瑟将军在发表的公报中如是说。

这是麦克阿瑟在太平洋战争中取得的第一个胜利，也是盟军第一次粉碎日军的两栖进攻。在拉比防守战前，麦克阿瑟面临着一个两难选择，即究竟把后续援兵投在哪一边，是新几内亚还是米尔恩湾，现在既然打退了日军对米尔恩湾的进攻，答案不解自明。

1942 年 8 月 29 日，麦克阿瑟向欧文斯坦利防线投入了澳七师的两个营，这时原先防守"魔鬼山"的两个澳军营，一个被替换下来，另一个已被击溃。

北非战场打的是沙漠战，"魔鬼山"是丛林战，二者有着明显的区别，面对着擅长丛林战的堀井支队，即便澳七师这样的精锐之师也显露出了不适应。1942 年 9 月 5 日，日军突破澳军防线，接近山脉的隘口，也是科科达小道最陡峭的部分——"大豁口"。

"大豁口"海拔高达两千五百米，最窄处仅容一人通过，当澳军后退时，墙一样的丛林山坡又成了"和日本人一样难以对付的敌人"。到 9 月 6 日，澳七师的两个营，一个损失了一半兵力，另外一个打得仅剩下一个连。

已经累到"半死不活"的日军，竟然还拥有如此强悍的攻击力，让麦克阿瑟惊诧不已，同时澳军屡战不胜，连澳七师都难取佳绩，又让他深感失望，以至于都"不太相信澳大利亚部队的战斗力"了。

新几内亚敬礼

这是堀井最风光、最得意的时候。一个多月以来，他率部强行通过密林深谷，克服常人所难以想象的困难，终于接近"大豁口"，取得了向莫港进军的据点。

预定路程的一半已经走完，日军一旦通过"大豁口"，登上云雾缭绕的欧文斯坦利山顶，就可以乘势直下莫港了。

也就在这个时候，由于一木支队主力在瓜岛覆灭，日军大本营将作战重心转向瓜岛，原定增援堀井的川口支队移师他向，而用以替补的第二师团尚未就位。百武就此作出调整，下令堀井支队

日军到达"大豁口"的消息在西南战区司令部内引起了相当广泛的恐慌，凡是可以调动的部队都尽可能全部集中到这里，麦克阿瑟调完地面部队，连空中部队也用上了。

海空部队曾是这一战区短板中的短板，在战斗中起到的作用经常微小到可以忽略不

丛林激战

计，其中空军的表现最令麦克阿瑟无法容忍。西南战区空军主要包括美国陆军第五航空队和澳大利亚空军，他们不仅立不下一点战功，而且飞行员看上去全都精疲力竭，士气低落。

前任空军司令布雷特因此很不遭老麦待见。麦克阿瑟一连八天拒绝见他，就算勉强见面也是一顿狠训。布雷特既无能力，脾气还犟，最后两人的关系终于恶化到兵戎相见的程度——麦克阿瑟要求解除布雷特的职务。

布雷特在沮丧懊恼中乘船回国，新官上任的乔治·肯尼少将一到澳洲，就首先拜访了麦克阿瑟。此时正值堀井支队在科科达小道突进的敏感时刻，麦克阿瑟略显疲惫，神情也有些紧张，他拉长着脸，用足足半个小时的时间批评了空军飞行员："都是一群无用的乌合之众，不仅对战争毫无贡献，而且同总司令部对抗，简直到了不忠诚的程度。"接着是空勤人员："一群逛大街的，他们对战争的贡献实际上等于零。"

麦克阿瑟还说，凡是布雷特体系的人，自布雷特以下的上校衔军官，他一个也不想任用。

虽然知道布雷特被免有因，但麦克阿瑟对空军如此失望，几乎是全盘否定加一网打尽，还是令肯尼感到很是迷惑和惊讶。他当即表示，一定要整顿空军，并把那些无用之人一扫而光。

麦克阿瑟点头赞许，会见结束时，他把一只胳膊搭在肯尼的肩上说："乔治，我认为我们会配合得很好。"

离开总司令部，肯尼急忙对空军进行检查，同时对包括莫港在内的各个分散的航空基地进行巡视，这使他成为当时视察新几内亚的最高级军官。

通过检查和巡视，肯尼发现麦克阿瑟并未夸大其词，空军系统的确处于一种"骇人听闻"的混乱状态之中，他所看到的大多数飞行员和地勤人员都像死人一样阴着个脸，显得暮气沉沉。

空军士气如此低落，到底是什么原因呢？在莫港基地，肯尼闻到了一股与空军这种高贵军种很不适应的味道。这里饮食单调，打发飞行员的全是罐头食品，飞行员值勤一次就要减轻三十磅体重。

更要命的是缺乏蚊帐。新几内亚的蚊子很大，空军中流行一个笑话，地勤人员在夜间赶去给飞机加油，黑暗之中居然错把蚊子当飞机了。成群的黑蝇也跟蚊子一样可恶，飞行员们有一个赶走黑蝇的习惯动作，他们开玩笑地称为"新几内亚敬礼"。

在充满灰尘的酷热中，营养不良的飞行员们被蚊子和黑蝇搅得不得安宁，很多人患上了疟疾和流行性痢疾。

人停摆，飞机也一样。肯尼统计了一下，空军有两百四十五架战斗机，但可以飞行的不到五十架，在六十二架"飞行堡垒"轰炸机中，只有五架能飞，其余的都因种种原因而搁浅，不是在战斗中受伤，就是在等待更换部件。

处于长时间检修状态的飞机太多了，实际执行任务的飞行次数和投弹数，与清单上的飞机数相比较，实在低得可怜。那么这些飞机何时可以修好，或者什么时候才能等来急需的部件呢？

答案令人震惊：空军的军需仓库远在墨尔本，而在布雷特体系官僚化的管理方式下，没有公文，不发零件，整个操作程序因循守旧，根本无法适应战时需要。

肯尼感到事态严重，他直接找到麦克阿瑟，将了解到的情况当面做了汇报。麦克阿瑟对肯尼雷厉风行的作风大加赞赏，同时鼓励他对空军进行大刀阔斧的整顿。

得到麦克阿瑟的支持，肯尼旋风一般对空军系统进行了重整，他撤掉了五名将军和一批校级军官，代之以新鲜血液，一批有能力、有魄力的优秀军官陆续得到提拔和重用。

空军机关不再人浮于事和做一天和尚撞一天钟，后勤、补给、检修、训练等原先无人过问的状况，也随之得到极大改观。

布雷特时期，最大的问题不是战无成果，而是无机可用。肯尼绝不允许这种事情再次发生，他认为一架飞机如果不能起飞，其性能再优越也是最无用的废物，搁浅的空军根本就不是空军。

肯尼下令停止拆毁飞机，凡是作战中损坏的战机，"哪怕只剩下一个尾轮"，也要加紧修好。经过几个星期的抢修，空军能够作战的飞机的数目增加了一倍，肯尼决定对拉包尔进行大规模空袭，但在他向战区司令部提出这一计划后，战区参谋长萨特兰却试图对计划修改，肯尼当即就火了。

萨特兰精明强干，乃"巴丹帮"的头号人物，很受老麦的信任，但他就有一点

肯尼指挥下的轰炸机在对拉包尔进行攻击

不好，老喜欢给麦克阿瑟挡驾，并越俎代庖地做出本应由麦克阿瑟本人做出的决定。现在这份作战计划也是，麦克阿瑟都没有看到，你指手画脚个什么劲呢？

萨特兰乃陆军出身，并无空军履历，外行随意干涉内行，这一点也让肯尼颇为不平。他冲进萨特兰的办公室，用铅笔在一大张空白纸上点了一点，然后气愤地说道："你对空中力量的了解就这么一点点，我对空中力量的了解好比这张纸的其余部分！"

肯尼坚持派出十八架"空中堡垒"对拉包尔进行轰炸，这是当时太平洋战争中规模最大的一次空袭。曾经萎靡不振的空军，经过资产盘活，一下子变得威猛起来，这让麦克阿瑟十分高兴，他和肯尼一起向参战的飞行员们颁发了勋章，自此以后，肯尼在麦克阿瑟心目中的地位甚至超过了萨特兰，他可以随时绕过萨特兰，直接与麦克阿瑟见面和商谈。

在"大豁口"的澳军阵地危在旦夕之际，肯尼将 A-20 "浩劫"攻击机派到了前线。A-20 是美国陆军航空队的对地作战飞机，它的机头装有多门机炮，专门用于对地面部队进行扫射和轰炸。

A-20 的到来，使处于休整期的堀井支队猝不及防，蒙受了极大伤亡。对日军的供给线和后勤基地，"浩劫"也不放过，它与"飞行堡垒"联起手来，一个劲地予以狠打，与此同时，从莫港起飞的 C-47 运输机则通过大量空投物资，尽一切可能保障澳军所需。

不知不觉中，胜负的天平终于发生了极其微妙的变化。

该死的山道

休整变成了挨揍，堀井实在无法接受这一现实。1942 年 9 月 8 日，堀井支队再次恢复进攻，并凭借数量上的优势继续推进，但这时的堀井支队，已经像极了游戏中不断失血又得不到补充的可悲虫，一边喘着粗气往前挪，另一边，那个标志它生命指数的血条却在持续不断地减少。

堀井支队出发时只带了半个月的口粮，吃完后就全靠后方补充，至9月12日，已经十分脆弱的补给线终于被拉断了，日军每人每天仅有一百八十克大米，根本就吃不饱，于是只能在沿途寻找一切可食的东西充饥，因轰炸、患病、粮食短缺而死亡的人数也与日俱增。

堀井能够感觉到自身气血的丧失，他急于寻找一处便于固守的地点作为再次进攻的前哨阵地，也就是说他又想歇一歇了。

1942年9月16日，日军占领了伊奥里贝瓦村，这座山村距离莫港仅四十八公里，已经可以望见珊瑚海的白色细浪和莫港的灯火。见此情景，堀井支队像打了吗啡一样，又变得异常兴奋起来。

再兴奋也无法代替他们空空如也的肚皮和干瘪的行囊。堀井决定在伊奥里贝瓦固守待援，在对部下训话时，他说："支队将停留在这里，坚守阵地，以便整顿编制，补充战斗力量。我们将像榔头那样狠狠打击莫港这个要塞！"

堀井希冀的补充力量是第二师团，他估计至多到10月中旬，随着第二师团登陆巴布亚，他的支队就能恢复进攻。

可是他等不到了。一场血岭之战，让川口支队灰飞烟灭，百武不得不再次变更部署，将第二师团投入瓜岛，同时他命令堀井除留一部分兵力控制"魔鬼山"要点外，主力撤回布纳防守。

面对近在咫尺的莫港，面对唾手可得的胜利，堀井心情之沮丧和失落可想而知，不过即便他要置百武的命令于不顾，继续前进，也很难做到了——在日军前方，澳七师又添强援，第二十五旅到达"魔鬼山"，并建立了稳固防线，堀井支队不仅难以穿越，其固有的数量优势亦在消失。

大部队再留在前沿只会有一个后果，那就是大家一齐挨饿。堀井无奈留下两个步兵大队固守伊奥里贝瓦，自率主力后撤。

见日军主力离开伊奥里贝瓦，澳七师即对留守日军发起反击，经两日激战，留守日军独木难支，亦被迫从科科达小道后撤。

堀井的突然撤退出乎麦克阿瑟意料，他感觉对方应该还没到需要悬崖勒马的时候，撤得有点过早。当然这些已用不着他多想，现在要做的，是如何追杀堀井支队，完全解除莫港的威胁。

澳七师沿着科科达展开猛追，堀井支队则边打边撤。1942 年 10 月初，日军撤过了"大豁口"，至 10 月 17 日，堀井决定在约拉狭道就地组织防御。日本兵除随身携带大砍刀外，还有一把带孔的特制小铲，作业时，泥土不会沾在铲子上。堀井支队用小铲在约拉狭道上方的制高点上垒起了地堡。

巴布亚半岛被认为是世界上最不适合作战的地区，它给军事行动带来的障碍可谓是举世罕见。隆美尔曾称北非沙漠是战术家的天堂、后勤官的地狱，而"魔鬼山"的丛林则是战术家和后勤官共同的噩梦。澳七师由西南战区陆军司令、澳大利亚人布莱梅上将亲自指挥，但布莱梅在战术和后勤上都显得一筹莫展。

论战术，山上复杂的地形和浓密的雨林，极大地限制了部队的机动能力和火力发挥的程度，更多时候，日澳两军就是在丛林里作捉迷藏式的战斗，布莱梅就算有再多的巧思妙想也无从施展。

论后勤，日军的补给靠人力运输，澳军虽有飞机投运补给品，但攻打堡垒的大炮还是得卸成零件，由骡子队和征招的土著苦力翻山越岭运上来，其劳动强度别说人，连骡子都吃不消，而当大炮零件好不容易抬到一个地方时，也许日军已到别的地方筑地堡去了。

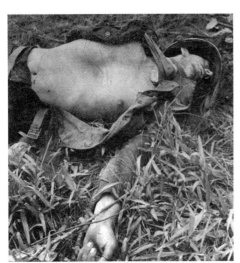

死于日军枪下的澳军士兵

一个说法逐渐流传开来：在泥泞不堪的山道上，小铲其实比枪炮更具价值。

整整一个星期，日军顶住了澳军的进攻，反过来让澳军陷入了困境，澳军唾骂和诅咒次数最多的词也已不是日军，而是"该死的山道"。

科科达小道不是开出来就行，不管前面开路时花了多少辛苦，只消一场滂沱大雨，蜿蜒的山道转眼就会变成深可没膝的黑泥潭。到澳军追击时，雨季已完全笼罩巴布亚，平均每五分钟一场滂沱大雨的情况并不鲜见，雨整天下个不停，到处湿漉漉的，把座蒸笼似的山坡衬托得如同地狱一般。

在极端恶劣的环境中，嗜血如命的蚊虫、疼痛难熬的丛林疮、如影随形的疟疾都让大家不堪其苦。此外，补给也发生问题，士兵的军靴烂成了破片，食物总是短缺——运输机每天都会空投饼干箱，可是因双方已无固定防线，就得到丛林中去找，而在那些地方，日军的敢死队和掉队伤兵会随时恭候，也许你的手指还没碰到箱子，自己的脑袋就被狙击手给爆掉了。

最初，澳军士兵在追击时会偶尔注意路边的蝎子、蝴蝶等昆虫，追着追着，他们对所有的动植物乃至日军都失去了兴趣，脑子里终日回荡着一句魔咒："该死的山道。"

每个人的腿关节都在嘎嘎作响，每个人想到的都不是日军在哪里，而是下一段路会在何时出现，眼前狰狞的群山是否还有个尽头。行军时，相对平缓些的小道还稍好一些，有的是极为陡峭的山坡路，虽然日本人在开路时已经用泥土砌成了台阶，但数一数，台阶竟有两千多级，每一级都超过半米高，中间的泥土在雨水冲刷下则早变成了黑泥浆，爬三级就要滑一跤，根本就没有让人歇息的地方。

能够爬上这样的山坡，绝对是对意志和神经的极大考验，澳军士兵因此称它为"金梯"。

这是"世界上最艰苦的战斗"，对敌对双方而言都是如此。日军在撤退中的伤亡也很大，而且同样缺粮少弹，饥病交加，大多数日本兵开始以嫩草、树根充饥，有的部队甚至吃起了澳军士兵的尸体。

为了减少累赘，堀井下令将走不动路的伤兵一律予以射杀。当澳军追赶上来时，曾看到山道上的日本伤兵尸体，对方直挺挺地躺在一副粗糙的担架上，尸体已没有肉了，白骨爪子从破军装的袖口向外伸着，横在道路上。

每个澳军士兵拖着沉重的步子经过时，都会握一下那吓人的白骨爪子，摇一摇："你运气好，伙计！"

当人的生活质量和水准连原始人都不及，从灵魂到肉体都感到极度痛苦的时候，死亡也成了一件令人羡慕的事。

难躲的是债

麦克阿瑟这时已把前沿司令部迁至莫港，亲自督战，但令他郁闷的是，澳军推进速度实在太慢，一步一挪那个叫人心烦啊。

麦克阿瑟在中军帐中大呼小叫，身为前锋的布莱梅想不打起点全副精神都不行，他派澳军第十六旅上去接替第二十五旅，生力军上阵，很快瓦解了日军的防御线。

谁知堀井支队只是将他的地堡群移了个位置，从约拉狭道搬到科科达以东的奥依维，他要在奥依维守上一周。

1942年11月2日，澳军用超过一周的时间，终于攻克了奥依维，但堀井滑溜一下，又建立了新的据点。麦克阿瑟有一种被堀井玩了的感觉，他怒责布莱梅："山道上的进展不能令人满意，部队的战术运用不当。"

挨了老麦的训，布莱梅脸上有些挂不住了，他觉得澳七师打得确实有些僵硬，遂派助手瓦奇少将接管澳七师。

缴获的日军武器，从外观上看，应该是九六式轻机枪。九六式是继大正十一式轻机枪也就是"歪把子"之后，日本所研发的新式机枪，中国称之为"拐把子"。它与"歪把子"的重要区别之一，是参照捷克式轻机枪，将弹夹供弹改成了弹匣供弹。

瓦奇急中生智，复制了堀井支队刚上"魔鬼山"时的打法，在单纯的尾追上加入了从近路抄袭。1942年11月10日，澳军通过抄袭，切断了堀井支队司令部的退路，这下日军在据点里待不住了，只能过库姆西河北逃。

怕见的是怪，难躲的是债。堀井支队刚出场时冲得太猛，一往无前，只顾耍帅，现在就轮到他们还债了：大部分官兵都光着脚，身上的军装早已烂掉，被迫用毯子和装大米的麻袋片蔽体，样子既滑稽又可怜。

再也没人能逞英雄，充好汉，与澳军玩捉迷藏了。日本兵们个个光着双脚，拄着拐杖，蓬头垢面，彻底溃败的惊愕神情在每个人脸上一览无余。

库姆西河上的木桥已被美机炸毁，无桥可渡，而逃命的人又太多，折叠船不够用，便只能临时拼搭木筏。即便靠这种方式九死一生渡过河去的人，命运也未见有佳——他们沿途吃了太多的嫩树枝、草根甚至土块，这些东西严重伤害了胃，以致当他们被送到战地医院的时候，已经失去了消化能力，不少人呕血而死。

堀井没有机会看到这一幕惨状，在渡河过程中，激流冲翻了他所乘坐的木筏，堀井淹死了。

没有什么过不去，只是再也回不去。因为菲律宾的血泪经历，麦克阿瑟对这些杀人如麻的对手素无敬意和好感，闻知堀井的死讯，他只做了四个字的点评："死不足惜！"

麦克阿瑟要导的是一出大戏，他不光要干掉堀井，还要以收复布纳为舞台，整个端掉南海分遣队，所以在督令澳军追杀时，他就同时下令美军实施了大迂回运动。

美国一共向澳大利亚增援了第三十二、第四十一两个步兵师。这是两个在国民警卫队基础上组建的步兵师，自成立以来，一直被调来调去，缺乏系统的训练。它们最初接到的命令是到欧洲战区参战，但由于太平洋战场的需要，又被送来了澳大利亚。

到澳大利亚后，两师被编为美军第一军团。整个夏季，第一军团都在澳大利亚进行训练。军团指挥官原为一位澳军上将，到 8 月下旬，米尔恩湾战斗最激烈的时候，才由来自美国的艾克尔伯格中将正式接过指挥棒。

艾克尔伯格上任之初，以为一军团在澳大利亚练了这么久，应该不怵丛林战了，谁知一检查才发现，这些美军根本就不具备丛林战技能，尤其是第三十二师，战斗力根本就拿不出手。

艾克尔伯格把第三十二师召集起来，当着面来了一通酣畅淋漓的痛骂。骂完之后，第三十二师的一名士兵向他报告，说在长达二十个月的训练中，他只经历过一次夜间作业……

全部回炉再造已无时间和可能，麦克阿瑟的办法是将第四十一师留在澳洲大陆继续训练，第三十二师则以赛代练，从中抽出缺乏训练的新兵，直接投入大迂回运动中去打磨。艾克尔伯格通过观察，选择了第三十二师的一二六团和一二八团执行这项任务。

通过肯尼的努力，两团被空运至莫港，这是此次大战中规模最大的一次空运行动。随后美军按计划从莫港出发，兵分两路，其中一二六团翻越"魔鬼山"，从西面发起进攻；一二八团则继续空运至布纳侧翼，与一二六团夹攻布纳之敌。

一二六团二营作为先头部队，率先沿卡帕卡帕小道翻山越岭。卡帕卡帕小道比科科达小道海拔更高，更陡峭，路上丛林密布，沟谷纵横，两公里不到的直线距离，倒要翻越四五道山梁，一天时间就那么过去了。

尽管前面没有敌人，但在丛林中生存，本身就是一件难如登天的事。澳军、日军遇到的困难，一般无二地让美军遭遇到了，潮湿的丛林里无法生火，只能用硬面饼、牛肉罐头、冷茶充饥。

丛林战功夫不扎实的毛病，这时候就冒出来了。肠胃对冷食不适应，导致很多人都患上急性痢疾，一个劲地拉肚子，拉到实在受不了，士兵们干脆穿起了"开裆裤"，以便可以随时蹲下来方便。

医护兵跑前跑后，根本就忙不过来，最后自己也病倒了。美军由此对卡帕卡帕小道望而生畏，称之为"绿色地狱"。

当二营越过"魔鬼山"山顶，到达预定地点时，官兵看上去已是个个破衣烂衫，不复人形。二营的遭遇把一二六团剩下的两个营都吓坏了，原定的迂回被取消，改成与一二八团一道空运。这样，一二六团二营就成了唯一一支翻越"魔鬼山"的美军部队。

三路兵马均已到位，1942 年 11 月 16 日，麦克阿瑟下令对以布纳为主的日军主阵地发动攻势，其间美澳军的分工是，美军主攻布纳及其机场，澳军主攻戈纳和萨纳南达。

从西南战区司令部到前线各部，对战斗前景的普遍预测是，日军已经在科科达小道损失惨重，必然无意固守，收

正在小心翼翼穿越丛林的美军士兵。"魔鬼山"特有的死亡气息如同鹤顶红一般，沾上一滴就能见血封喉。

复战不会很困难。收集到的情报似乎也对此作了佐证，守卫布纳的日军只是在简易机场四周密集防守，种种迹象都显示他们正准备从海上撤退。

美军前敌指挥官、第三十二师师长哈丁少将公开宣称，这次作战将"易如囊中探物"，但是很快，他就为自己的大嘴付出了代价。

最大的灾难

按计划，一二八团从空投集结地到达布纳，需要穿越大片丛林和草地。

热带雨林特有的高湿和高温，自不必言，巴布亚沿海还分布着大片沼泽和草地。沼泽就是一盆盆泥浆汤，里面除了臭气熏天外，还会掺杂许多乱七八糟、沾满黏液的红树树根。草地的草通常能高过人头，且边缘锋利得像剃刀一样。一二八团虽避免了翻越"魔鬼山"，却也在行军过程中备尝苦楚，痢疾、丛林疮、斑疹伤寒、热病，前面友军有过的，没有的，迅速蔓延，非战斗减员的病号塞满了野战医院。

让哈丁叫苦不迭的远不止此。第三十二师的重装备都放在运输舰上起运，但当运输舰登陆海滩时，遭到日机轰炸，多艘运输舰被击沉，随船的各种装备，包括重迫击炮、团属火炮、重机枪和弹药尽沉海底。

为了轻装前进，一些工兵排连把斧头、铁锹和滑轮也都放在了运输舰上，此外还有丛林作战所必需的防水箱、防水袋、杀虫剂……

哈丁与其幕僚亦乘运输舰而来，当日机朝他所乘的运输舰猛烈扫射时，这位少将差点就没命了。1942年11月19日，在哈丁的指挥下，美军冒雨发起进攻。

以为不会遇到多强的阻碍，不料竟困难重重。与原先的预计相反，防守日军并没有一点要从海上跑路的意思，他们坚守的意志和斗志都太顽强了。

麦克阿瑟和他的部下们并不知道，为挽回瓜岛败局，日军大本营已经成立以今村均为司令官的第八方面军，下辖第十七军和第十八军，其中第十八军专门用以新几内亚作战。

第十八军司令官是安达二十三，今村交给他的任务，是确保布纳、莱城等坚固据点，在新几内亚做持久作战准备，也就是说日本人并不打算就此撤出。

对于布纳、戈纳两地日本守军的数量，战前美澳军战将大多做了过于乐观的评价，有人认为是四千，有人判断为一千五百到两千，哈丁说得最轻巧，说是不会超过一个大队。

"卡斯特"提供的情况相对接近真相，它估计，约有五千人驻守在新几内亚的这两座港口，但即便这个数字也已经过时——今村已抢在美军发起攻势之前，先一步给布纳派来两千名援兵。

日军有足够力量坚守布纳。自9月底开始，他们就修筑了一系列由碉堡和堑壕网构成的防御工事，在长约十八公里的战线上，布纳、戈纳、萨纳南达这三大主阵地各自独立，相互掩护，彼此之间不仅有良好的道路相连，还可以方便自如地进行兵力调动。

布纳的地下水距地表仅一米，不能挖掩体，日军便就地取材，用粗大的椰木建造了数百个木质碉堡。这些碉堡虽是木质，却并不脆弱，因为它的周围放了许多填满沙土的油桶，一些大型碉堡还用钢筋作为横梁，简易机场附近就有好几个这样的钢筋混凝土碉堡。

碉堡的射孔开得很低，外面被快速生长的植被所掩盖，相当隐蔽，加上其他无数小型野战工事，构成了一道道难以逾越的屏障。

在丛林战课程尚未及格的美军面前，日军充分显示出了老师傅才具备的水准。他们不轻易开枪，一定要等到美军走到眼前才予以撂倒，有些更狡猾更阴险的，甚至小股美军到眼前都不射击——放进阵地，从背后开火，可以全灭。

图中为两架正在执行战斗任务的A-20，下方的A-20在投弹之后即被高射炮火击中并坠入海中，两名机组人员丧生。

眼见地面部队攻不上去，哈丁只能指望空中支援，但布纳不是科科达小道，这里距莱城很近，由莱城机场飞来的日机可对美机进行拦截，A-20不仅没有打到日军，反而还多次误炸己方阵地。

激战三天，美军进展很小，伤亡却不小，有一个步兵连已损失了六十三人，全部军官都已阵亡，临时指挥该连的是两名中士。当进攻部队被迫停顿下来时，哈丁承认自己面临着"一场最大的灾难"。

澳军也在差不多的时间内被卡住了。戈纳日军主要是一些陆军筑路队和后勤人员，为了弥补兵力数量上的不足，连台湾劳工也都武装起来，以"高砂义勇队"的名义参与防守。可是进攻戈纳的澳二十五旅就是冲不进去，原因就是日军打造的碉堡群和堑壕网密如蜂巢，绵密的交叉火力让澳军死伤惨重。

澳二十五旅攻了一个星期，只有一个营突入日军阵地附近，代价是整个旅都丧失了进攻能力，必须由担任师预备队的澳二十一旅接替。

萨纳南达与戈纳又有不同，这里集中了日军主力，在横山与助的指挥下，三千两百名正规日军严阵以待。仅仅几个回合过去，投入此处的澳十六旅所剩兵力就已不足千人，麦克阿瑟只能将相邻的美军调来这一侧战场进行增援。

布纳之战打响期间，麦克阿瑟乘坐专用的"飞行堡垒"，来往于布里斯班和莫港之间，他不停地督促着前方将领："我们必须进攻，进攻，进攻！"

可是前线却陷入了僵局，美澳军一个都攻不上去，这让麦克阿瑟处于极度的焦虑不安之中。有人向他报告，莫港的军医院里军纪松弛，一些士兵露天冲浴，或者光着屁股到处游逛，吓得女护士们不得不转身回避。

麦克阿瑟听到后充耳不闻，他关心的似乎只有如何让日本兵光屁股，与此无关的信息一律自动被过滤掉了。记者们经常看到这位总司令穿着晨衣在回廊上踱步，一面啃着莴苣头，一面哗哗地翻阅着公文。

一想到无法即刻将日军从巴布亚赶下海，无法尽早打回菲律宾，麦克阿瑟就一刻也无法容忍前线部队裹足不前的窝囊样。

澳军还好说，麦克阿瑟本身对澳军的战斗力就不是特别信任，但现在的问题是，美军也熊了，这让他怒不可遏。在演讲时，上帝、国旗和爱国主义像子弹一样跳跃其中，有时他还会突然发出愤怒的吼声，比如"我们必须战胜敌人""我们宝贵的鲜血不应该白白地流在异国的土地上"，情绪激奋处，就差亲自端着机枪冲锋陷阵了。

1942 年 11 月 22 日，麦克阿瑟严令哈丁，必须不惜代价地立即拿下布纳。

老麦发了脾气，哈丁不敢怠慢，亲自赶到一线进行指挥。鉴于最适于攻击碉

处于一个战壕中的盟军。照片中稍远一点是美军，近处是澳军，在环境恶劣的丛林战中，澳军更愿意戴头上这种轻便舒适的宽边软帽。

堡的重迫击炮已经让海龙王给收了，他从澳军那里借来几门山炮助阵，同时请调三十五架飞机为步兵作掩护。

然而这次步炮攻击仍未能起到预想中的效果。身处茂密丛林之中，炮手很难观察弹着点，只能盲目射击，偶尔打中碉堡，那也是瞎猫碰上死耗子，硬撞上的。在湿热环境下，其他枪械也故障频发，卡壳成了家常便饭，手榴弹更因受潮而常常失效。

正面攻击哑了火，哈丁便试图从侧翼包抄。可是美军对地形不熟，士兵不是迷路，就是陷入齐腰深的淤泥，不幸地沦为日军狙击手的活靶子。

当夜幕降临，美军不得不退回出发地域，进攻失败了。

第九章 / 杀个人就像掐个虱子

麦克阿瑟没有收到他所希冀的胜利战报，他所看到的只是直线上升的伤亡率：至 1942 年 11 月 30 日，美军苦战两周，阵亡了四百九十二人。

对比一下，瓜岛地狱点战役，美军只战死了三十五人，"血岭"，四十余人，布纳之战刚刚揭幕，就已经是这两次大规模战役死者总和的六倍了！

对把自家人性命看得比什么都重的老美而言，这是一个相当吓人的数字，更加难以接受的是，付出如此惨重的伤亡代价，却并没有达成任何一次具有实际意义的突破，日军仍保持着完整防线。

美澳空军除向前线空投食品和弹药外，还负责运回伤病员，这里面包括"大批患炮弹休克症的士兵"，他们大部分都是美军。

所谓炮弹休克症，是说在炮战过程中，士兵因恐惧加大而出现精神崩溃的症状。可布纳前线究竟有几门炮，又有什么正经八百的炮战？这只能说明前线美军的士气已到了崩溃边缘。

第三十二师看来是不行了，麦克阿瑟考虑将第四十一师投入战场，陆军司令布莱梅提出异议，他认为，第四十一师和第三十二师一样，都是没有作战经验的新兵师，换来换去还不一样，与其如此，还不如让澳军去援助新三十二师，因为澳军战士"知道如何战斗"。

要说前线澳军其实也没多大起色，但布莱梅的话仍然让麦克阿瑟大受刺激——对方的意思其实就是，你总说我们澳军怎么怎么不行，起码我们没那么多患炮弹休克症的吧。

这是在报我训他的一箭之仇哇！当意识到这一点时，麦克阿瑟火冒三丈，又羞又愤，真应了俗语说的，"两点红直从耳根背后透到满脸"。

甜言蜜语三冬暖，恶语伤人六月寒。此时此刻，麦克阿瑟早就忘了他自己是如何拿刻薄语言削别人的了，只知道老布莱梅是在瞧他的笑话，因此立即决定放弃初衷，转而命令美军第一军团指挥官艾克尔伯格前来莫港参加特别会议。

非常之举

麦克阿瑟在莫港的前沿司令部坐落在一座小山上，那是一幢并不规整的二层小楼，从楼上可以俯视整个莫港。会场设在二楼面向港湾的一座大阳台上，当着与会众人的面，麦克阿瑟任命艾克尔伯格为布纳前线司令官，接管第三十二师的指挥权。

他语气激动地告诉艾克尔伯格，他要将所有预备队统统调往巴布亚，交给这位中将指挥。他给艾克尔伯格的权限也是前所未有的："我要你全部撤换那些不会打仗的军官，包括团级和营级指挥官。如有必要，你可以让中士负责营里的工作，让下士负责连里的工作，只要会打仗，谁都可以进行指挥。"

这是非常时期的非常之举，麦克阿瑟如此做法，就是要跟对手抢时间，因为"时间对于我们至为重要，这伙日军在任何一个晚上都会得到增援"。

会议结束时，麦克阿瑟紧握着艾克尔伯格的手，再一次叮嘱："我要你夺取布纳，否则就别活着回来，这对你的幕僚们一样适用！"

1942年12月2日中午，艾克尔伯格抵达第三十二师师部。一到师部，哈丁就向他汇报，说昨天晚上，日军刚刚发起一次疯狂反击，但被美军成功瓦解。

一问，哈丁却并没有指挥这次战斗，全部情况都来自第三十二师参谋长莫特上校的报告。果真如此，说明三十二师士气尚在，并不像原来听说的那样窝囊，艾克尔伯格很感兴趣，决定和哈丁一起到一线视察战斗情况。

莫特听说艾克尔伯格要去一线，马上劝其不要去，理由是美军正在发动进攻，前线火力相当密集，去了没法保证安全。他还拍着胸脯打包票，发誓他们会按计划行事，让艾克尔伯格不用担心。

既然参谋长将话说到了这个份儿上，艾

一支美军巡逻小队。从照片看，这几个巡逻兵应该是在美军后方巡逻，所以他们的表情都较为松弛，戒备也不十分严密。

克尔伯格不便再坚持，他答应先去指挥所。

正是在去指挥所的路上，艾克尔伯格紧紧皱起了眉头。他看到沿途的大兵们基本无纪律可言，一些人在漫无目的地到处瞎逛瞎晃，另外一些人明显没有受伤，却在野战医院门口等待治疗。这可不是莫港，这是在最前线，艾克尔伯格走上前去，查问士兵们为什么不在一线参加战斗，回答是上级派他们下火线休息的。

艾克尔伯格被惹火了，他当即改道去了一线。

阵地上静悄悄的，整个战线寂静得像一座空荡荡的教堂，与想象中的"火力密集"相去甚远。艾克尔伯格逐一视察了部队工事，他曾任西点军校校长，眼睛很毒，一扫过去，就看出步兵部署和机枪位置有问题，简单来说，就是一线部署完全缺乏进攻性，不是要打的样子。

艾克尔伯格了解了一下，这些天来，第三十二师的指挥官，无论哈丁还是莫特，都没来过一线，团营指挥官们也没有让士兵前进的念头，那么所谓击退日军反击又是怎么一回事呢？

事实是，昨天晚上日军压根就没有发动反击，参谋长莫特撒了个弥天大谎。他所说的"发动进攻"倒是有出处，不过不是由师部指挥，而是一二六团的自发行动。

早在艾克尔伯格奉命赶往前线时，一二六团就对日军阵地实施了夜袭。那个晚上，伸手不见五指，每个士兵都只能抓住前面一个人的肩膀，顺着一根通到进攻发起点的电话线摸黑前行。距离进攻发起点，不过几百米，美军却足足走了几个小时。

战斗打响后，日军申请派遣飞机投放照明弹，将通往其阵地的各个路线都照得一清二楚，进攻难度相当之大，但一二六团仍下达了冲锋令。

命令既下，两军的机步枪都嗒嗒地响着，到处都能听到士兵们的咒骂声、尖叫声和呻吟声，这支尚未进入最佳作战状态的部队呈现出不同的众生相：勇敢的士兵冲在前面，其他人跟着上，胆小的士兵则蜷缩在草地里，吓得灵魂出窍。

天亮前，一二六团清除了目标区域内的所有日军，他们攻克了目标阵地，夺取了一所野战医院，还缴获包括密码本、档案、一台无线电设备在内的许多战利品。

一二六团投入进攻的主力之一是曾翻越"魔鬼山"的二营F连，该连在翻越山脉时还有一百六十三名官兵，仗打完，只剩一百零六人。日军在此次夜袭战中的损失也很大，可能也正因为觉察到来者不善，其后他们并没有实施任何大规模的反击，一二六团至今还占据着通过夜袭夺取的阵地。

弄来弄去，哈丁和莫特是窃他人之功为己功，艾克尔伯格的脸立刻黑了下来。

八仙过海

一二六团不愧是功臣部队，端的了得，其他部队就不是这样了。艾克尔伯格在一线转过来转过去，所见到的美军士兵无不是一副垂头丧气、毫无斗志的样子，部队也处于一种可怕的放任自流的状态。

日军有很多狙击手，他们藏在棕榈树后面，对美军形成了极大威胁，但当艾克尔伯格要士兵向日军狙击手射击时，士兵却回答："别开枪！如果我们不向他们射击，他们也不会向我们射击。"

你们这是在打仗，还是在过家家？艾克尔伯格失望至极，他终于发现有关于美军士气正在崩溃的说法绝非夸张。

除了行使麦克阿瑟赋予的权力，艾克尔伯格别无选择。回到后方指挥所，他就毫不犹豫地将哈丁和莫特予以就地解职。

根据一位团长提出的建议，艾克尔伯格下令一二六团也停止战斗，他要用两天时间好好地重整一下队伍，有病治病，无病健身。

在对第三十二师师部大换血，建立起更为有效的指挥系统后，艾克尔伯格发现，后勤不足也是美军后继乏力的一大重要原因。在运输舰遭到日军空袭后，受此影响，海运线一直没有能够恢复，前线补给只能依赖于空投。

飞机运量有限，而且在空投场和前线之间没有良好的道路，得靠人力运输，整个运输过程非常缓慢。其间第

艾克尔伯格视察前线

三十二师还遇上件倒霉事，由于天气恶劣，浓云覆盖群山峻岭，给养飞机被迫停飞了好几天，相应地，前线部队的给养也就断了好几天。从艾克尔伯格到达前线起算，士兵们已经挨了两天的饿，十天没有吃过热的食物了。

找到症结之后，艾克尔伯格便要求采取措施恢复海运。

能不能恢复海运，关键不在海上，而在空中。随着巴布亚战役的不断推进，美军获得了越来越多的空运基地，为前线提供支援的主要空运基地就设在布纳战线后几英里的地方。

机场已无问题，只要有足够的飞机。在"先欧后亚"政策的影响下，美国新生产的飞机总是首先满足欧洲战区的需要，因此对于肯尼来说，修好现有飞机比坐等新飞机要现实得多。

西南战区距离美国大陆实在有些远，要将飞机零部件从美国西海岸运到澳大利亚，通常需要二十六天，也就是说，一架飞机瘫在那里，至少得过二十六天才能进行维修。二十六天，一场战役都快结束了，如何等得及？

肯尼一方面尽力缩短零部件的运输时间，另一方面就地帮助澳大利亚兵工企业提高维护飞机的能力。澳大利亚最初在维护飞机方面只属于菜鸟级，所能做的事情也极其有限，但在 1942 年，其水平和能力得到迅速增强，到 1943 年初，第五航空队所需副油箱都可由澳大利亚制造。

还是觉得不够，大家群策群力，来了个八仙过海，各显神通。肯尼有一次视察前线机场，一位飞行中士向他抱怨说，他的中队里面 5 架 B-25 轰炸机都没法升空作战，原因是缺少轮轴轴承备件。

B-25 曾空袭东京，现在只能让它们闲置，确实非常遗憾，但是肯尼一时也想不出更好的办法，当时整个澳洲的盟军飞机仓库里都找不到合适的轮轴轴承备件。

中士随后却向肯尼提了一个建议，他说他可以从被击落的战机上取得所需要的零件。这些坠毁飞机大多在莱城西北九十英里的比纳比纳，那里不仅有零星日军，还有土著的食人生番，所以需要再配给他三名战斗兵，以及冲锋枪和足够的弹药。

肯尼批准了中士的建议，在出动战斗机压制日军莱城机场的同时，掩护一架 C-47 前往比纳比纳。中士一行从运输机出来后，便进入丛林进行搜索，在丛林里，他们找到了一架 P-39。P-39 在"二战"初期曾是美国陆军战斗机的主力机型，绰号"空中眼镜蛇"，飞机尽管已经坠毁，但机身上还有许多用得着的部件。

几名探险者真是好运，他们不仅没有遇到食人生番，还得到了当地人的帮助，后者也加入寻找和收集飞机零部件的行列。四天之后，C-47 按约定返回比纳比纳接人，运输机所要载运的已不止四个人，

在新几内亚，土著居民不仅帮助美军收集飞机零件，还为他们抬运伤员。

而是一百多个，多出来的一百人是当地土著，且人人身上都背着从被击落飞机上拆下的零部件。

接下来的几天，所有这些零配件便让五架 B-25 和三架 P-39 起死回生，等于美澳空军凭空多添了八架战机。

地勤检修人员也开了窍，他们甚至将锡罐头敲平后，拿来修补身上的弹孔——不管想出什么办法，只要能让飞机更早更快地重上蓝天。

若按飞机的绝对数量计，日军航空队还占上风，只是数以百计的飞机都被搁浅，正在机场等待修复和调换部件呢。日本投降后，麦克阿瑟在日本本土的机场上，曾亲眼目睹那里停放着八千架飞机，里面至少有百分之九十八都是完好的，却因缺损部分零件而不能投入战斗。试想一下，如果将这些飞机用于作战，其作用将会有多大！

这是细节决定结果的最好例证，一个积极维修，一个缺乏维修，仿佛睫毛那么短的差距，竟然就成了胜负的界限。麦克阿瑟日后高度评价空中力量在布纳战斗中所扮演的角色："在战场支援、补给输送和人员运送等方面发挥了极为重要的作用，为战斗的胜利构筑了坚固的基石。"

继首开在战场上大规模空运部队的先例后，美澳空军再显威力，他们依靠新机场和数量上的优势，逐渐逼退了曾在海面上肆虐的日军航空队。

海面上空的日机一消失，恢复海运水到渠成，随后感到压力山大的是麦克阿瑟本人。

美国政府的"先欧后亚"政策，使其能够投入太平洋战场的资源十分有限，而在整个太平洋战场中，西南太平洋战区得到的补给又更为有限。按照麦克阿瑟的说法，他的军需计划系数，低于世界上的任何战场或地区，有时甚至低于通常数字的一半，"在1942年的最后一个季度，战争已进入紧要关头，但从美国运来的给养不及十万吨"。

往前线提供给养是麦克阿瑟的事。他问华盛顿该怎么办，陆军部给他发来了一份法不传六耳的指令："尽量利用当地的资源！"

说白了，就是要让澳大利亚提供给养。这个时候，麦克阿瑟就要感谢澳大利亚总理柯廷了，人家是要什么给什么，不怕他不给，就怕你不要。

后来的史实证明，美国政府当时给西南战区的给养确实是所有战区中最少的，他们所需物资的三分之二均为澳大利亚当地产物，西南战区基本能做到自给自足，有时还能为同样窘迫的南太平洋战区增援一些补给。

艾克尔伯格的运气特别好，当他来到布纳的时候，所有瓶颈问题都已有所缓解，运输舰队也得以启航。运输舰队的到来，不仅改善了前线的食物供应，还为美军提供了作战急需的机枪枪架、榴弹炮以及装甲运兵车。

连金刚来了都难以撞开

1942年12月5日，第三十二师恢复进攻。机场是美军攻击的重点，艾克尔伯格集中了第一二八团、一二六团的主力，以及澳军一个营，以新到达的五辆装甲运兵车为掩护，向日军阵地猛冲。

这一冲，就绊了个大趔趄，装甲运兵车陷入日军的交叉火力网中，二十分钟内，五辆车统统被打废，乘员非死即伤。失去装甲车掩护后，步兵更加寸步难行，战至傍晚，仅仅向前推进了几十米。

战前日军显然对每一处地形都进行了认真勘测，他们将正面通途挖成狭窄小径，美军从正面攻击，必然陷入碉堡交叉火力的埋伏。盘算一番后，艾克尔伯格改变战术，以小部队射击和投手雷的方式，诱使日军碉堡暴露位置，然后集中炮火进行摧毁。

让他感到失望的是，日军碉堡是
发现了，但一般山炮力度太小，盖在
日军碉堡上的沙质土层，就可以把炮
弹的冲击力全都予以吸收。运至前线
的一〇五毫米榴弹炮倒是争气，能有
效破坏日军碉堡和工事，然而全军仅
有一门这种宝贝，后来炮弹也打光了。

艾克尔伯格在前沿持枪射击

当对机场的进攻逐渐陷入停滞，
美军又开始争夺布纳村，扛大斧的是
一二六团二营。为激励士气，艾克尔伯格带上一众幕僚，亲临一线参战。艾克尔伯
格是中将，他的幕僚也起码是少将，见这么多将军出现在前线，且握着枪与自己并
肩作战，二营官兵既惊讶又振奋。在美机进行空中轰炸后，他们全都呐喊着投入了
战场。

勇气收获到的未必就一定是果实。二营同样遇到了交叉火力，最后也同样是毫
无进展，在战斗中，艾克尔伯格差点被一个隐蔽的日军狙击手击中，他的助手和一
名将级军官中弹，除艾克尔伯格本人外，所有参战的美军将官都负了伤，只得撤离
战场。

二营随之也被迫暂停进攻，他们想架起机枪扫射，但机枪枪架又陷到污泥之中，
无法发挥作用。

艾克尔伯格实实在在感受到了布纳作战之艰难，日军把门关得好似铁桶一般，
连金刚来了都难以撞开。

守门人的状况其实也不好。在艾克尔伯格到达布纳前后，第十八军司令官安达
已派独立混成第二十一旅团前来增援，他甚至还准备亲自登岛指挥，但遭到今村的
阻止，因为今村知道布纳十分危险，安达去了都不知道能不能再回来。

此时巴布亚周围的海面已被第五航空队所控制，日军分四批用驱逐舰载运部
队。在美机猛烈的轰炸和扫射下，日军登陆驳船不是被击沉就是被击伤，最终只有
旅团长山县栗花生带着约一千三百人到达目的地。

第五航空队犹如"仙人掌航空队"那样的严防死守，使得日军的补给几乎完全

断绝，晚间潜艇的"东京快车"只不过是杯水车薪。布纳守军严重缺乏食品和药品，疾病流行使得野战医院里人满为患，在武器方面，他们更是难以为继，美军不过是缺乏重武器，日军非但缺乏武重器，连轻武器都没多少，很多人只能将刺刀绑在木棍上权充武器。

就是这样一种状况，日军却还能咬着牙死扛到底，让人不能不感到惊叹。

艾克尔伯格紧急召来了给他留下深刻印象的 F 连。F 连前几天遭到美机误炸，连长受伤已被送往野战医院，接替者是从排长晋升上来的奥戴尔。尽管这个连的战斗和非战斗减员不断增加，实力已遭到很大削弱，但毋庸置疑，他们仍然是一二六团乃至整个第三十二师的一把尖刀。

奥戴尔将 F 连兵分两路，沿着通往村庄的路两边，同时向布纳村发起进攻。

还是无效。侧翼全是淤泥和沼泽，日军的碉堡工事则修在相对干燥的地区，这使得"他们（日军）住在靠海岸的长有椰子树的沙丘上，而我们的人（美军）则泡在沼泽里"。孰难孰易，一望便知。奥戴尔率领的一路，四十个人战死四人，重伤十八人，另外一路也损失惨重。

F 连撤了下来，艾克尔伯格派一名营长助理到 F 连任连长，而奥戴尔重新降为排长——按照军官表现及战争实际，艾克尔伯格随时撤换军官。据说到布纳之战结束时，第三十二师的师长已换了四次，参谋长换了六次，一二六团二营营长和奥戴尔所在的 F 连连长也各换了三次。

正面突破，侧翼突击，全都归于失败。艾克尔伯格自认当天已难有作为，他只好死马当活马医，采用化整为零的渗透战术，通过小部队在两侧的零星突击来试图打破僵局。

奇迹就发生在看似全无希望的时候。当天晚上，H 连博茨克中士率领的一支小分队终于给艾克尔伯格带来了好消息。

博茨克是一名德国人，从前住在柏林附近。他曾参加过西班牙内战，为共和派而战斗，后来为加入美军才移居美国。他不会说几句英语，但作为参加过西班牙内战的老兵，其战斗经验十分丰富，非周围一群新兵可比，也因此在战友中很具感召力。

博茨克带着十八个人和一挺机枪，从海滩上找到突破口，并楔入了日军防线。

得手后，他立刻命令掘壕据守，并亲自操作机枪，对欲把他们赶走的日军进行阻击。从晚上到第二天白天，数百名日本兵对博茨克分队进行两面夹攻，博茨克端着机枪猛扫，在他的小阵地周围，躺满了被他射死的日军尸体。这位胆大如斗的勇士还一次次地从阵地上爬出去，为的是用手雷摧毁日军的机枪掩体。

艾克尔伯格立刻意识到，博茨克突破的意义所在。1942 年 12 月 6 日，奥戴尔奉命率一支十人的小分队出击，他们的任务是在减轻博茨克分队所受压力的同时，将美军防线延伸至海滩。

最血腥的战斗

奥戴尔分队需要清除两个日军滩头前哨。在仍不明前哨具体位置的情况下，贸然穿过空旷开阔的海滩发起攻击，无疑等同于自杀，想引诱日军暴露位置，对方又偏不上当。没办法，奥戴尔只得冒险一试，他一手拿着刺刀，一手握着手雷，半跑半爬地靠近了第一个日军哨所。

令奥戴尔既庆幸又奇怪的是，中途并没有人向他射击。难道是上帝神奇的庇佑，让自己变成了不会被敌人发现的隐身人？

往哨所里一看，明白了：里面的日军早已非死即伤，难以动弹，只是美军还不知道罢了。

奥戴尔不由自主地松了口气，这时有一名躺在地上的日军伤兵却突然挣扎着爬起身，抢着铁锹朝他砸来。

奥戴尔携带的是 M1 式加兰德半自动步枪，这是当时美军步兵的主流制式武器，它不像春田步枪那样需要拉枪栓再上子弹，可以直接扣一下打一

两名第三十二步兵师的士兵正在搜查日军躲藏地，他们手中所持武器便是 M1 式加兰德半自动步枪。加兰德步枪是美军在二战期间装备的制式步枪，可自动装填子弹，弹容量八发，在战场上可有效压制手动装填子弹的步枪。另外，它还拥有射击精度高，易于保养等优点，因此很快取代了春田步枪。

下。奥戴尔未料到日军伤兵还会向他发起攻击，仓促之下连续扣动扳机，将这名丧心病狂的家伙给打死了。

枪声惊动了附近的另一座日军前哨，小分队无法再对其发动偷袭。好在他们已完成任务——抵达海滩，并且可以阻止布纳村的日军增援滩头哨所。

为了把楔入防线的钉子拔掉，晚上日军向奥戴尔分队所在阵地发起突袭，约五十名日军一拥而上。小分队一共才十一个人，见到这么多凶神恶煞的日本兵，包括奥戴尔在内，每个人都不由自主地哆嗦起来。

步枪阻击都来不及，他们用机枪和手雷拼命进行反击。打着打着，日军一枚手雷扔过来，把分队的机枪给炸瞎了，三名日本兵趁势冲进哨所。

在一片恐惧和激动的情绪中，大兵们拿起刺刀就捅，饿得身体已没有多少力气的日本兵均被捅倒在地。那个晚上，日军再也没能向奥戴尔分队发起任何形式的进攻。

博茨克突破成为整个布纳战斗的关键，战后博茨克分队据守的海滩被称为"博茨克角"。以"博茨克角"为突破口，美军将布纳村包围起来。

布纳村里的日军被切断了退路，食品严重短缺，在剩下的时间里，平均每天都要病死饿死二十人左右，连很多下级军官都患上了疟疾和其他丛林疾病。尽管这样，日军仍然选择死守布纳，而美军不管付出多大代价，也还是拿不下来，其中F连因剩下的兵员过少，被直接填补到了二营的防线之上。

布莱梅对着麦克阿瑟放言，澳军"知道如何战斗"，是有底气的，因为他亲眼目睹了自己的士兵在如何战斗。代替澳二十五旅的澳二十二旅上阵后，遇到日军的拼死抵抗，在戈纳周围散发着恶臭的沼泽中，双方打起了白刃战，一名亲身经历白刃战的澳军士兵说，这是他所见过的"最野蛮、最疯狂、最血腥的战斗"。

澳军先投掷手雷，手雷在日军中间炸开了花。趁着对方陷入混乱，士兵们挥舞着刺刀猛刺过去，被刺中者惨叫倒地，血花四溅。短兵相接中，很多人失去了枪械，便相互紧抱，在沙丘上徒手翻滚斗杀。

刀战不同于枪战，往往在几分钟之内就会结束。刚刚还喊杀连天的场地，转眼就只剩下横七竖八的尸体，在这里，杀个人就像掐个虱子，比斩鸡屠豚都来得更方便快捷。

在残酷的白刃战中，瓦奇指挥的澳军从日军手中夺过了一个又一个的散兵坑和碉堡。包围圈越来越小，为了加固掩体，日本兵把自己同伴的尸体也当作建筑材料，堆放在工事外面。高湿环境下，尸体没多久就发出了难闻的异味，许多日本兵都戴上了防毒面具，以抵挡恶臭。一名澳军记者写道："腐烂许久的尸体构成了工事的一部分，到处弥漫着腐肉的臭味。"

五天下来，澳二十一旅损失了四百三十人，日军也仅剩一百余人，但仍毫无投降的迹象。几乎每个澳军士兵都知道，眼前的对手无法用常理论断，"那些狗杂种一直打到最后一口气，他们一直战斗到你的刺刀穿透他们的胸膛时为止"。

1942 年 12 月 8 日，澳军仍未能攻入戈纳，连瓦奇都丧失了信心，他准备将进攻重点转向戈纳与布纳之间的萨纳南达。就在这天早上，炮兵增援部队赶到了，瓦奇重又鼓足勇气，指挥炮兵对日军阵地进行轰击。

迫击炮弹装上定时雷管，几轮轰击，戈纳教堂的地下掩蔽部被炸开了。对澳军而言，这是犹如"博茨克角"一样的突破口，沿着这个突破口，又经历了无数次刀战，零星战斗一直持续到 12 月 9 日傍晚，澳军终于占领戈纳。

戈纳日军全军覆没，十六名日军被俘，澳军也伤亡和失踪了七百五十人。瓦奇给麦克阿瑟发出电报："戈纳已经被占领！"

勇士的代表

澳军已经克复了戈纳，美军包围布纳却还没有下文，这让麦克阿瑟十分尴尬，相应对美军的进攻速度很是不满。他一个电报接一个电报地发给艾克尔伯格，说"时间对我们越来越不利"，必须不惜一切代价，迅速拿下布纳。

在十四天里，美军对布纳村发动了十二次攻势，但都无功而返，部队损兵折将。1942 年 12 月 9 日，一二七团三营抵达前线，此前因为运力不足，一二七团一直滞留后方，这支生力军的到来，终于得以把精疲力竭的一二六团二营换了下来。当 F 连随二营退出战斗时，该连战斗兵员仅剩三十八人，加上炊事兵和一些非战斗人员，也才凑满五十二人。

三营在染着鲜血的土地上继续前进，数天后，已不足百人的布纳守军终于支持不住，被迫趁夜突围。1942 年 12 月 14 日，美军占领了布纳村，这是美军在整个战役中取得的第一个显著战果，极大鼓舞了士气，当天上午，艾克尔伯格向麦克阿瑟发出相关报告。

麦克阿瑟回电祝贺，并向艾克尔伯格发去了一封"来自大首领的庄重信函"，但这位"大首领"也实在缺乏一点"天不言自高，地不言自厚"的精神，未等美澳军真正扫清残余，他就迫不及待地向华盛顿发去了一份报喜的战报。

这份喜报发得实在是太早了。美澳军只是在名义上占领了布纳和戈纳，除了残余日军阴魂不散外，在布纳机场和萨纳南达，仍有数千日军固守在坑道和阵地里。

经过短期休整，1942 年 12 月 18 日，在一二七团一营、二营增援到位后，美军继续向退至布纳村北的残余日军发动进攻。日军的抵抗丝毫未见减弱，艾克尔伯格说："每一寸土地都经过了激烈的争夺。"

美日阵地犬牙交错，相互渗透，空中火力都无法帮到美军，他们只能像澳军一样，用刺刀和手榴弹驱赶碉堡里的日本兵。近身肉搏中，一二七团的布鲁上士为掩护战友，用身体扑向日军掷来的手榴弹并英勇战死，他也成为巴布亚战役中第一个获得国会荣誉勋章的士兵。

一直到 12 月底，美军才把最后一个日本兵从布纳教堂的掩体里赶出来，此时距离麦克阿瑟的战报已经过去了大约两个星期。让美国大兵们感到不寒而栗的是，有人在日军掩体里发现，饥饿的日本兵竟然以人肉充饥——战争泯灭了他们作为文明人的最后一丝痕迹，让他们和新几内亚的食人生番没有任何分别了。

布纳机场的进攻形势，则因八辆 M3 斯图尔特坦克的到来而发生了改变。

M3 坦克出自澳军装甲团，美制产品，其基本用途不过是侦察、警戒或快速行动，但当

M3 坦克在协助步兵进攻。M3 是 M2A4 坦克的升级版，增加了装甲厚度，但仍属轻战车，也称"斯图亚特"轻型坦克。主武器为一门三十七毫米火炮，辅助武器为五挺七点六二毫米机枪。

它们出现在战场上之后却作用巨大。日军没有料到战场上会一下子出现这么多坦克，也没有配备反坦克武器，结果 M3 坦克一路碾过堑壕，并使用三七毫米炮，毫无顾忌地将日军火力点逐个敲了个干净。

仅一个小时，日军防线即被突破，侧翼暴露出来。指挥机场防守的山本重省见势不好，赶紧放弃机场新跑道，撤至旧跑道，并用在空袭中保存下来的七六毫米高炮进行抵抗。

就像不知道盟军会投入一批坦克一样，合力进攻的美澳军也没想到日军手里还有高炮，两辆坦克当即被击毁，其余坦克被迫退出战斗。

日军高炮只是暂时耍了一下威风，他们的高炮炮弹很少，轰几次就用完了。火炮这东西，饭来张口，水来温手，没有炮弹伺候着，跟堆废铁没有两样。美澳军乘势粉碎日军的有组织抵抗，牢牢控制了机场。

还剩萨纳南达。这个战场也是美澳军合力争夺的所在，美军一二六团一部助力澳军，该团一连和反坦克团连突入了日军阵地，但随后其后续部队便被日军的密集火力所截断，他们成为脱离主力部队的一支孤军，频临弹尽粮绝的境地，与后方的通信也一度中断。

直到 12 月 18 日，从戈纳方向赶来的澳二十一旅才同一连会合。四天后，一连撤出阵地，该连在日军重围中一共坚守了二十二天，尽管撤出时个个形容枯槁，但仍保持着高昂士气。

一二六团诸多连队的神勇表现，使得这支因翻越"魔鬼山"而成名的部队成为美国陆军中勇士的代表，他们也为此次战役做出了巨大牺牲：11 月底，一二六团投入战斗的有一千四百人，到 12 月中旬仅剩五百五十人还有战斗力，月底下降到两百四十四人。

命运的裁决

一晃到了圣诞节，萨纳南达的日军一线阵地遭到多次突破，但日军仍然控制着许多碉堡和战壕。布纳等地的日军被压缩至东西不足两公里的海岸，看似时日无多，却仍然足够倔强，一句话，就是不让你痛快。

在艾克尔伯格的作战扇面上,"出现了令人绝望的局面,战斗残酷,令人难以忍受,胜负未卜。"

宁可无了有,不可有了无。麦克阿瑟过早发布喜报,干了件自个挖坑埋自个的蠢事,现在的心态极度失衡。无法可想之下,他只能拿艾克尔伯格撒气,西南战区最新发布的战报如是说:"在圣诞节,我方的行动只限于例行的安全防范。神圣的战斗行动被制止了。"

看到这份战报,艾克尔伯格又吃惊又愤怒,他倒恨不得给麦克阿瑟许下半边天,但前线的真实状况不容许他这么做。

不仅是海滩边的战斗,直到1943年元旦,盟军在萨纳南达战线仍无多大进展,每次夺座碉堡或占条战壕,都被算成是可观战果。

只要有一线可能,巴布亚的日军就会据守住每一座碉堡以及每一条战壕,甚至他们晚上还会组织小部队渗透到盟军后方,对炮兵阵地和指挥所展开袭击。如此疯狂的顽抗,令美澳军方面目瞪口呆,很多人对今后如何在对日作战中取胜都感到了困惑。肯尼在给上级的报告中警告说,"在我们面前会有几百个布纳",他预料今后要打败日军,所要花费的时间、精力、鲜血和金钱可能超乎任何想象,那种认为"只要德国垮了,日本一推就倒"的想法是天方夜谭。

新几内亚的战斗极其艰苦,图为三名美军士兵的尸体躺在巴布亚岛屿海滩上。

面对麦克阿瑟明里暗里的各种催逼,陷入忧郁中的艾克尔伯格已经完全是一副听天由命的态度:"我昨天以为生命就要完结了。布纳会成为美军的大灾难吗?"

命运的裁决是,美国人还得再努一把力。1943年元旦,盟军在猛烈的炮火掩护下,由六辆坦克为引导,对布纳海滩的日军阵地发动最后的进攻。在缓慢而坚决的攻击下,日军防御据点一个又一个被碾碎,盟军一步步地将他们的敌人挤入不断缩小的包围圈里。

1943年1月2日，水滴石穿的结果是，日军防御线终于被击破，有组织的抵抗也陷于崩溃。残存的日军士兵丢弃了武器和身上的装备，抱着木板或救生器材跳入海中，希望能游往更西北的日军海岸防线。这些日本兵成了随后赶到的澳军士兵的活靶子，澳军在岸边架起机步枪进行射击，但还是阻止不了日本兵扑通扑通地跳入海中。

第二天早晨，火炮运上滩头，盟军飞机也加入杀戮，日军才终止了徒劳的逃跑。在无力回天的情况下，布纳方面的日本陆军指挥官山本重省和海军指挥官安田义龙双双剖腹自杀。

1月3日，美军彻底肃清了布纳地区的日军。布纳的胜利，是麦克阿瑟自菲律宾同日军作战以来，在战场上夺取的最大一次胜利。他太需要也太看重这样一场胜利了，以至于胜利之果吃到牙缝里，剔出来都是香的。

老麦的火暴脾气就像茅草一样，易燃易灭。在真正的喜讯面前，他马上忘记自己从前是如何拿枪顶着部下后背的了，在给艾克尔伯格的贺信中，他情真意切地写道："得悉你在战斗中未曾受伤，我非常高兴。我总担心，你常出入于敌人的枪林弹雨，会造成不堪设想的后果。对你表示衷心的赞许。"

艾克尔伯格的回应是："虽然在此战期间发生的一些事，我不想再有人提起，但我认为，麦克阿瑟将军实在应该为这场凶险的战斗感到自豪。"

数据可以表明布纳一战有多么凶险。在这场大搏杀中，盟军伤亡高达两千八百一十七人，两千五百名日本守军除一百九十人逃脱，五十人被俘外，全部殒命异域。

"巴丹的死鬼今晚可以安眠了，"麦克阿瑟最后总结道。

随着戈纳、布纳的完全清盘，萨纳南

麦克阿瑟在与部下交谈。麦克阿瑟的格言："战争就是为了胜利，这是任何其他东西都代替不了的。"

达成为麦克阿瑟这一轮鏖战所要拿掉的最后一枚棋子，在启程返回布里斯班之前，他授命艾克尔伯格指挥巴布亚的全部美澳军，向萨纳南达发起代号为"扫荡战役"的攻势。

1943 年 1 月 11 日，盟军发起攻击。布纳之战结束后，艾克尔伯格就认识到"最坏的情况还在我们前面"，果不其然，"战斗激烈"和"伤亡惨重"仍是此次扫荡战役的主题词。

不过艾克尔伯格不知道的是，顽固的日军其实已经决定撤退了。

撤退是由于补给的断绝。至 1 月初，日军每人每天只能分到六十克大米，到 1 月 12 日，已完全断粮。药品则早在一个月前就告罄，弹药也行将耗尽，在这种情况下，日军大本营下令萨纳南达的日军撤往莱城和萨拉莫阿。

撤退预定为 1 月 25 日，从盟军发起攻击的时间来看，晚了。

面对被击得千疮百孔的防线，日军开始提前分头撤退，旅团长山县栗花乘快艇成功逃脱，新任南海分遣队队长小田健作、第四十一联队联队长泽矢在突围中被击毙和自杀。

1943 年 1 月 22 日，盟军以钳形攻势合围萨纳南达，俘虏了两百名已经饿得奄奄一息的日本兵。至此，长达六个月的巴布亚战役以盟军的胜利宣告结束，盟军在"扫荡战役"中的伤亡达到三千五百人，比布纳战役还多出七百人。

巴布亚战役是太平洋战场上盟军代价最高昂的胜利之一。参战的日本陆海军共达一万七千人，损失一万两千，前后总计有三百五十人被俘。美澳军先后投入三万五千人，伤亡八千五百四十六人，其中阵亡三千零九十五人，因疾病、疲劳和营养不良造成的非战斗减员，为这个数字的三倍之多。

站在布纳的军人墓地前，艾克尔伯格忍不住热泪纵横。

该不该骂

巴布亚战役结束后，围绕麦克阿瑟产生了不少非议。在麦克阿瑟授意发布的新闻公报中，盟军损失严重缩水，"兵员和物资的消耗是低的"，另外他还煞有介事地解释了为什么"低"的原因："在这种情况下，时间因素并不是那么重要的。"

　　看到这份虚假公报，艾克尔伯格在感到万分惊讶的同时，还非常生气。巴布亚战役中，盟军仅战死人员就是瓜岛战役的两倍，麦克阿瑟还说"损失不大"，这有哪一点符合他本人在记者面前口口声声的"新闻真实性"？

　　说时间不重要，老麦自己可能已经忘了，作为前线指挥官的艾克尔伯格却无论如何无法忘记，战斗过程中，这位上司曾经怎样一封一封地发私人电报，强调时间具有生死攸关的重要性，前线部队又怎样被逼着不顾一切地往前冲击，最后付出了难以想象的损失代价……

　　麦克阿瑟没有上过第一线，他知道巴布亚的土地是被士卒们的鲜血一寸一寸染红的吗？

　　与艾克尔伯格同样不满的是澳军将士，新闻公报中只提到"盟军"或者"美军"，几乎根本不提澳军，在澳军看来，这明显遮掩了他们在巴布亚战役中的功劳，要知道第一个在"魔鬼山"击溃堀井支队的是他们，第一个通过残酷丛林战攻克要地的也是他们。

　　澳军中于是流传开一首打油诗，曰："我敢用你的靴子打赌哩！直到最后审判日，所有将去付印的新闻，无非是道格（指道格拉斯，麦克阿瑟的名字）的公报而已。"

　　老麦该不该骂，绝对该骂，但是如果想到他自兵败菲律宾以来的心情，这一切又不是不可理解。

　　在麦克阿瑟退到澳大利亚，并获知他对巴丹失陷无能为力后，这位陆军上将曾面临崩溃的边缘。身边的人看到，他的脸色整天像死人一样苍白，嘴唇不停抽搐。有一天，经过长时间的沉默之后，他突然情不自禁地说道："上帝可怜我们吧。"

与日军展开激战的澳军

　　如果没有小儿子阿

瑟，麦克阿瑟真不知道怎么度过那些难熬的岁月。

阿瑟成为麦克阿瑟在战场失意时的最大慰藉。据说在澳大利亚期间，麦克阿瑟只当众流过两次眼泪，一次是听从巴丹逃回的部下汇报可怕的"巴丹死亡行军"，另一次则是阿瑟在澳大利亚滑冰时摔断了胳膊。

他是个溺爱孩子的父亲，任何时候，麦克阿瑟都不试图加以掩饰。从菲律宾开始，他就养成了一个习惯，每天早晨都要送给小阿瑟一件礼物，从玩具飞机到气球、拳击手套等无所不包。这都是麦克阿瑟托人从国内寄来的，事先藏起来，每天从中拿一件作为礼物。

麦克阿瑟的这种习惯一直保持到战后。1942年，美国国内一个叫"国家父亲委员会"的组织专门授予他为"年度模范父亲"。麦克阿瑟十分兴奋和感动，他回电说："在我死后我希望，我的儿子会记住我，不是在战争中，是在家里，跟他一道反复祷念最纯朴的日常祷词'我们的在天之父'。"

身兼军人和父亲双重身份的麦克阿瑟认为，军人为建设而破坏，意味着死亡，父亲只有建设，绝不破坏，由此孕育的是创造与生命，因此他更骄傲的是身为人父。

当然，这并不意味着麦克阿瑟忘记了自己的使命，家庭的温情，也难以代替事业的成就以及打回菲律宾的夙愿，所以当巴布亚获捷的消息传来时，他才会欣喜若狂，才会尽一切可能凸显自己的价值。

麦克阿瑟以胜利者的姿态重回布里斯班。巴布亚战役打得如此艰难，很多人都以为他已精疲力竭，会弯着腰，拖着疲惫的身子归来，但出现在人们面前的老麦完全不是这么回事。他就好像刚在莫港度完假一样，眼里闪着火花，步履矫健而轻快，间或还会同记者们打打趣，开开玩笑。

以往的晦气已经远去，在麦克阿瑟身上，不再见到忧郁、失望和急躁，他要信心十足地迎来新的胜利。

组团攻击

在巴布亚、瓜岛战役中的失利，使日军进攻的锋芒顿消，他们被迫向后收缩，把新几内亚北部、新不列颠岛与北所罗门群岛一线作为其新的战略防线。其中，防线右翼的新几内亚正好处于麦克阿瑟的西南战区范围之内。

新几内亚的大部分地区仍为日军所盘踞，天皇召见陆军总长杉山元时说："务必对你们的作战计划考虑仔细些，再不能让莱城和萨拉莫阿成为另一个巴布亚！"

接到杉山的指令，今村迅速部署，向新几内亚派出一支三千人的援兵，准备抢占澳军在瓦乌的简易机场。

瓦乌距莱城仅三十英里，是新几内亚的金矿中心。不过今村现在显然更看重的不是金子，而是建于斜坡之上的飞机场。瓦乌机场拥有一条质量很好的跑道，日军占领后，一方面可以保护莱城、萨拉莫阿等海岸据点；另一方面可作为今后登陆作战的根据地和立足点，并对莫港构成威胁——瓦乌与莫港之间也仅相隔一百五十英里。

瓦乌守军兵力薄弱，但勇敢善战，他们迟滞了日军的进攻。利用这段时间，麦克阿瑟从莫港向瓦乌空运了一个旅的澳军，1943 年 1 月 29 日，日军止步于机场跑道仅几百米的地方，接着便被获得强援的守军赶下了大海。

这是继巴布亚战役后，麦克阿瑟和肯尼第二次用飞机灵活机动地调送部队，显示出空军确实能在联合立体作战中发挥巨大效能。通过这一战，麦克阿瑟也意识到，今村已经越来越担心其剩余据点的防御安全，只要有机会，必然还要加强莱城和萨拉莫阿的驻军。

"卡斯特"密码破译队送来的情报进一步证实了他的判断：自 1 月底以来，日军加紧扩建在拉包尔的新机场，每天都有大量船队驶进拉包尔港口，并卸下从东南亚调来的大批军队和装备。

今村在几次大规模运输中已经尝到了甜头。第一次还是巴布亚战役临近结束的时候，他从拉包尔向莱城派出一支运输舰队，盟军飞机对此进行了攻击，但未能达到拦截目的。由五

一触即发

艘运输船和五艘驱逐舰组成的舰队，仅损失了两艘运输舰，第五十一师团约四千名士兵及装备物质顺利登岸。

两艘运输舰的损失，相对来说还是可以承受的，于是就有了第二次：1月中旬，运输舰队突破盟军的空中拦截，将第二十师团主力1万余人运抵新几内亚，增援巴布亚半岛东北海岸的韦瓦克。

第三次：2月中旬，运输舰队又将第四十一师团一部运抵韦瓦克。

当然这里面还得包括瓦乌的那一次，多次运输都算是成功的，并不像在瓜岛那么凶险，它似乎证明，美澳空军还无足够能力如"仙人掌航空队"那样覆盖新几内亚周围的海域，经过周密策划和组织护航的日军运输舰队，完全能够突破盟军的空中拦截。

一个新的运输计划随之推出。今村和第十八军司令官安达商定，将第五十一师团的六千九百名士兵和武器弹药燃油运往莱城。莱城已有三千五百名日本守军，如果运输计划能够再获成功，其防守力量将增大两倍，就作战潜力而言，日军将从此在新几内亚的地面作战中占据优势。

日军的运输计划被"卡斯特"完整捕获，盟军频繁的空中侦察也对此进行了佐证，麦克阿瑟遂命令肯尼以最大的优势兵力来对付这支运输舰队。

肯尼现在深得麦克阿瑟倚重。在布里斯班，两人的住所都是一上一下——麦克阿瑟住楼上，肯尼住楼下，他也是麦克阿瑟的部将幕僚中唯一一个能够随意上楼的人。肯尼只要想到一个计策，或突发灵感，就会上楼咚咚咚地敲老麦的门，有时两人促膝交谈，会从深夜一直聊到第二天天色大亮。

麦克阿瑟楼上交代了，肯尼便在楼下颁发将令。从2月下旬起，美澳空军的主力战机全部飞越"魔鬼山"，转至新几内亚东海岸机场待命。对拉包尔的空袭计划也随之延迟，以保证作战之前，航空攻击兵力能够达到齐整满员的状态。

"一战"及"二战"初期，空军主要只用于配合作战，所以才有陆军航空兵、海军航空兵的说法。肯尼战前执教于美国陆军航空队战术学校，那时候他就主张，空中力量应采用集中指挥方式，而且什么地方炮火够不着，空军就要站出来，对那里进行组团攻击。

船多不碍港，车多不碍路，集中指挥、组团攻击，才能把五个指头攥成一拳头，也才能发挥出空军的最大潜能。不过话又说回来，呼啦啦地一齐上去，是不是就一定能够将对方给剁了呢？那也未必。

肯尼刚上任时，麦克阿瑟说空军都是"乌合之众"和"逛大街"的。肯尼一查，基本不存在冤假错案，当时没有一个空军飞行员真懂轰炸技术，作战中别说击中目标了，连飞近目标的都极少。在第五航空队中，高空轰炸击中日军舰艇的比率不到百分之一，往下面扔一百颗炸弹，能有一颗中奖就谢天谢地了。俯冲轰炸机的战绩同样惨不忍睹。

经过巴布亚战役的磨炼，美澳空军的作战能力得以不断增强，但是几次海上拦截的失败，也说明大家离理想的作战状态尚有不小距离。

打水漂

用技术方法夺取作战优势，才是真正高手的作为。肯尼及其幕僚就像实验室里的科学家一样，对中途岛以来的历次海空大战做了逐个解剖，他们发现，高空轰炸效果较差，离得那么远，不太容易击中敌舰——中高空水平轰炸理论在战前曾占有主导地位，但经过实践检验，证明它并不适用于日新月异的战场。

鱼雷机倒是能接近目标，然而在敌舰防空火力严密的情况下，飞机的危险性又太高了，基于这一原因，美国军界已达成基本共识，即一般情况下，不再让空中力量实施鱼雷攻击。

高了炸不中，低了不能用，肯尼便尝试合二为一，将原来用于中高空水平轰炸的 B-25 轰炸机改造为低空对舰攻击机。

一种新的攻击战术由此应运而生。B-25 不再高空扔炸弹了，它先超低空高速接近敌舰，在达到一定距离后，便向水面投炸弹。随着炸弹在水面上弹起，可以直接击中

第五航空队的轰炸机正从新几内亚上空飞过。跳弹技术等新战术的问世，表明越是高明的设计，越需要一点天真和孩子气。

舰船的侧面或者吃水线附近。

这种攻击方式有点类似于打水漂，飞机炸弹就像擦着水面不断落下和弹起的小石子，因此被称为"跳弹攻击"。

巴布亚战役时，美澳空军曾做过一次低空轰炸的试验。当时完成这一任务的还不是 B-25，而是 B-17。

破晓时分，B-17 机群在拉包尔附近发现了一支日军大型运输舰队，其中一架战机当即降低高度，对最大的一艘敌舰以"跳弹攻击"的方式实施攻击，并在短短二十秒内以直线水平方式离开了战场。

结果令人振奋，该轰炸机投下四枚炸弹，一枚命中敌舰，另外三枚也在非常接近敌舰的地方爆炸，整个敌舰因此燃起大火。其他轰炸机同样非常给力，当天 B-17 机群一共击沉了四艘敌舰，这在以往是不可想象的。

超低空轰炸成效很大，B-25、B-17 的速度又足够快，也可以借此部分缓解舰船防空火力的威胁，但如鱼雷机一样的风险仍然存在。比如击炸敌舰的 B-17，其机翼和尾部就被敌方炮火打出了许多孔洞。

肯尼为此专门找到了古恩少校。古恩是退役的海军飞行员，第五航空队里最负盛名的飞行技术和战术专家，他提出的解决办法是进行改装。

经过改装，B-25 拥有了十挺固定式前射机枪，几乎就是一个空中机枪连。A-20 也作如此处理，两机摇身一变，都成了火力强劲的攻舰机和炮艇机。

当 B-25、A-20 飞掠目标上空时不用再感到惧怕，它们自己就可以从较远距离压制敌舰火力，并掩护其他轰炸机在相对安全的情况下进行低空轰炸。

在构想和试验阶段结束后，肯尼抓紧时间，组织航空兵主要是 B-25 飞行员进行大规模针对性训练。莫港外有一艘在暗礁上搁浅的德国老式舰船，它成为飞行员训练用的靶舰。训练玩的是真把式，采用仿真式极高的实弹攻击，危险性由此大大增加。训练过程中，一架飞机在低空俯冲投弹时未能及时拉起，结果撞毁在了废船的桅杆上，另外还有两架飞机被它们在低空投下的炸弹所炸伤。

与此同时，训练成效也非常可观。通过训练，B-25 不需要"跳弹攻击"就可以在桅杆高度处直接瞄准敌舰攻击，并能取得极高的命中率。现场观摩人员看到，改装后的 B-25 在以最快速度和最高机动性进入攻击区域后，仅靠"机枪连"的猛烈扫射，便足以使任何防空火力放弃抵抗。

达到这样一种境界，砍舰应该不困难了吧。

1943 年 2 月 25 日，肯尼走进麦克阿瑟的办公室，看到案头有一份"卡斯特"破译的电文，显示日军运输舰队将于 3 月初起航。

盟军气象部门报告，3 月的最初几天，整个新几内亚北部将笼罩在恶劣天气中。在空军参谋会议上，肯尼和部下进行了讨论，他们一致认定，日军特意选择恶劣天气起航，是为了借助天气来隐藏其行踪，同时借助云层躲避盟军的空中打击。

现在关键是搞清楚日军的航线，一旦核准航线，即便天气条件不利，也可以找到机会予以截杀。

侦察机群向运输舰队可能经过的航线频繁搜索，最后发现在新不列颠岛南部的盖斯马塔机场，日军航空兵正在进行出战准备。由此可以推断出，日军运输舰队沿新不列颠岛北岸或南岸航行的可能性非常大，因为这样可以得到岛上日军航空兵的掩护。

一边是日军运输舰队可能的航线，一边是盟军轰炸机的作战半径，两相比较后，肯尼做出结论，最合适的攻击时间应为"3 月第一个星期的任何一天早上 10 点左右"。

集体表演

在探知对方的秘密之后，最重要的是让他蒙在鼓里，照旧折他的顺风船，做他的春秋梦。肯尼有意不遮掩侦察机的行动，以便让今村产生一个错觉，即盟军尚未掌握相关情报，电报密码也没有被译。

今村安稳，就不会在这节骨眼上更换密码，以后还指望着他继续为盟军通风报信呢。

果然，今村没料到自己会泄密，他一门心思只想着如何选个黄道吉日，把打扮得金头银面的运输舰队送出海。气象学家向他担保，3 月初日子不错，一连几天都是阴霾天气，盟军的飞机一定不会发现舰队的踪迹。

今村对此深信不疑。1943 年 2 月 28 日晚，在茫茫夜色中，八艘运输船排成两路纵队，在八艘驱逐舰、护卫舰的警戒下，向莱城开去。

庞大的舰队刚一驶离拉包尔港，麦克阿瑟就接到了"卡斯特"密码破译队的报告。很快，麦克阿瑟的作战命令传遍美澳空军驻地。此时，肯尼已在巴布亚集中了两百零七架轰炸机和一百五十四架战斗机。另外在澳大利亚东北部的各个航空基地，还有八十六架轰炸机和九十五架战斗机集结待命，一旦需要，马上就可出动。

机组人员全都处于战前的兴奋之中，各战机也如同即将上阵的宝马良驹，保持着奔上跑道前的良好状态。肯尼说："我们将能全力出击！"

所有能出动的侦察机都已升空，在阴云密布的海面上进行搜索。1943年3月1日，第五航空队的一架轰炸机透过云层，发现了日军运输舰队，并确证舰队将沿新不列颠岛北岸驶向新几内亚。

飞行员立即电告莫港总部，但天气还是给日军帮了忙：在昏暗的天色下，狂风掀起巨浪，舰船在波峰和浪尖中时隐时现，骤雨也令海面上的能见度变得极低。随后出动的盟军侦察机未能再次追踪到日舰队。

除了依赖恶劣天气掩护，舰队总指挥官木村昌福海军对舰队自身的防空能力也有着充分的信心。空中，有盖斯马塔机场的"零"式战斗机机群护卫，海上，舰队的每艘驱逐舰都在防空方面作了特别加强，运输舰也增设了防空炮位，船员都是执行过瓜岛运输的老兵，他们操作着这些防空火力，组成抵抗盟军空袭的第二道防线。

美军战斗机飞行员。机尾上是飞机的战绩标志，从这架飞机和旁边那架飞机的战绩标志中，可以想见他们所经历的战斗曾有多么激烈。

1943年3月2日晨，乌云开始消散，三架正在巡逻的B-25看到了不疾不慢的日军舰队。

此时日军舰队的位置仍处于中型轰炸机和战斗机的作战半径之外，在无战斗机护航的情况下，肯尼下令出动重型轰炸机攻击，他先后派出了两波共四十架B-17"飞行堡垒"。

无论是之前的海空大战，还是瓜岛战役，日军得到的经验都是美军轰炸机喜欢实施高空轰炸，而且命中率也不是很高，可是现实场景却与经验完全相反。

"飞行堡垒"不在高空，在八千英尺的中空，而且它们随后便一群接一群地吼叫着俯冲下来。当操纵着高射机枪和高射炮的日本水兵看到巨大的双引擎轰炸机从桅顶高度轰鸣着扑过来时，全都给吓傻了。

这是"跳弹攻击"战术结业后的首次大规模集体表演。轰炸机投在水面上的炸弹如石子一样纷纷落在运输舰的甲板上，其准确度和爆炸力可与鱼雷相媲美。

"零"式护航机群见状，急忙上前遮拦。若论空战格斗，别说"飞行堡垒"这样的轰炸机，其他美军战斗机也无一是其对手，但飞行员们在实战中已经学会了一招，那就是不与"零"式战斗机进行空中缠斗。

"零"式战斗机（以下简称"零战"）最大的优势是机动性好，若与之缠斗，便是着了它的道。"飞行堡垒"不跟"零战"纠缠一处，能打则打，不能打则走。结果，"零战"机群不但未能掩护舰队，自己还被击落两架，而"飞行堡垒"只损失了一架。

当天运输舰一沉两伤，共有一千五百名日军士兵落水，日军驱逐舰捞起了其中的九百五十人，随后两艘驱逐舰离开舰队，把这些人先行送往莱城。

日军舰队本可以像驱逐舰一样以夜幕为掩护全速驶向莱城，但指挥官木村却没有这么做，他居然下令舰队减慢航速，在黑夜里兜圈子。

白天"飞行堡垒"的持续攻击让木村意识到，舰队行踪已彻底暴露。舰队如果按计划于第二天早上如期到达莱城港，中间还有一个卸人卸货的过程，在这一过程中，盟军毫无疑问会进行强大的日间空袭，而莱城机场的日军航空兵又实力薄弱，据说因受到盟军空军的打击，连机场都给关闭了，自然无法提供有效掩护，到时舰队可就惨了。

就空中掩护的能力而言，盖斯马塔机场的日军航空兵要强得多。那么为什么不停留在俾斯麦海域呢，让自己继续处于他们的掩护半径之内？

木村的如意算盘是，依托岛上日军航空兵的掩护，先把白天撑过去，争取晚上到达莱城港并卸下人和货。

这种算盘有着日本人一贯的精明，但是木村遗漏了两点：一是莱城机场的航空兵虽然不济，海岸高炮却可予以弥补；另外一点，则是木村根本想不到的，那就是一场前所未有的空中打击即将降临俾斯麦，在它的打击力度面前，区区航空兵的掩护，不过是螳臂当车。

低语的死神

1943年3月3日，在将落水者送到莱城后，两艘驱逐舰全速返回运输舰队。

在舰队上空的较远处，始终有一架PBY"卡特琳娜"式巡逻机和B-17在轮流跟踪，它们一边用携带的小型炸弹进行骚扰，一边持续不断地将舰队的位置发回莫港总部。

同一时间，有几架自米尔恩湾起飞的澳军"波弗特"鱼雷机撞见日军舰队，并迅速投入攻击。由于天气恶劣，视线不清，仅有三架"波弗特"得以接近，两架没有命中，另外一架的鱼雷释放器失灵了，这架鱼雷机只好用机枪扫射运输舰的上层舱室，所造成的损失也很轻微。

完成这次攻击后，鱼雷机便全部返回米尔恩湾，排除故障的排除故障，加油挂弹的加油挂弹，以便加入即将启动的全面空袭。

老天爷给日本人开了个小玩笑，直到鱼雷机攻击时，它似乎仍然愿意给舰队提供遮护，但是之后却开始不守信用了，随着乌云的消散，俾斯麦海域晴空万里。

肯尼事先认定，最合适的攻击时间是早上10点左右。随着时针一点点接近，一架架盟国轰炸机、攻击机和战斗机呼啸升空，前往计划中的俾斯麦战场——后来就连麦克阿瑟都称赞肯尼在俾斯麦海战中的指挥已经是"滴水不漏"。

这是整个南太平洋地区战斗中盟国动用陆基航空兵数量最多的一次，空中出现了"新几内亚自开战以来从未有过的庞大机群"。上午9点半，第一批空袭机群在沃德·亨特海角上空集结完毕，随后它们沿东

飞行员格林伍德坐在"野猫"战斗机的座舱里，这位赤膊上阵的"裸男"已经击落了十九架日机。

北方向航行并很快咬住了目标。

　　10点整，在十六架战斗机护航下，十三架 B-17 对日军舰队实施了一次中高空水平轰炸。此为一次热身式攻击，轰炸本身没有对舰船造成任何损伤，但在躲避高空落下的炸弹时，日舰的防空阵形却因此被打乱。

　　随之而来的低空突袭，所需要的恰恰是对方阵形的紊乱。澳空军的"英俊战士"战斗机率先从低空直扑日舰队。

　　"英俊战士"是英国产品，乃双发也就是装有两个发动机引擎的重型战斗机。在双发战斗机家族中，它是有名的多面手，可以穿堂入室，改装成鱼雷机、轰炸机、攻击机等各种其他类型战机。

　　这回澳军需要"英俊战士"完成的任务是击沉舰船，因此它也就顺理成章地被改装成了攻舰型战机——机头装备有四门二十毫米机关炮，机翼还有六挺机枪。

　　"英俊战士"的发动机声音很小，发动攻击时你这边刚听见发动机响，那边飞机已经贴到了身边，所以日军给该机取了一个绰号："低语的死神。"利用这一特点，"英俊战士"们担当先锋，向日舰队不断逼近。

　　日军驱逐舰急忙用防空炮猛烈射击，小口径速射炮的呼呼声，大口径高炮的咣咣声不绝于耳，但"英俊战士"机群凭借其敏捷的身手，没有一架被防空炮火击中。

　　澳军机群快速将外围的驱逐舰甩在身后，驱逐舰眼巴巴地看着这么多飞机直冲运输舰而去，明知已够不着，仍徒劳地用各种口径的高炮向它们射击。飞行员可以看到，曳光弹组成的火线在他们飞机周围不断穿梭着。

　　运输舰逐渐进入了飞机的视野，它们伪装得很好，有前后桅杆。起初看上去很模糊，但随着飞机的高速接近变得越来越清晰。

　　运输舰只有束手就擒的份了。澳军机群先爬升至攻击高度，然后对准各自选定的目标运输船，瞬间降到极低高度进行俯冲攻击。

　　"英俊战士"火力全开，机首机关炮的巨大震动有如雷鸣一般，震到飞行员双脚发麻。与此同时，机翼六挺机枪组成的密集火线也投射到舰身之上，横扫着运输舰的防空炮位、上层舱室乃至于舰桥上的军官们。

　　短暂的沉寂之后，随着此起彼伏的爆炸声，大团大团的橙色火球忽然从运输舰各处喷涌而出。

紧随澳军"英俊战士"机群的是美军 B-25 机群，分为两层，上层是十三架未改装过的普通 B-25，它们采用"跳弹攻击"方式，在两到三千英尺的中空实施水平轰炸。下层是改装过的 B-25 攻舰型，一共十二架，全是莫港训练中打磨出的精英。

因为早先曾遭到"波弗特"鱼雷机的攻击，"英俊战士"和 B-25 又都飞得很低，日舰一时晕了头，把后者也误认作了鱼雷机，纷纷实施躲避鱼雷的标准动作：调转船头笔直驶向机群来袭的方向，以便使舰体处于最窄攻击正面。

这个动作用来躲避鱼雷或许是有效的，对攻击机来说，却是正中下怀。攻舰B-25 上的十挺前射机枪如同急风骤雨般地从船头一直扫到船尾。

B-25 的火力太猛了，当机头机枪喷出火焰时，很多日军防空炮手都以为是B-25 被击中了，并正在燃烧，直到日舰上的炮位被"燃烧飞机"打哑，他们才如梦方醒。

"跳弹攻击"同样威力惊人。普通 B-25 打开弹舱，一枚枚重磅炸弹落下，在水面上蹦跳着弹向日军舰船。一位澳军飞行员从机舱向外观察时，看到 B-25 投入的"跳弹"从海面弹起后，居然能与他驾驶的战斗机并排着向前飞行，飞机和炸弹几乎就可以组成一个小小的攻击编队。

"英俊战士"和 B-25 两支机群编队靠得非常近，以至于已经交叉在了一起。其他盟军飞机则环绕着日军舰队，以舰队为中心，从各个方向实施向心攻击。

恶魔方阵

当"英俊战士"机群向日舰冲去时，曾从高空突然下雨一样地落下许多油箱。油箱掉入海里后，乒乒乓乓地激起巨大浪花，对低空飞行的飞行员造成了严重的视线阻碍。

这是 P-38 战斗机群抛下的副油箱。当时它们正在"英俊战士"头顶护航，并准备在爬升后与担任舰队掩护任务的日军"零战"格斗，抛掉副油箱是为了增强机动性，却无意中给低空作战的己方战机带来了意外之险。

P-38"闪电"式是一种高空高速的双发战斗机。在欧洲战场上，P-38 不太受欢迎，原因是与德军性能最好的战斗机相比，缺乏对抗能力，但自1942年底加入美澳空军后，这朵野百合终于迎来了自己的春天。

P-38的空中机动性固然不如"零战"，不过其爬升率和俯冲速度都优于"零战"，且机头火力密集，只要避免与"零战"在空中缠斗，就可以对防护能力较弱的敌机进行毁灭性打击。在日军飞行员中，P-38另有绰号："双胴恶魔"。

二十八架P-38组成的"恶魔方阵"与"零战"进行了对拼。参战的P-38飞行员琼斯中尉用一次长点射打烂了一架"零战"的机身，这架"零战"随后便失去控制，拖着一道淡淡的黑烟垂直栽了下去。

空战中，"零战"被击落六到十架，盟军只损失了三架P-38。"恶魔方阵"的阻击，足以令"零战"分身乏术，无暇再去攻击或干扰盟军的轰炸机群。琼斯回顾道："俾斯麦海战的特别之处在于，这是一场在海上交战，由空中决胜的地面战役。"

日军对盟军的低空轰炸技术感到十分震惊：B-25一共投掷三十七枚五百磅炸弹，十七枚命中目标；二十架A-20投掷二十枚五百磅炸弹，命中十一枚；高空的B-17也报告命中五枚，只是未能得到事后验证。

密集的低空攻击，甚至使驱逐舰都无法躲避。少数轰炸机因炸弹挂架发生故障而无法投弹，就用机载机枪对敌舰进行扫射，在令敌舰甲板发生爆炸并起火后，它又寻找其他目标攻击，直到弹药耗尽为止。

日军防空火力在很大程度上近乎无效，仅击中并迫使一架B-25坠毁。受损的另外一架B-25是因为与敌舰桅杆撞了一下，最后仍得以安全着陆。

海面上的日舰乱作一团，争相躲避低空进袭的轰炸机群。整个舰队都陷入了火海之中，十六艘舰船中只有一艘驱逐舰未被击中，所有运输舰都燃烧着冲天大火，不是在徐徐下沉就是在持续爆炸，船上的日军士兵则争先恐后地跳进海里逃生。

俾斯麦海成了日军的灾难之海。

盟军飞机向日军运输舰发起猛烈空袭。飞机打运输舰，相当于在游戏里面开了外挂，高兴怎么打就怎么打，而对方根本不知道怎么还手。

当盟国低空攻击机群投掷完炸弹重新爬升时，它们所经过的海面上一片狼藉，到处都是挣扎晃动的人头，以及随波漂流的补给物资。

下午1点，盟军战机再次在沃德·亨特海角上空集结，实施第二波攻击。整个空袭行动持续了一整天，中间的短暂停歇，是因为机群需要返回基地加油挂弹。

当天黄昏，日军四艘驱逐舰沉没，全部八艘运输舰或沉或瘫，残余的四艘驱逐舰打捞起尽可能多的幸存者，趁着盟军下一轮打击尚未到来，匆匆忙忙地向北撤往拉包尔。

驱逐舰撤得很及时，虽然晚上空军无能为力，海军却完全可以过来倒腾两下，驻于新几内亚东海岸的鱼雷快艇分队赶到了俾斯麦海域。

鱼雷快艇分队共有十艘PT艇（即巡逻鱼雷快艇），两艘碰到水面的船只残片受损，被迫先行返航，其他艇来回兜了一圈，只发现一艘被丢弃的运输舰"大井川丸"孤零零地在水面漂浮着。

太不好玩了。水手们百无聊赖，只得给"大井川丸"饯行，用两条鱼雷将它送入海底。

随后的几天里，盟军飞机的攻击重点发生转移，它们联合鱼雷艇群，在俾斯麦海域来回巡逻，搜索海面上漂浮的日军幸存者及用以救援的折叠艇、快艇，然后用机枪、炸弹毫不留情地予以击杀或击沉。在这一过程中，B-17也降至距海面五十英尺的高度，对落水日军进行扫射。

血水引来大量鲨鱼，使得俾斯麦海变得更加恐怖，执行如此血腥而残忍的任务，让很多飞行员觉得非常难受。

在白天的空战中，曾有一架盟军的B-17被击中，机组人员在跳伞时遭到日军战斗机的机枪扫射。有人据此认为，盟军在进行以牙还牙式的报复，但从军事上讲，这么做其实有其必要性——如果让救生艇靠岸，或任由惯于负隅顽抗而拒不投降的日本兵游到岸上，将极大地增加盟军地面作战的难度，并给沿岸防守薄弱的盟军阵地造成严重威胁。

一名澳军"英俊战士"的飞行员说："我们乐于执行这项工作。在海中每射杀一名日本人，都意味着地面上我们的陆军战友要少面对一个敌人。"

最终，日军运输舰队搭载的第五十一师团主力遭到灭顶之灾，六千九百名士兵中共有三千六百六十四人丧生，落水士兵中能躲过曝晒、饥渴、扫射、轰炸和鲨鱼，并漂到岸边抵达莱城的，只有约八百人。

俾斯麦海战的胜利对日军士气造成极大打击。俾斯麦海战结束两个星期后，日军大本营发布命令，要求所有南方战区的日军士兵必须学会游泳，这一命令被认为是俾斯麦海战造成的影响之一。

"没有比俾斯麦海战的结果更为令人震惊的事情了"，低落的情绪弥漫于日本海陆军将校之中，很多军官都开始怀疑日本最后能否取得太平洋战争的胜利。一名日军驱逐舰舰长说："在如此令人沮丧的事件中，我们第一次认识到在强大的敌人面前，我们毫无还手之力。"

就在俾斯麦海战决出胜负的当天午夜，肯尼唤醒麦克阿瑟，向他报告了这一好消息。麦克阿瑟听到后，欣喜之情溢于言表，肯尼从来没有见他那么兴高采烈过。

麦克阿瑟形容俾斯麦海战是西南战区一次"决定性空中进攻作战"。他亲自给飞行员们草拟了一份祝贺公报："作为一次最彻底的歼灭战，它将载入史册。我在你们全体人员身上所感到的骄傲和满足，是永无止境的。"

如果说米尔恩湾保卫战对新几内亚战役而言，相当于珊瑚海海战对太平洋战争，那么俾斯麦海战无疑就是新几内亚的"中途岛"。至此，长期积压于澳大利亚人心头的恐惧感一扫而光。

在澳大利亚总理柯廷举办的致谢宴会上，麦克阿瑟激情澎湃："当我来到贵国时，我曾对菲律宾人民说，我还要回来。今天，我在这里还要重申一遍我的诺言，我一定要把菲律宾及其附近岛屿，从敌人手中夺过来，恢复那里人民的自由！"

为了这个诺言，他将宣告一个新战术时代的到来。

参考文献

［1］F.德里斯基尔，D.卡萨德.山里来的海军上将［M］.伍江，黄孝洁，译.北京：海洋出版社，1985.

［2］格里夫·科恩.喋血瓜岛［M］.王永梅.译.北京：京华出版社，2005.

［3］罗伯特·莱基.血战太平洋之瓜岛浴血记［M］.王瑞泽，译.南京：译林出版社，2010.

［4］莫里森.瓜达尔卡纳尔岛登陆战役［M］.中国人民解放军海军学院军事学术研究部，译.北京：中国人民解放军海军军事学术研究部，1979.

［5］阿维.碧海逐狼——"瓜岛"号护航航空母舰战记［J］.军事历史，2005（12）：34-41.

［6］田田宫英太郎.乱世奸雄［M］.柯毅文，胡晓丁，译.北京：军事谊文出版社，1992.

［7］于艾平.死亡冲刺：日军瓜达卡纳尔岛大溃败纪实［M］.北京：航空工业出版社，1998.

［8］李庚辰，赵尚朴.太平洋战争日本战败秘史［J］.环球军事，2001（21）：54-55.

［9］刘怡.所罗门群岛争夺战［J］.战场国际中文版，2003（10）：54-112.

［10］顾剑."我们为生存而不是死亡而战"——二战日本海航王牌坂井三郎访谈［J］.军事世界画刊，2009（3）：92-95.

［11］丛丕.征战魔鬼山：巴布亚半岛战役始末记［J］.军事历史，2006（6）：18-27.

［12］熊佳.俾斯麦海之战［J］.舰载武器，2009（6）：85-95.

［13］戴维·迈茨，张宏飞.现代空战理论和原则的试验场：鏖战俾斯麦海［J］.舰载武器，2005（10）：18-25.

［14］渊田美津雄，奥宫正武.机动部队：中途岛海战续篇［M］.许秋明，译.北京：商务印书馆，1979.

［15］乔治·布隆德.大洋余生——"企业号"征战史［M］.梁贵和，姚根林，译.北京：新华出版社，1983.

［16］约翰·科斯特洛.太平洋战争：1941—1945［M］.王伟，夏海涛，等译.上海：东方出版社，1985.

［17］塞缪尔·埃利奥特·莫里森，亨利·斯蒂尔·康马杰，威廉·爱德华·洛伊希滕堡.美利坚共和国的成长［M］.南开大学历史系美国史研究室，译.天津：天津人民出版社，1980.

［18］弗兰克.岛屿战争——太平洋争夺战［M］.钮先钟，译.北京：中国人民解放军总参谋部，1959.

［19］E.B.波特.世界海军史［M］.李杰，杜宏奇，张英习，译.北京：解放军出版社，1992.

［20］C.W.尼米兹，E.B.波特.大海战：第二次世界大战海战史［M］.赵振愚，殷宪群，何京柱，秦祖祥，等译.北京：海洋出版社，1987.

［21］安东尼·普雷斯顿.航空母舰发展史［M］.金连柱，译.北京：中国市场出版社，2009.

［22］N.米勒.海军空战：1939—1945［M］.王义山，译.北京：海洋出版社，1982.

［23］詹姆斯·布拉德利.飞行员——勇敢的真实故事［M］.段维玲，张永椿，张晗，等译.北京：世界知识出版社，2004.